2022

合肥统计年鉴

HEFEI STATISTICAL YEARBOOK

(总第36期　NO.36)

合　肥　市　统　计　局
国家统计局合肥调查队

中国统计出版社
China Statistics Press

图书在版编目（C I P）数据

合肥统计年鉴. 2022 = Hefei Statistical Yearbook 2022 / 合肥市统计局, 国家统计局合肥调查队编. -- 北京 : 中国统计出版社, 2022.11
ISBN 978-7-5230-0061-8

Ⅰ. ①合… Ⅱ. ①合… ②国… Ⅲ. ①统计资料－合肥－2022－年鉴 Ⅳ. ①C832.541-54

中国版本图书馆 CIP 数据核字(2022)第 225907 号

合肥统计年鉴2022

作　　者/ 合肥市统计局　国家统计局合肥调查队
责任编辑/ 钟钰
装帧设计/ 安徽大翼印刷有限公司
出版发行/ 中国统计出版社有限公司
地　　址/ 北京市丰台区西三环南路甲 6 号
邮政编码/ 100073
电　　话/ 邮购（010）63376909　书店（010）68783171
网　　址/ http://www.zgtjcbs.com
印　　刷/ 安徽大翼印刷有限公司
经　　销/ 新华书店
开　　本/ 890mm×1240mm　1/16
字　　数/ 653 千字
印　　张/ 24.5
版　　别/ 2022 年 11 月第 1 版
版　　次/ 2022 年 11 月第 1 次印刷
定　　价/ 360.00 元

本书附同版本 CD-ROM 一张，光盘内容以书面文字为准。
如有印装差错，由本社发行部调换。

《合肥统计年鉴2022》编辑委员会

编 辑 说 明

一、《合肥统计年鉴2022》是一部全面反映合肥市国民经济和社会发展情况的资料性年刊，系统收录了全市及各县（市）、区、开发区经济和社会各方面的2021年统计数据，以及主要历史年份全市主要统计数据，重点反映近年来合肥市经济社会发展的新成就。

二、本年鉴正文内容分为20个篇章，即：综合；国民经济核算；人口；就业人员和职工工资；固定资产投资；能源生产和消费；财政、金融、保险；物价和人民生活；自然资源、环境保护和城市建设；农业；工业；建筑业；服务业；运输和邮电；国内贸易；对外经济贸易和旅游业；教育、科技；文化、体育、卫生；社会服务、公共管理和其他；城市比较。为了进一步帮助读者理解和使用有关数据，各篇章附有主要统计指标解释，介绍了统计范围和统计方法。

三、2011年安徽省调整部分行政区划涉及合肥市。如未特别说明，本年鉴中2010年及以前合肥市数据均为原行政区划口径。2011年以后增长按区划调整后同口径计算。

四、本年鉴中使用的度量衡单位均采用国际统一标准计量单位。

五、本年鉴中部分数据合计数或相对数由于单位取舍不同产生的计算误差，均未作机械调整。

六、符号使用说明：本年鉴各表中的“空格”表示该数据不足本表最小计量单位数或无该项数据；“#”表示其中的主要项。

七、在编辑本年鉴过程中，得到许多部门和单位的支持，在此一并致谢。欢迎读者提出宝贵意见和建议。

目　　录

一、综　　合

二、国民经济核算

三、人　　口

四、就业人员和职工工资

五、固定资产投资

六、能源生产和消费

七、财政、金融、保险

八、物价和人民生活

九、自然资源、环境保护和城市建设

十、农　　业

十一、工　　业

十二、建 筑 业

十三、服 务 业

十四、运输和邮电

十五、国内贸易

十六、对外经济贸易和旅游业

十七、教育、科技

十八、文化、体育、卫生

十九、社会服务、公共管理和其他

二十、城市比较

第一篇

综　　合

简要说明

一、本篇包括我市行政区划、法人单位数、国民经济综合资料等内容。

二、行政区划内容来源于市民政局有关年报资料，各行业法人单位数由市统计局普查中心根据基本单位名录库汇总整理，国民经济总量、速度、结构、比例和效益指标均取自本年鉴各篇。由于行政区划调整、统计制度修订等原因，国民经济综合资料中部分指标统计口径变化，如变化前年份数据未作同口径调整，则增长速度无法计算。

三、按人口平均的国民经济主要指标，未作说明的一律以户籍人口计算。

四、职工人数、职工工资总额、职工平均工资等指标，2013 年（不含）前统计口径为在岗职工。

1—1　行政区划（2021年末）

单位：个

地　　区	镇	乡	街道办事处	社区居民委员会	村民委员会
全　　市	**68**	**13**	**55**	**563**	**1148**
瑶 海 区	1		14	109	
庐 阳 区	1	1	9	65	14
蜀 山 区	3		14	116	64
包 河 区	2		9	77	31
长 丰 县	12	2		35	244
肥 东 县	12	6		27	222
肥 西 县	8	4		51	238
庐 江 县	17		3	20	210
巢 湖 市	12		6	63	125

1—2 镇、乡、街道办事处名录（2021年末）

县　区	乡、镇、街道名称
瑶海区	三里街街道、嘉山路街道、和平路街道、明光路街道、红光街道、长淮街道、城东街道、方庙街道、七里站街道、胜利路街道、铜陵路街道、大兴镇
庐阳区	海棠街道、林店街道、亳州路街道、逍遥津街道、三孝口街道、杏林街道、杏花村街道、双岗街道、四里河街道、大杨镇、三十岗乡
蜀山区	稻香村街道、三里庵街道、南七街道、五里墩街道、西园街道、琥珀街道、荷叶地街道、笔架山街道、井岗镇、南岗镇、小庙镇
包河区	义城街道、烟墩街道、望湖街道、芜湖路街道、包公街道、常青街道、骆岗街道、万年埠街道、同安街道、淝河镇、大圩镇
长丰县	陶楼镇、水湖镇、双墩镇、岗集镇、下塘镇、杨庙镇、吴山镇、朱巷镇、庄墓镇、杜集镇、左店镇、义井镇、造甲乡、罗塘乡
肥东县	店埠镇、梁园镇、撮镇镇、桥头集镇、古城镇、石塘镇、八斗镇、白龙镇、陈集镇、元疃镇、长临河镇、包公镇、众兴乡、张集乡、马湖乡、响导乡、杨店乡、牌坊回族满族乡
肥西县	丰乐镇、上派镇、桃花镇、花岗镇、山南镇、官亭镇、三河镇、紫蓬镇、严店乡、铭传乡、柿树岗乡、高店乡
庐江县	东顾山街道、岗湾街道、移湖街道、庐城镇、冶父山镇、汤池镇、万山镇、金牛镇、石头镇、郭河镇、白山镇、同大镇、盛桥镇、龙桥镇、白湖镇、矾山镇、泥河镇、罗河镇、乐桥镇、柯坦镇
巢湖市	卧牛山街道、天河街道、凤凰山街道、亚父街道、中庙街道、栏杆集镇、苏湾镇、柘皋镇、夏阁镇、中垾镇、烔炀镇、黄麓镇、槐林镇、坝镇镇、散兵镇、银屏镇、庙岗镇
经济技术开发区	海恒社区、莲花社区、芙蓉社区、锦绣社区、临湖社区、高刘街道
新站高新技术产业开发区	磨店街道、三十头街道、七里塘街道
安徽巢湖经济开发区	半汤街道

1—3　主要年份各行业法人单位数

单位：个

行　业　类　别	2015	2020	2021
合　　计	**139291**	**342058**	**394384**
农、林、牧、渔业	**6747**	**10930**	**11176**
农　业	2588	5067	5117
林　业	1331	1464	1529
畜牧业	975	1388	1382
渔　业	597	1765	1777
农、林、牧、渔专业及辅助性活动	1256	1246	1371
采矿业	**108**	**77**	**73**
煤炭开采和洗选业			
石油和天然气开采业	2		
黑色金属矿采选业	26	9	11
有色金属矿采选业	26	20	19
非金属矿采选业	41	37	32
开采专业及辅助性活动	4	5	6
其他采矿业	9	6	5
制造业	**14435**	**22484**	**25149**
农副食品加工业	728	849	863
食品制造业	508	763	832
酒、饮料和精制茶制造业	143	223	231
烟草制品业	1	1	2
纺织业	346	526	547
纺织服装、服饰业	662	979	1022
皮革、毛皮、羽毛及其制品和制鞋业	252	238	239
木材加工和木、竹、藤、棕、草制品业	231	397	1369
家具制造业	489	956	1048
造纸及纸制品业	261	487	521
印刷和记录媒介复制业	685	799	835
文教、工美、体育和娱乐用品制造业	287	414	426
石油、煤炭及其他燃料加工业	20	43	47
化学原料和化学制品制造业	551	657	674
医药制造业	193	206	219
化学纤维制造业	45	34	40
橡胶和塑料制品业	821	1242	1337
非金属矿物制品业	1376	2034	2096
黑色金属冶炼和压延加工业	162	111	119
有色金属冶炼和压延加工业	67	101	119
金属制品业	1161	2325	2562
通用设备制造业	1166	2164	2386
专用设备制造业	1084	1976	2227

1—3 续表1

单位：个

行 业 类 别	2015	2020	2021
汽车制造业	628	792	849
铁路、船舶、航空航天和其他运输设备制造业	58	94	99
电气机械和器材制造业	1307	1592	1727
计算机、通信和其他电子设备制造业	556	1042	1147
仪器仪表制造业	276	529	617
其他制造业	158	193	197
废弃资源综合利用业	71	154	173
金属制品、机械和设备修理业	142	563	579
电力、热力、燃气及水生产和供应业	**342**	**546**	**573**
电力、热力的生产和供应业	143	335	362
燃气生产和供应业	40	34	37
水的生产和供应业	159	177	174
建筑业	**9387**	**36869**	**44647**
房屋建筑业	1013	6443	8084
土木工程建筑业	1499	7953	9650
建筑安装业	1636	4850	5415
建筑装饰、装修和其他建筑业	5239	17623	21498
批发和零售业	**44541**	**99573**	**112761**
批发业	23802	47799	54816
零售业	20739	51774	57945
交通运输、仓储和邮政业	**2966**	**7898**	**9207**
铁路运输业	20	20	37
道路运输业	1972	5698	6598
水上运输业	80	97	105
航空运输业	22	25	28
管道运输业			
多式联运和运输代理业	360	1041	1334
装卸搬运和运输代理业	394	783	848
邮政业	118	234	257
住宿和餐饮业	**2820**	**7524**	**8728**
住宿业	639	1460	1601
餐饮业	2181	6064	7127
信息传输、软件和信息技术服务业	**7697**	**26353**	**31674**
电信、广播电视和卫星传输服务	200	384	405
互联网和相关服务	1047	3145	3555
软件和信息技术服务业	6450	22824	27714
金融业	**1233**	**1276**	**1343**
货币金融服务	350	350	369
资本市场服务	515	359	409
保险业	163	229	235
其他金融业	205	338	330

1—3　续表2

单位：个

行　业　类　别	2015	2020	2021
房地产业	**4292**	**10978**	**12694**
房地产业	4292	10978	12694
租赁和商务服务业	**21208**	**56721**	**66022**
租赁业	1527	5839	7061
商务服务业	19681	50882	58961
科学研究和技术服务业	**7726**	**27897**	**34092**
研究和试验发展	1303	4509	4824
专业技术服务业	4790	13115	14941
科技推广和应用服务业	1633	10273	14327
水利、环境和公共设施管理业	**1006**	**2360**	**3122**
水利管理业	80	156	165
生态保护和环境治理业	121	275	351
公共设施管理业	805	1665	1948
土地管理业		264	658
居民服务、修理和其他服务业	**2871**	**8505**	**9173**
居民服务业	1128	3477	3417
机动车、电子产品和日用产品修理业	1029	3792	4132
其他服务业	714	1236	1624
教　育	**2874**	**6445**	**6797**
教　育	2874	6445	6797
卫生和社会工作	**1024**	**2103**	**2260**
卫　生	796	1608	1729
社会工作	228	495	531
文化、体育和娱乐业	**2561**	**7029**	**8095**
新闻和出版业	159	186	203
广播、电视、电影和影视录音制作业	211	1260	1553
文化艺术业	620	1951	2330
体　育	152	738	948
娱乐业	1419	2894	3061
公共管理、社会保障和社会组织	**5453**	**6490**	**6798**
中国共产党机关	104	106	105
国家机构	1346	1320	1277
人民政协、民主党派	36	25	25
社会保障	41	29	31
群众团体、社会团体和其他成员组织	2108	3139	3441
基层群众自治组织及其他组织	1818	1871	1919

1—4　主要年份国民经济和社会发展总量与速度指标

指　　标		总　量　指　标				
		2005	2010	2015	2020	2021
人口与就业						
人　口（户籍）						
年末总人口	（万人）	455.70	494.95	717.72	781.53	792.67
#城镇人口 *		184.91	215.84	306.81	430.95	455.83
乡村人口 *		270.79	279.11	410.91	350.58	336.84
#男性人口		239.75	258.00	371.21	400.40	405.51
女性人口		215.95	236.95	346.51	381.12	387.16
年平均人口	（万人）	450.19	493.19	715.26	775.99	787.10
出生人口	（万人）	4.53	5.47	9.60	9.99	7.70
死亡人口	（万人）	2.62	2.14	3.81	3.95	3.21
人口密度	（人/平方公里）	648.0	701.5	627.1	682.9	692.6
年末总户数	（万户）	137.24	157.06	241.42	259.55	265.39
就　　业	**（万人）**					
全社会就业人员		256.30	344.50	457.04	490.07	493.20
城镇非私营单位就业人员数		39.31	65.30	143.87	172.99	166.27
城镇登记失业人员数		4.54	5.09	25.60	36.55	40.75
城镇登记失业率	(%)	4.42	3.43	2.80	3.06	2.77
宏观经济						
生产总值*						
生产总值	（亿元）	1074.38	2976.08	5830.95	10005.56	11412.80
第一产业		84.01	172.54	256.53	335.21	351.05
第二产业		444.77	1382.65	2480.46	3535.79	4171.21
#工　　业		323.48	898.64	1544.78	2051.76	2472.25
第三产业		545.60	1420.89	3093.96	6134.56	6890.54
固定资产投资	**（亿元）**					
固定资产投资额		495.27	3066.97	6153.35		
500万元以上项目		288.81	2131.13	4869.41		
房地产开发		190.29	819.03	1259.14	1546.99	1466.42
固定资产投资按产业分						
第一产业		4.05	27.95	162.71		
第二产业		90.24	1038.14	2097.99		
第三产业		400.98	2000.88	3892.66		
财　　政	**（亿元）**					
一般公共预算收入		57.64	259.43	571.54	762.90	844.22
#增值税		11.11	25.56	62.25	254.00	281.88
企业所得税		5.39	22.13	48.66	69.00	76.37
个人所得税				21.11	19.04	24.79

注：1. 2014年及以前为非农业人口和农业人口分组。
　　2. 2018年及以前生产总值根据第四次全国经济普查结果进行了修订。

速度指标　（%）						
指　数　（2021年比以下各年）				平均增长速度		
2005	2010	2015	2020	2006—2010年	2011—2015年	2016—2020年
122.6	112.9	110.4	101.4	1.7	0.4	1.7
207.6	177.9	148.6	105.8	3.1	3.7	7.0
78.3	75.9	81.9	96.1	0.6	-1.5	-3.1
119.2	110.8	109.2	101.3	1.5	0.3	1.5
126.4	115.2	111.8	101.6	1.9	0.6	1.9
123.2	112.4	110.0	101.4	1.8	0.4	1.6
124.0	102.7	80.2	77.1	3.8	5.1	0.8
87.5	107.1	84.4	81.4	-4.0	4.9	0.7
122.6	113.2	110.4	101.4	1.6	0.5	1.7
134.8	117.8	110.0	102.3	2.7	1.4	1.5
		108.0	100.6	6.1		1.4
		115.5	96.1	10.7		3.8
		152.3	111.5			6.4
641.1	281.4	158.3	109.2	17.9	12.2	7.7
195.0	143.0	116.1	105.1	6.4	4.2	2.0
847.6	303.5	158.5	110.6	22.8	13.9	7.5
992.0	339.7	168.0	115.7	23.9	15.1	7.7
520.0	272.4	162.1	108.6	13.8	10.9	8.3
2236.2	361.1	147.6	103.5	44.0	19.6	7.4
3785.0	512.9	178.5	109.0	49.1	23.5	10.4
789.2	183.3	116.5	94.8	33.9	9.5	4.2
2517.0	365.0	70.8	118.0	47.1	38.8	-9.7
5061.5	439.9	170.3	109.6	63.0	20.9	9.2
1658.3	332.3	141.0	101.5	37.9	18.7	6.8
1361.1	302.4	147.8	110.7	35.1	15.4	6.0
1041.2	452.7	452.7	111.0	18.1		32.5
		157.0	110.7	32.6		7.2
		176.4	130.2		113.5	6.3

1—4 续表1

指标		总量指标				
		2005	2010	2015	2020	2021
一般公共预算支出		73.41	317.72	772.69	1164.35	1223.72
#一般公共服务			30.80	51.94	75.75	77.32
教　育			37.01	119.29	197.54	210.20
科学技术			17.96	37.27	163.33	174.08
社会保障和就业			20.06	65.41	107.24	99.10
物价总指数	**(上年=100)**					
居民消费价格指数		100.9	102.7	101.6	102.3	101.7
工业生产者出厂价格指数		101.3	102.4	98.7	98.9	107.7
工业生产者购进价格指数		105.1	106.7	94.4	98.7	111.5
利用外资	**(万美元)**					
外商直接投资		17450	109584	250678	359500	115313
能源消费						
能源消费总量	(万吨标准煤)	1148.2	1575.5	2103.2	2464.3	2604.0
产　业						
农　业*						
乡村从业人员数	(万人)	168.21	167.52	258.76	231.92	227.49
总播种面积	(千公顷)	483.00	497.01	683.29	689.09	696.10
#粮食播种面积		259.18	282.63	526.54	523.36	527.15
农林牧渔业总产值	(亿元)	95.59	227.64	468.24	524.26	550.86
农林牧渔业总产值指数	(上年=100)	100.80	104.00	104.40	101.50	106.30
主要农产品产量						
粮　食	(万吨)	153.93	193.52	306.51	288.95	294.13
棉　花	(万吨)	1.34	1.85	2.93	0.51	0.25
油　料	(万吨)	33.86	25.85	31.10	15.71	16.61
茶　叶	(吨)	37.00	41.00	2201.00	2257.00	2417.00
肉　类	(万吨)	31.34	38.02	49.12	32.79	34.06
水产品	(万吨)	11.63	12.29	24.02	22.56	22.89
牛　奶	(万吨)	2.38	9.20	11.54	6.66	8.83
农业机械总动力	(万千瓦)	143.56	188.38	433.80	503.78	508.98
耕地灌溉面积	(千公顷)	214.93	244.95	458.40	459.91	462.63
化肥施用量	(万吨)	17.95	19.70	29.69	22.82	21.42
农村用电量	(亿千瓦时)	4.18	5.45	15.93	19.57	20.07
规模以上工业						
主要工业产品产量						
家用电冰箱	(万台)	409.00	1701.00	2550.08	1846.82	1811.32
房间空气调节器	(万台)	185.00	861.00	1177.05	929.82	1004.37
家用洗衣机	(万台)	438.00	1252.00	1584.58	2095.45	2387.99
彩色电视机	(万台)	272.00	305.00	696.82	1110.47	778.82
发电量	(亿千瓦时)	60.03	81.85	174.66	237.22	243.37
水　泥	(万吨)	92.00	401.00	2194.05	1551.46	1597.19

注：1．农业相关速度指标根据第三次全国农业普查结果进行了修订。
　　2．2021年外商直接投资调整为商务部口径（FDI）。

速度指标　(%)						
指　数　(2021年比以下各年)				平均增长速度		
2005	2010	2015	2020	2006—2010年	2011—2015年	2016—2020年
1421.1	328.4	158.4	105.1	34.0	15.7	8.5
		148.9	102.1			7.8
		176.2	106.4			10.6
		467.0	106.6			34.4
		151.5	92.4			10.4
150.5	130.4	113.6	101.7	2.9	2.8	2.2
113.6	107.6	107.6	107.7	1.1	0.01	0.0
138.7	116.3	125.1	111.5	3.6	-1.5	2.3
				44.4	15.1	7.5
228.5	165.3	123.8	105.7	6.7	5.9	3.2
87.1	87.5	87.9	98.1	-0.1	-0.1	-2.2
107.8	104.8	102.2	101.0	0.6	0.5	0.23
116.2	106.5	100.1	100.7	1.7	1.3	-0.1
		119.0	106.3	7.7	4.3	2.1
140.4	111.7	95.9	101.8	4.7	3.1	-1.2
35.2	25.5	26.9	49.9	6.7	-1.1	-11.6
64.2	84.1	94.2	105.7	-5.3	-2.2	-2.3
275.3	248.5	128.4	107.1	2.1	14.1	3.7
117.1	96.6	86.3	103.8	3.9	2.3	-3.6
136.1	128.8	105.0	101.5	1.1	4.2	0.7
1098.8	284.3	190.3	132.6	31.1	8.4	7.5
196.3	149.6	117.4	101.0	5.6	5.0	3.0
153.9	135.1	100.9	100.6	2.6	6.0	0.1
78.1	71.1	72.2	93.9	1.9	-0.3	-5.1
210.6	161.5	126.0	102.6	5.4	5.1	4.2
531.2	127.7	81.4	98.1	33.0	9.4	-3.7
607.2	130.5	95.5	108.0	36.0	6.4	-2.4
545.0	190.7	150.8	114.0	23.4	4.8	5.8
287.4	256.3	113.1	70.1	2.3	17.8	10.0
216.1	158.5	137.5	102.6	6.4	2.9	6.0
464.6	106.6	73.1	102.9	34.2	7.9	-6.6

1—4 续表2

指标		总量指标				
		2005	2010	2015	2020	2021
企业单位数	(个)	668	2229	2474	2150	2374
#大型企业		13	24	81	69	75
中型企业		85	198	260	246	251
企业资产总计	(亿元)	841.80	2869.25	6882.54	11049.77	13015.21
企业负债合计	(亿元)	535.83	1711.17	3938.80	6712.66	7890.22
企业营业收入*	(亿元)	849.36	3342.98	8931.10	8497.24	10128.77
#制造业营业收入	(亿元)				7933.08	9481.03
企业利润总额	(亿元)	53.60	382.38	503.36	401.77	586.06
建筑业						
企业单位数	(个)	487	703	867	1622	1843
企业从业人员	(万人)	24.43	58.90	74.87	84.21	80.93
建筑业总产值	(亿元)	309.74	1359.56	3006.60	4465.96	5081.54
房屋建筑施工面积	(万平方米)	3052.67	9008.10	22429.95	24904.09	23745.38
房屋建筑竣工面积	(万平方米)	1274.13	3290.22	6412.81	5592.05	5420.42
#住宅面积				4470.13	4129.37	3578.79
交通运输						
货运量	(万吨)		18873.2	32606.3	46907.8	49078.8
民　航		1.3	1.4	5.1	8.8	9.4
铁　路			150.8	116.6	264.0	276.5
公　路*		4364.0	17401.0	27578.0	39203.0	39324.0
水　运		641.3	1320.0	4906.5	7432.0	9469.0
客运量	(万人)	7120.0	19804.0	14697.3	6953.2	6845.7
民　航		73.1	208.5	356.2	458.7	469.3
铁　路		773.0	1587.5	3105.1	3105.5	3710.4
公　路*		6274.0	18006.0	11211.0	3355.0	2626.0
水　运			2.0	25.0	34.0	40.0
公路里程	(公里)	6566	8512	18860	19981	19973
#等级公路里程		6226	8498	17954	19981	19973
邮电通信业						
邮政业务总量	(亿元)	2.76	2.49	41.37	207.82	125.03
快递业务量	(亿件)			1.85	8.85	12.00
电信业务总量	(亿元)	41.53	49.66	158.70	993.10	128.47
固定电话用户	(万户)	116.67	160.75	149.27	125.69	119.38
移动电话用户	(万户)	184.79	421.36	776.17	1063.02	1108.61
国内贸易						
社会消费品零售总额*	(亿元)	428.46	1238.96	2861.66	4513.76	5111.68
商品零售					4085.79	4633.03
餐饮收入					427.97	478.65
限额以上批发贸易业法人企业数	(个)	179	311	512	967	1135
限额以上零售贸易业法人企业数	(个)	83	281	595	948	936
限额以上批发零售贸易业购进总额	(亿元)	726.67	2435.58	3459.66	5457.99	7522.38
限额以上批发零售贸易业销售总额	(亿元)	777.41	2625.75	3764.47	6363.85	8425.98
限额以上批发零售贸易业库存总额	(亿元)	43.56	189.59	309.90	379.61	484.56

注：1. 2015年交通运输部开展小样本专项调查，公路运输量统计数据全国下降调整，与上年基数不同，无法比对。

2. 2018年及以前工业企业营业收入为主营业务收入。

3. 社会消费品零售总额根据第四次全国经济普查结果进行了修订（下同）。

速度指标　（%）						
指　数　（2021年比以下各年）				平均增长速度		
2005	2010	2015	2020	2006—2010年	2011—2015年	2016—2020年
355.4	106.5	96.0	110.4	27.3		-2.8
576.9	312.5	92.6	108.7	13.0		-3.2
295.3	126.8	96.5	102.0	18.4		-1.1
1546.1	453.6	189.1	117.8	27.8		9.9
1472.5	461.1	200.3	117.5	26.1		11.3
1192.5	303.0	113.4	119.2			
			119.5			
1093.4	153.3	116.4	145.9	48.1		-4.4
335.1	232.2	212.6	113.6	7.6	1.8	13.3
295.7	122.6	110.8	98.5	19.2	2.0	2.4
1256.1	286.2	169.1	113.8	34.4	11.1	8.2
538.3	182.4	99.2	95.3	24.2	13.0	0.8
317.3	122.9	84.5	96.9	20.9	7.8	-2.7
80.1	80.1	80.1	86.7			-1.6
		150.5	104.6	25.2		7.5
		183.5	107.2	2.1		11.4
		237.1	104.7			17.8
		142.6	100.3	31.9		7.3
		193.1	127.4	15.5		8.7
		46.6	98.5	22.7		-13.9
		131.8	102.3	23.3		5.2
		119.6	119.5	16.7		0.0
		23.4	78.3	23.5		-21.5
		160.0	117.6			6.3
		105.9	100.0	5.3		1.2
		111.2	100.0	6.4		2.2
		137.6	29.5	-2.0		36.1
		650.1	135.6			36.8
		194.6	31.1			44.3
		80.0	95.0	6.6		-3.4
		142.8	104.3	17.9		6.5
975.9	377.8	173.1	113.2	20.9	16.9	8.9
			112.4			
			122.5			
603.3	347.2	221.6	117.4	11.7	9.4	13.6
985.9	291.2	157.4	98.7	27.6	13.1	9.8
1008.2	300.8	217.5	137.8	27.4	6.7	9.6
1046.0	309.7	223.9	132.4	27.6	6.7	11.1
1071.1	246.1	156.3	127.6	34.2	9.5	4.1

1—4 续表3

指　　标		总　量　指　标				
		2005	2010	2015	2020	2021
对外经济贸易						
进出口总额	(亿美元)	41.83	99.58	203.38	374.87	514.60
进口额		13.89	43.32	66.29	146.91	200.48
出口额		27.94	56.26	137.09	227.96	314.13
旅　游						
接待入境游客人数	(万人次)	6.62	24.28	41.31	1.64	1.43
#外国人		4.47	18.94	30.67	1.35	1.07
国内旅游人数	(万人次)	676	2670	7784	8108	9827
国际旅游外汇收入	(万美元)	4006	15000	33100	1200	1015
国内旅游总收入	(亿元)	54.00	237.00	953.22	975.97	1246.85
旅游星级宾馆个数	(个)	39	49	68	46	44
金融保险						
金融机构人民币存款余额	(亿元)	1521.85	4541.78	10967.91	18296.74	20203.75
#居民储蓄存款		516.16	1233.73	3018.54	5589.40	6394.14
金融机构人民币贷款余额	(亿元)	1419.87	4214.08	9636.57	17678.66	19936.97
保险公司保费收入	(亿元)	23.51	65.69	154.05	393.09	417.57
#财　险		5.38	23.63	69.21	140.02	128.14
保险公司赔款及给付	(亿元)	9.08	16.45	56.53	117.94	155.81
#财 险		2.56	9.98	37.47	75.49	86.93
教育、卫生、文化						
教　育						
学龄儿童入学率	(%)	99.6	100.0	101.7	108.1	107.7
小学毕业升学率	(%)	104.6	107.0	104.7	103.5	103.6
初中毕业升学率	(%)	110.6	127.9	112.9	122.5	125.0
各类学校数	(个)	1796	1538	1973	2229	2352
#普通高等学校		36	44	50	54	54
普通中等专业学校*		23	38	34	52	50
普通中学		267	246	360	340	339
技工学校		25	28	28	26	25
小　学		1097	663	584	481	466
幼儿园		272	460	866	1266	1407
专任教师数	(万人)	5.38	6.72	9.52	12.04	13.40
#普通高等学校		1.36	2.03	2.56	2.81	3.21
普通中等专业学校*		0.14	0.22	0.26	0.42	0.58
普通中学		1.57	1.96	2.92	3.35	3.46
#高　中		0.52	0.65	1.11	1.22	1.26
技工学校		0.08	0.15	0.12	0.21	0.27
小　学		1.70	1.69	2.46	3.26	3.52
幼儿园		0.20	0.47	1.02	1.90	2.28
在校学生数	(万人)	129.96	136.73	183.49	228.27	243.99
#普通高等学校		24.21	37.26	61.54	75.97	83.66
普通中等专业学校*		5.64	8.08	7.95	11.59	12.24
普通中学		30.90	33.02	36.46	42.96	44.06
#高　中		10.08	10.95	15.24	16.44	16.61
技工学校		1.84	2.86	1.43	6.33	7.68
小　学		37.61	32.79	46.37	57.28	60.19
幼儿园		6.20	9.51	23.06	32.48	34.38

注：2018年普通中等专业学校口径变化，包含成人中等专业学校和职业中学（下表同）。

速度指标　(%)						
指　数　(2021年比以下各年)				平均增长速度		
2005	2010	2015	2020	2006—2010年	2011—2015年	2016—2020年
1204.2	505.8	253.2	137.2	18.9	14.8	13.0
1442.2	462.4	303.1	136.3	25.5	8.8	17.3
1083.4	538.1	229.0	137.8	15.0	18.6	10.7
		3.4	87.0	29.7		-47.6
		3.5	79.3	33.5		-46.5
		126.3	121.2	31.6		0.8
		3.0	84.6	30.2		-48.6
		130.7	127.8	34.4		0.5
		64.7	95.7	4.7		-7.5
1328.0	445.0	184.3	110.4	24.4	19.3	10.8
1239.2	518.5	211.9	114.4	19.0	19.6	13.1
1404.2	473.1	206.9	112.8	24.3	18.0	12.9
1775.7	635.5	271.0	106.2	22.8	18.6	20.6
2380.6	542.0	185.1	91.5	34.4	24.0	15.1
1716.4	947.4	275.7	132.1	12.6	28.0	15.9
3394.7	870.8	231.9	115.2	31.3	30.3	15.0
				0.1		1.2
				0.4		-0.3
				3.0		1.6
		119.2	105.5	-3.1		2.5
		108.0	100.0	4.1		1.6
		147.0	96.2	10.6		8.9
		94.2	99.7	-1.6		-1.1
		81.4	96.2			-3.3
		79.8	96.9	-9.6		-3.8
		162.5	111.1	11.1		7.9
		140.8	111.3	4.5		4.8
		125.1	114.1	8.4		1.9
		223.9	136.1	9.7		10.5
		118.1	103.2	4.6		2.7
		113.8	103.6	4.4		1.9
		236.8	129.2			12.9
		143.2	108.1	-0.1		5.8
		223.8	119.8			13.3
		133.0	106.9	1.0		4.5
		136.0	110.1	9.0		4.3
		153.9	105.6	7.5		7.8
		120.9	102.6	1.3		3.3
		109.0	101.0	1.7		1.5
		538.7	121.4			34.7
		129.8	105.1	-2.7		4.3
		149.1	105.9	8.9		7.1

1—4 续表4

指　　标		总　量　指　标				
		2005	2010	2015	2020	2021
毕业生数	(万人)	32.35	39.19	49.10	56.58	58.65
#普通高等学校		4.79	9.69	16.50	17.47	20.15
普通中等专业学校		1.19	2.57	2.09	3.70	3.57
普通中学		10.53	9.85	12.65	13.35	13.35
#高　中		2.66	3.67	5.27	5.31	5.30
技工学校		0.46	1.23	0.50	1.54	1.57
小　学		6.04	6.53	6.63	8.47	8.68
幼儿园		2.69	3.23	7.83	10.23	10.55
科　技						
研究与试验发展经费支出	(亿元)			174.87	353.48	394.57
规模以上工业企业科技						
R&D经费内部支出	(亿元)			104.10	192.23	225.27
R&D人员	(人)			42880	46455	58511
专利申请数	(件)			15186	18982	25312
卫　生						
卫生机构数	(个)	739	779	2217	3498	3543
#医院、卫生院、社区中心（站）		224	393	470	500	495
卫生机构床位数	(张)	15364	25386	43516	67871	68514
#医院、卫生院、社区中心（站）		14689	24870	42113	67197	67607
卫生工作人员	(万人)	2	4	5.95	9.01	9.46
#卫生技术人员	(万人)	1.87	2.92	4.79	7.56	8.08
#执业（助理）医师		0.78	1.08	1.77	2.90	3.08
注册护士		0.62	1.24	2.24	3.63	3.87
文　化						
公共图书馆个数	(个)	7	7	9	9	9
公共图书馆总藏书量	(万册)	332.50	355.94	490.97	776.28	833.02
广播覆盖率	(%)	100	100	100	99.9	99.9
电视覆盖率	(%)	98.0	98.0	99.0	99.8	99.9
家庭、生活						
家　庭	**(人)**					
城镇居民平均每户人口		2.88	2.84	2.86	2.98	3.09
城镇居民平均每户就业人口数		1.55	1.60	1.63	1.53	1.67
城镇居民平均每一就业者负担人数		1.87	1.78	1.76	1.95	1.84
农村居民平均每户常住人口		4.05	3.85	2.87	2.64	2.62
农村居民平均每户整、半劳动力		2.92	3.13	2.05	1.84	1.52
农村居民平均每个劳动力负担人口		1.39	1.24	1.40	1.43	1.72
婚　姻	**(对)**					
结婚数		41133	66437	88522	61231	57166
离婚数		4325	9580	22605	34592	16851
居　住	**(平方米)**					
城镇居民人均住房面积		24.31	26.30	35.30	34.90	34.15
农村居民人均住房面积		28.93	33.40	38.80	46.60	46.70
生　活*	**(元)**					
城镇居民人均可支配收入		9684	19051	31989	48283	53208
城镇居民人均消费支出		7398	14012	20049	28002	32445
#食品烟酒支出		3384	5010	6651	8090	8983
农村居民人均可支配收入		3207	7118	15733	24282	26856
农村居民人均消费支出		2534	4188	9879	14191	16927
#食品烟酒支出		1344	2037	3627	4803	5473

注：2014年居民生活数据为城乡一体化住户调查数据，以前年份农村居民收入口径为农民人均纯收入（下表同）。

速度指标　（%）						
指　数　（2021年比以下各年）				平均增长速度		
2005	2010	2015	2020	2006—2010年	2011—2015年	2016—2020年
		119.4	103.7	-4.3		2.9
		122.1	115.3	0.2		1.1
		170.8	96.6	16.6		12.1
		105.5	100.0	-1.3		1.1
		100.5	99.8	6.6		0.1
		316.1	102.2	21.7		25.3
		131.0	102.4	1.6		5.0
		134.8	103.1	3.8		5.5
		225.7	111.6			15.1
		216.4	117.2			13.1
		136.5	126.0			1.6
		166.7	133.3			4.6
		159.8	101.3	1.1		9.5
		105.4	99.0	11.9		1.3
		157.4	100.9	10.6		9.3
		157.5	98.7	11.1		9.8
		158.8	104.9	9.1		8.6
		168.7	106.8	9.3		9.6
		173.9	106.1	6.7		10.4
		173.0	106.6	14.7		10.2
		169.7	107.3	1.4		9.6
		107.7	103.5	-0.3		0.8
		102.5	109.3	0.6		-1.3
		105.0	94.6	-1.0		2.1
		91.3	99.2	-1.0		-1.7
		74.1	82.6	1.4		-2.1
		123.1	120.5	-2.3		0.4
		64.5	93.4	10.1		-7.1
		74.6	48.7	17.2		8.9
		96.7	97.9	1.6		-0.2
		120.3	100.2	2.9		3.7
574.9	292.3	166.6	110.2	14.5	11.9	8.6
		161.9	115.9	13.6		6.9
		135.1	111.0	8.2		4.0
726.3	327.2	170.7	110.6	17.3	13.9	9.1
		171.3	119.3	10.6		7.5
		151.0	114.0	8.7		5.8

1—4 续表5

指标		总量指标				
		2005	2010	2015	2020	2021
工资和福利						
城镇非私营单位就业人员工资总额	(亿元)	73.91	248.24	904.50	1622.27	1713.54
城镇非私营单位就业人员平均工资	(元)	19027	39292	63626	96831	104729
城镇居民最低生活保障	(万人)	9.68	4.60	3.84	2.36	2.15
农村居民最低生活保障	(万人)	2.69	10.95	16.12	15.40	13.31
公用事业、市政建设、环境						
公用事业						
供水总量	(万立方米)	20713	29453	43568	60317	64385
#居民家庭用水		10013	14282	20951	29684	32439
用水人口	(万人)	161.75	240.62	375.18	474.40	641.72
天然气供气量	(万立方米)	6230	22411	52333	114772	123582
#家庭用量		3141	6806	20930	40993	43776
液化石油气供气量	(吨)	32790	65284	30000	39000	52341
#家庭用量		19190	27474	15000	10850	7850
全社会用电量	(亿千瓦时)	65.58	123.91	243.26	382.55	444.11
#工业用电量		34.07	64.10	130.93	189.98	223.28
城乡居民生活用电量	(亿千瓦时)	17.47	29.18	42.24	70.42	72.62
市政建设						
道路长度	(公里)	1466.7	2012.7	2206.5	3157.0	3188.3
道路面积	(万平方米)	2795.0	4323.3	6347.5	8912.5	9228.5
排水管长度	(公里)	1605.0	7222.0	5934.7	8532.6	8763.0
生活垃圾清运总量	(万吨)	50.4	66.4	129.2	189.0	209.2
生活垃圾处理总量	(万吨)	50.4	66.4	129.2	189.0	209.2
垃圾粪便无害化处理	(万吨)	51.6	66.4	131.9	191.0	212.3
城市公共交通运营车数	(辆)	2353	2836	5324	8370	7734
出租汽车数	(辆)	6500	8395	11553	11553	11552
建成区公园绿地数量*	(个)	10	43	51	210	304
环境、灾害						
化学需氧量排放量	(万吨)	3.58	3.18	11.40	4.41	2.53
二氧化硫排放量	(万吨)	2.65	3.33	4.49	0.47	0.52
氨氮排放总量	(万吨)	0.55	0.29	0.92	0.08	0.08
工业废水排放量	(万吨)	6462.10	3289.80	5334.98	5845.37	6676.08
工业固体废物综合利用量	(万吨)	185.70	335.26	749.73	922.86	1154.22
火灾事故						
发生数	(起)		1251	2904	2275	4980
死亡人数	(人)		4	9	11	13
直接经济损失	(万元)		553.0	795.2	10972.7	4915.5
交通事故						
发生数	(起)		961	2385	1695	1839
损失金额	(万元)		376.20	1209.90	1639.70	1460.70

注：2018年起公园数量和面积统计口径调整，2000m²以上纳入统计。

速度指标　（%）

指　数（2021年比以下各年）				平均增长速度		
2005	2010	2015	2020	2006—2010年	2011—2015年	2016—2020年
		189.4	105.6	27.4		12.4
		164.6	108.2	15.6		8.8
		56.0	90.9	-13.8		-9.3
		82.6	86.4	32.4		-0.9
		147.7	106.7	7.3		6.7
		154.9	109.3	7.4		7.2
		171.0	135.3	8.3		4.8
		236.1	107.7	29.2		17.0
		209.2	106.8	14.8		14.4
		174.6	134.2	7.4		5.4
		52.4	72.4	8.3		-6.3
555.1	293.8	182.6	116.1	13.6	10.0	9.5
512.2	272.2	170.6	117.5	13.5	9.8	7.7
351.0	210.2	171.9	103.1	10.8	4.1	10.8
		144.5	101.0	6.5		7.4
		145.4	103.5	9.1		7.0
		147.7	102.7	35.1		7.5
		162.0	110.7	5.7		7.9
		162.0	110.7	5.7		7.9
		160.9	111.1	5.2		7.7
		145.3	92.4	4.6		9.5
		100.0	100.0	5.2		
	660.3	596.2	144.8	38.5	2.1	32.7
		22.2	57.4	-2.3		-17.3
		11.6	109.7	4.7		-36.2
		8.2	93.8	-12.0		-38.6
		125.1	114.2	-12.6		1.8
		154.0	125.1	12.5		4.2
		178.2	218.9			-4.0
		144.4	118.2			4.1
		618.8	44.8			69.1
		77.1	108.5			-6.6
		120.7	89.1			6.3

1—5 主要年份市区国民经济主要指标

指标		1978	1980	1985	1990	1995	2000
年末总户数	（万户）	16.75	18.50	22.76	28.10	33.36	38.44
年末总人口	（万人）	71.00	77.00	88.10	100.20	115.93	134.47
#城镇人口	（万人）	46.50	51.80	62.50	73.33	90.42	107.50
年平均人口	（万人）	70.60	75.50	86.70	99.00	114.31	132.37
年末在岗职工人数	（万人）						
在岗职工工资总额	（亿元）						
生产总值*	（亿元）	7.98	8.59	18.82	35.64	110.87	235.22
农林牧渔业总产值	（亿元）	0.32	0.45	1.11	2.46	6.87	8.47
固定资产投资额	（亿元）	1.08	1.71	5.74	8.85	52.59	112.83
建筑业总产值	（亿元）			3.32	5.16	22.62	51.83
社会消费品零售总额	（亿元）	2.59	3.87	8.28	23.64	63.75	125.27
财政收入	（亿元）	3.41	2.94	4.72	6.90	14.73	36.24
财政支出	（亿元）	0.41	0.49	1.22	2.63	5.01	18.47
金融机构人民币各项存款	（亿元）	9.66	9.81	14.25	43.80	183.82	519.51
#居民储蓄存款		0.47	0.79	3.31	15.01	62.98	152.05
金融机构人民币各项贷款	（亿元）	5.41	7.17	23.60	64.57	176.86	542.13
在校学生数	（万人）						
普通高等院校		1.24	1.69	2.44	2.56	3.57	5.89
普通中等专业学校		0.39	0.65	1.21	2.12	4.19	6.40
普通中学		7.87	6.40	5.96	5.30	5.80	4.38
小　　学		10.43	10.33	8.21	9.21	9.72	12.24
幼儿园							
学龄儿童入学率	（%）				99.80	100	100
医院床位数	（张）	4090	4483	5516	6694	8163	9853
卫生技术人员	（万人）	1.05	1.15	1.46	1.60	1.74	1.27
#医　生		0.29	0.37	0.51	0.59	0.65	0.60

注：1.2010年及以后社会消费品零售总额根据四经普结果进行了修订。
2.2015年居民储蓄存款变更为住户存款（下表同）。
3.2018年普通中等专业学校在校学生数包含成人中等专业学校和职业中学。
4.2018年生产总值根据第四次全国经济普查结果进行了修订。

2005	2010	2012	2013	2014	2015	2020	2021	比上年增长(%)
51.49	68.28	73.06	81.11	83.01	86.71	104.21	108.79	4.4
175.31	215.58	222.17	240.78	245.37	251.04	300.84	312.10	3.7
150.28	178.34	185.68	200.02	195.99	240.84	289.31	304.29	5.2
169.42	214.65	220.25	238.57	243.08	248.21	295.83	306.47	3.6
	53.58	79.64	95.74	100.64	100.93	111.73	112.88	1.0
	209.85	416.66	548.72	625.90	692.25	1197.59	1291.74	7.9
674.16	1920.45	2754.58	3077.70	3407.06	3766.96	6784.56	7696.55	8.6
8.12	20.32	20.59	20.01	31.91	32.11	19.90	15.93	-20.2
419.97	2410.40	2714.93	3122.76	3531.15	3984.53			3.5
263.76	1176.69	1808.38	2139.90	2450.50	2588.06	3746.05	4211.92	12.4
287.10	954.37	1462.90	1707.69	1950.33	2204.63	3320.94	3726.44	12.2
115.82	418.29	549.37	604.26	705.38	808.44	1118.71		
56.09	246.58	390.06	428.74	481.11	521.37	735.29	803.51	9.3
1403.91	4165.71	5888.28	7005.13	7670.52	9309.84	14996.40	16540.82	10.3
432.89	1032.58	1429.02	1732.08	1821.66	1998.80	3638.46	4152.18	14.1
1350.83	4026.36	5557.25	6309.25	7206.46	8557.98	15052.47	16910.18	12.3
24.21	37.26	46.47	49.78	51.81	47.31	49.01	60.43	23.3
6.55	6.90	5.95	5.62	5.66	5.64	6.77	7.51	10.9
11.54	13.92	14.05	14.54	14.85	15.32	20.48	21.55	5.2
13.30	15.87	17.74	19.80	21.28	22.89	32.66	35.53	8.8
	5.07	10.75	11.50	11.85	12.62	20.01	21.45	7.2
100.00	100.00	100.00	100.00	144.66	145.55	136.74	132.99	-2.7
12148	19650	23730	26759	27540	29165	43725	47456	8.5
1.44	2.39	2.81	3.05	3.27	3.43	5.62	6.02	7.0
0.60	0.88	1.02	1.10	1.17	1.22	2.09	2.20	5.6

1—6 主要年份国民经济和社会发展比例指标

单位：%

指标	1980	1985	1990	1995	2000
城乡人口结构*	100.0	100.0	100.0	100.0	100.0
乡 村	80.6	75.9	74.0	70.3	55.9
城 镇	19.4	24.1	26.0	29.7	44.1
三次产业就业人员结构	100.0	100.0	100.0	100.0	100.0
第一产业	70.6	60.5	57.2	44.9	46.0
第二产业	17.0	21.4	23.5	31.1	25.8
第三产业	12.5	18.1	19.3	24.0	28.2
合肥生产总值产业结构*	100.0	100.0	100.0	100.0	100.0
第一产业	29.5	30.5	28.7	18.2	12.4
第二产业	48.0	47.6	45.3	46.1	42.8
第三产业	22.4	21.6	26.0	35.7	44.8
农林牧渔业产值结构	100.0	100.0	100.0	100.0	100.0
农 业	81.9	74.6	66.1	64.1	47.9
林 业	1.3	1.1	1.6	1.8	2.6
牧 业	15.9	22.1	29.5	29.7	38.9
渔 业	0.9	2.2	2.8	4.4	10.6
固定资产投资相当于生产总值比例	13.1	21.4	16.5	34.0	35.5
一般公共预算收入相当于生产总值比例*	23.0	16.5	13.6	10.4	5.0
财政支出相当于生产总值比例*	6.1	5.7	6.7	4.9	7.0

指标	2005	2010	2015	2020	2021
城乡人口结构*	100.0	100.0	100.0	100.0	100.0
乡 村	44.3	37.2	27.7	17.7	16.0
城 镇	55.7	62.8	72.3	82.3	84.0
三次产业就业人员结构	100.0	100.0	100.0	100.0	
第一产业	36.5	23.6	16.3	10.2	
第二产业	26.8	33.5	35.1	32.6	
第三产业	36.7	42.9	48.6	57.2	
合肥生产总值产业结构*	100.0	100.0	100.0	100.0	100.0
第一产业	7.8	5.8	4.4	3.4	3.1
第二产业	41.4	46.5	42.5	35.3	36.5
第三产业	50.8	47.7	53.1	61.3	60.4
农林牧渔业产值结构	100.0	100.0	100.0	100.0	100.0
农 业	49.3	46.9	50.2	52.4	53.0
林 业	2.3	2.3	3.2	4.6	4.7
牧 业	37.7	38.2	30.3	24.5	22.5
渔 业	9.4	10.8	14.3	15.9	17.2
农林牧渔服务业	1.3	1.8	2.1	2.6	2.6
固定资产投资相当于生产总值比例	53.5	113.5	108.7		
一般公共预算收入相当于生产总值比例*	5.4	8.7	9.8	7.6	7.4
财政支出相当于生产总值比例*	7.9	11.8	13.7	11.6	10.7

注：1. 1995年及以前城乡人口结构为户籍人口中农业和非农业人口比例，2010年及以后人口结构根据第七次全国人口普查结果进行了修订。

2. 2000年及以后生产总值相关数据根据第四次全国经济普查结果进行了修订。

1—7　主要年份按户籍人口平均的国民经济主要指标

指　　标		1980	1985	1990	1995	2000
合肥生产总值*	(元/人)	439	904	1547	4265	8505
粮食产量	(公斤/人)	331.0	449.0	446.0	364.0	329.0
棉花产量	(公斤/人)	1.40	1.80	2.16	4.48	2.81
油料产量	(公斤/人)	19.84	59.30	47.12	52.50	62.36
肉类产量	(公斤/人)	9.76	16.29	26.78	31.38	52.77
水产品产量	(公斤/人)	1.22	3.73	4.79	9.84	23.66
电冰箱产量	(台/万人)		68.2	532.0	1852.0	3135
家用洗衣机产量	(台/万人)		376.7	905.0	3139.0	3034
电视机产量	(台/万人)	99.3	568.7	829.0	933.0	2017
发电量	(千瓦时/人)	158.0	152.0	288.0	507.0	407.0
钢　材	(公斤/人)	73.00	77.00	96.00	149.00	147.00
固定资产投资	(元/人)	58	194	255	1449	3016
社会消费品零售总额	(元/人)	197	371	803	2444	4573
财政收入	(元/人)	101	150	210	444	965
财政支出	(元/人)	27	51	103	211	594
居民储蓄存款余额	(元/人)	30	121	475	1908	4198
普通高等院校在校学生	(人/万人)	52	70	67	87	134
卫生机构床位数	(张/万人)	22	23	26	29	29
卫生技术人员	(人/万人)	34	40	41	42	39
#医　生	(人/万人)	15	18	20	20	19
城镇居民人均可支配收入	(元)		705	1556	4657	6389
农村居民人均可支配收入	(元)	134	369	576	1300	1975

指　　标		2005	2010	2015	2020	2021
合肥生产总值*	(元/人)	16139	41274	70893	107993	121187
粮食产量	(公斤/人)	341.9	390.9	428.5	372.4	373.7
棉花产量	(公斤/人)	2.98	3.74	4.10	0.66	0.32
油料产量	(公斤/人)	75.21	52.23	43.48	20.25	21.11
肉类产量	(公斤/人)	69.62	76.82	68.67	42.25	43.27
水产品产量	(公斤/人)	25.83	24.83	33.58	29.07	29.08
电冰箱产量	(台/万人)	9081	34357	35652	23800	23013
家用洗衣机产量	(台/万人)	9720	25295	22154	27004	30339
电视机产量	(台/万人)	6035	6166	9742	14310	9895
发电量	(千瓦时/人)	1334.0	1622.0	2441.9	3057.0	3092.0
钢　材	(公斤/人)	171.22	514.00	176.20	209.76	204.88
固定资产投资	(元/人)	11001	61965	86029		
社会消费品零售总额	(元/人)	9517	25121	40008	58168	64944
一般公共预算收入	(元/人)	1280	5260	7991	9831	10726
财政支出	(元/人)	1631	6419	10803	15011	15547
居民储蓄存款余额	(元/人)	11327	24926	42057	72030	81237
普通高等院校在校学生	(人/万人)	531	753	857	979	1063
卫生机构床位数	(张/万人)	34	51	61	87	87
卫生技术人员	(人/万人)	41	59	67	97	103
#医　生	(人/万人)	17	22	25	34	39
城镇居民人均可支配收入	(元)	9684	19051	31989	48283	53208
农村居民人均可支配收入	(元)	3207	7118	15733	24282	26856

注：1.2005年及以后人均生产总值为按常住人口。

2.1995年及以后社会消费品零售总额根据第四次全国经济普查结果进行了修订。

1—8 各时期国民经济主要指标年平均增长速度

指　　标	1950－1952年	"一五"时　期	"二五"时　期	1963－1965年	"三五"时　期	"四五"时　期
全市总人口	3.3	3.3	-2.4	1.3	3.3	2.8
合肥生产总值	8.6	16.1	-4.3	13.4	7.6	7.8
第一产业						
第二产业						
#工　业						
第三产业						
财政收入		49.7	24.4	16.9	15.6	8.7
财政支出		37.0	-0.1	12.7	9.8	7.6
社会消费品零售总额	24.4	24.7	5.3	-1.8	3.3	11.7
固定资产投资						
粮食产量	9.7	6.3	-12.3	7.0	8.3	6.2
棉花产量	5.3	-7.9	3.9	49.7	-4.1	0.4
油料产量	7.7	9.6	-25.3	32.1	1.1	14.6
水产品产量	6.0	21.8	-1.2	持平	9.5	7.0
肉类产量	2.3	-2.8	-4.9	17.0	-1.5	12.8
发电量						2.4
卷　烟		35.1	-19.7	141.0	14.9	8.4
农用化肥				87.9	-6.7	31.4
成品钢材					持平	14.9
汽　车						18.3
家用电冰箱						
家用洗衣机						

注：2016—2020年财政收入年均增速为一般公共预算收入口径。

单位：%

“五五”时　期	“六五”时　期	“七五”时　期	“八五”时　期	“九五”时　期	“十五”时　期	“十一五”时　期	“十二五”时　期	“十三五”时　期
2.1	1.4	1.8	1.5	1.3	0.8	1.7	0.4	1.7
4.3	14.3	6.5	16.3	14.5	16.7	17.9	12.2	7.7
	12.8	1.5	0.8	6.9	3.1	6.4	4.2	2.0
	15.2	7.2	18.0	14.8	17.8	22.8	13.9	7.5
	13.8	8.0	19.2	14.9	16.5	23.9	15.1	7.7
	15.1	12.0	24.6	16.5	18.1	13.8	10.9	8.3
5.0	9.8	8.7	18.0	18.3	25.6	29.5	14.5	7.1
9.0	15.7	16.9	17.2	24.6	23.3	34.0	15.7	8.6
10.7	15.1	18.7	21.0	13.6	17.0	20.9	16.9	8.9
	24.4	10.3	46.8	17.9	30.5	44.0	19.6	7.4
-1.8	7.8	1.5	-2.5	-0.5	1.5	4.7	2.7	-1.1
-11.3	6.6	5.5	17.5	-7.7	1.9	6.7	-1.1	-8.8
4.5	26.3	-2.9	3.8	4.8	4.6	-5.3	-2.3	-2.2
-1.9	26.8	6.8	17.3	20.7	2.5	1.1	4.2	0.5
-0.6	12.4	12.3	4.9	12.4	6.5	3.9	2.0	-5.1
2.6	0.6	15.6	13.8	-3.0	27.7	6.4	2.9	6.0
9.6	12.3	5.3	-11.4	1.2	5.9	12.0	0.7	-1.0
16.9	2.5	10.6	13.7	12.5	-1.3	-2.2	12.2	-12.0
6.2	10.4	4.0	19.7	-0.4	8.1	27.0	-3.7	-6.9
-0.6	13.0	-10.8	58.6	29.0	16.3	89.2	4.0	0.0
		53.3	30.4	12.6	24.6	33.0	9.4	-3.7
		21.2	30.3	0.6	27.2	23.4	4.8	5.7

1—9 主要年份人民物质文化生活水平

指　　标		1980	1985	1990	1995	2000
城镇居民人均可支配收入	(元)		705	1556	4657	6389
农村居民人均可支配收入	(元)	134	369	576	1300	1975
城镇居民人均消费支出	(元)	374	664	1342	4094	5040
农民居民人均消费支出	(元)			559	1169	1309
城镇非私营单位就业人员年平均	(元)	713	1017	1970	5352	8881
城镇居民人均住房面积	(平方米)	5.60	7.20	9.10	9.70	14.60
居民储蓄存款余额	(亿元)	0.99	4.24	18.09	78.45	183.95
平均每人储蓄额	(元)	30	121	475	1908	4198
市区每万人拥有公交车	(标台)	2.89	3.63	3.44	8.80	10.10
每万人拥有移动电话	(部)					715.65

指　　标		2005	2010	2015	2020	2021
城镇居民人均可支配收入	(元)	9684	19051	31989	48283	53208
农村居民人均可支配收入	(元)	3207	7118	15733	24282	26856
城镇居民人均消费支出	(元)	7398	14012	20049	28002	32445
农民居民人均消费支出	(元)	2534	4188	9879	14191	16927
城镇非私营单位就业人员年平均	(元)	19027	39292	63626	96831	104729
城镇居民人均住房面积	(平方米)	24.31	26.30	35.30	34.90	34.15
居民储蓄存款余额	(亿元)	516.16	1233.73	3018.54	5589.40	6394.14
平均每人储蓄额	(元)	11327	24926	42057	72030	81237
市区每万人拥有公交车	(标台)	14.03	15.29	27.00	35.00	31.00
每万人拥有移动电话	(部)	3991.24	7392.22	10851.48	13698.72	14084.82

1—10　平均每天主要社会经济活动（2021年）

指　　标		全　市	市　区
每天创造财富			
合肥生产总值*	(万元)	312680	210865
第一产业	(万元)	9618	293
第二产业	(万元)	114280	73956
#工　业		67733	40267
第三产业	(万元)	188782	136615
一般公共预算收入	(万元)	23129	17119
财政支出	(万元)	33527	22014
每天生产主要工农业产品			
粮　食	(吨)	8058	235
棉　花	(吨)	7	
油　料	(吨)	455	5
发电量	(万千瓦时)	6668	1805
农用化肥	(吨)	664	
汽　车	(辆)	1745	1115
轮胎外胎	(条)	77484	72666
水　泥	(吨)	43759	
彩色电视机	(台)	21338	21338
电冰箱	(台)	49625	44519
洗衣机	(台)	65424	59548
每日消费量			
社会消费品零售总额	(万元)	140046	102094
城镇居民人均消费性支出	(元)	88.9	
#食品烟酒		24.6	
衣　着		4.9	
交通通信		14.1	
医疗保健		3.9	
每日人口变动			
出　生	(人)	211	99
死　亡	(人)	88	19
结　婚	(对)	157	72
离　婚	(对)	46	25

1—11 国民经济和社会发展主要指标占全省比重（2021年）

指标		全省		合肥市		合肥市占全省比重(%)
		实绩	比上年增长(%)	实绩	比上年增长(%)	
年末常住人口	(万人)	6113.0	0.1	946.5	1.0	15.5
地区生产总值	(亿元)	42959.2	8.3	11412.8	9.2	26.6
彩色电视机	(万台)	1224.8	-24.0	778.8	7.7	63.6
家用电冰箱	(万台)	2381.4	-2.3	1811.3	-1.9	76.1
家用洗衣机	(万台)	2627.4	10.4	2388.0	14.0	90.9
合成洗涤剂	(万吨)	102.8	1.2	52.3	-2.3	50.9
卷　烟	(亿支)	1218.2	1.2	297.4	1.2	24.4
钢　材	(万吨)	3820.3	5.9	161.3	1.9	4.2
农用化肥	(万吨)	208.0	-21.9	24.3	-3.1	11.7
集成电路	(亿块)	12.6	37.0	12.3	68.6	97.5
工业机器人	(套)	12906.0	-4.0	1476.0	0.8	11.4
汽　车	(万辆)	150.3	29.5	63.7	8.7	42.4
农林牧渔业总产值	(亿元)	6004.3	9.3	550.9	6.3	9.2
粮食产量	(万吨)	4087.6	1.7	294.1	1.8	7.2
棉花产量	(万吨)	2.9	-28.7	0.3	-50.1	8.8
油料产量	(万吨)	167.1	2.9	16.6	5.7	9.9
肉类总产量	(万吨)	456.3	15.2	34.1	3.8	7.5
水产品产量	(万吨)	236.5	1.8	22.9	1.5	9.7
社会消费品零售总额	(亿元)	21471.2	17.1	5111.7	13.2	23.8
一般公共预算收入	(亿元)	3498.2	8.8	844.2	10.7	24.1
财政支出	(亿元)	7591.1	1.6	1223.7	5.1	16.1
城镇非私营单位年末就业人员	(万人)	563.2	-0.4	166.3	-3.9	29.5
城镇非私营单位就业人员工资总额	(亿元)	5224.6	10.2	1713.5	5.6	32.8
普通高校在校生人数	(万人)	150.5	10.0	83.7	10.1	55.6
医院、卫生院、社区中心（站）个数	(个)	4499.0	-2.5	495.0	-1.0	11.0
卫生技术人员	(万人)	43.5	5.6	8.1	6.8	18.6
#医　生	(万人)	17.3	5.1	3.1	6.1	17.9
就业人员平均工资	(元)	93861	9.3	104729	8.2	
城镇居民人均可支配收入	(元)	43009	9.0	53208	10.2	
农村居民人均可支配收入	(元)	18372	10.5	26856	10.6	

主要统计指标解释

可比价格

指计算各种总量指标所采用的扣除了价格变动因素的价格，可进行不同时期总量指标的对比。按可比价格计算总量指标有两种方法：一种是直接用产品产量乘某一年的不变价格计算；另一种是用价格指数进行缩减。

平均增长速度

我国计算平均增长速度有两种方法：一种是习惯上经常使用的“水平法”，又称几何平均法，是以间隔期最后一年的水平同基期水平对比来计算平均每年增长（或下降）速度；另一种是“累计法”，又称代数平均法或方程法，是以间隔期内各年水平的总和同基期水平对比来计算平均每年增长（或下降）速度。在一般正常情况下，两种方法计算的平均每年增长速度比较接近；但在经济发展不平衡、出现大起大落时，两种方法计算的结果差别较大。

本《年鉴》内所列的平均增长速度，均用“水平法”计算。从某年到某年平均增长速度的年份，均不包括基期年在内。如建国四十三年的平均增长速度是以1949年为基期计算的，则写为1950-1992年平均增长速度，其余类推。

企业（单位）登记注册类型

是以在工商行政管理机关登记注册的各类企业为划分对象，以工商行政管理部门对企业登记注册的类型为依据，将企业登记注册类型分为内资企业、港澳台商投资企业和外商投资企业三大类。内资企业包括国有企业、集体企业、股份合作企业、联营企业、有限责任公司、股份有限公司、私营公司和其他企业；港澳台商投资企业和外商投资企业分别包括合资经营企业、合作经营企业、独资经营企业和股份有限公司。对不在工商行政管理部门进行登记注册的行政机关、事业单位和社会团体，主要按其经费来源和管理方式进行划分。

法人单位

指具备以下条件的单位：（一）依法成立，有自己的名称、组织机构和场所，能够独立承担民事责任；（二）独立拥有（或授权使用）资产或者经费，承担负债，有权与其他单位签订合同；（三）具有包括资产负债表在内的帐户，或者能够根据需要编制帐户。法人单位包括五种类型：企业法人、事业单位法人、机关法人、社会团体和其他成员组织法人、其他法人。

产业活动单位

法人单位所属的产业活动单位，指具备以下条件的单位：（一）在一个场所从事一种或主要从事一种社会经济活动；（二）相对独立组织生产经营或业务活动;(三)能够掌握收入和支出等业务核算资料。

单位数

表中的单位数为单产业法人数和多产业法人所属的产业活动单位数之和。

国有企业

指企业全部资产归国家所有，并按《中华人民共和国企业法人登记管理条例》规定登记注册的非公司制的经济组织。不包括有限责任公司中的国有独资公司。

集体企业

指企业资产归集体所有，并按《中华人民共和国企业法人登记管理条例》规定登记注册的经济组织。

股份合作企业

指以合作制为基础,由企业职工共同出资入股,吸收一定比例的社会资产投资组建,实行自主经营,自负盈亏，共同劳动，民主管理，按劳分配与按股分红相结合的一种集体经济组织。

联营企业

指两个及两个以上相同或不同所有制性质的企业法人或事业单位法人，按自愿、平等、互利的原则，共同投资组成的经济组织。联营企业包括国有联营企业、集体联营企业、国有与集体联营企业和其他联营企业。

有限责任公司

指根据《中华人民共和国公司登记管理条例》规定登记注册，由两个以上、五十个以下的股东共同出资，每个股东以其所认缴的出资额对公司承担有限责任，公司以其全部资产对其债务承担责任的经济组织。有限责任公司包括国有独资公司以及其他有限责任公司。

股份有限公司

指根据《中华人民共和国公司登记管理条例》规定登记注册，其全部注册资本由等额股份构成并通过发行股票筹集资本，股东以其认购的股份对公司承担有限责任，公司以其全部资产对其债务承担责任的经济组织。

私营企业

指由自然人投资设立或由自然人控股，以雇佣劳动为基础的营利性经济组织。包括按照《公司法》《合伙企业法》《私营企业暂行条例》规定登记注册的私营有限责任公司、私营股份有限公司、私营合伙企业和私营独资企业。

其他内资企业

指上述企业之外的其他内资经济组织。

与港澳台商合资经营企业

指港澳台地区投资者与内地企业依照《中华人民共和国中外合资经营企业法》及有关法律的规定，按合同规定的比例投资设立、分享利润和分担风险的企业。

与港澳台商合作经营企业

指港澳台地区投资者与内地企业依照《中华人

民共和国中外合作经营企业法》及有关法律的规定，依照合作合同的约定进行投资或提供条件设立、分配利润和分担风险的企业。

港澳台商独资经营企业

指依照《中华人民共和国外资企业法》及有关法律的规定，在内地由港澳台地区投资者全额投资设立的企业。

港澳台商投资股份有限公司

指根据国家有关规定，经外经贸部依法批准设立，其中港、澳、台商的股本占公司注册资本的比例达25% 以上的股份有限公司。凡其中港、澳、台商的股本占公司注册资本的比例小于 25%的，属于内资企业中的股份有限公司。

中外合资经营企业

指外国企业或外国人与中国内地企业依照《中华人民共和国中外合资经营企业法》及有关法律的规定，按合同规定的比例投资设立、分享利润和分担风险的企业。

中外合作经营企业

指外国企业或外国人与中国内地企业依照《中华人民共和国中外合作经营企业法》及有关法律的规定，依照合作合同的约定进行投资或提供条件设立、分配利润和分担风险的企业。

外资企业

指依照《中华人民共和国外资企业法》及有关法律的规定，在中国内地由外国投资者全额投资设立的企业。

外商投资股份有限公司

指根据国家有关规定，经外经贸部依法批准设立，其中外资的股本占公司注册资本的比例达25%以上的股份有限公司。凡其中外资股本占公司注册资本的比例小于25%的，属于内资企业中的股份有限公司。

行政机关、事业单位和社会团体

参照企业登记注册类型，主要按其经费来源和管理方式划分。具体规定如下：

⑴行政机关：包括国家机关和政党机关，原则上均列为“国有”。但有特殊规定的，如供销社等，则列为“集体”。

⑵事业单位：包括经国家机构编制部门和有关业务主管部门批准成立的各类事业单位，不包括实行企业化管理的事业单位。事业单位的划分办法如下：

①由国家财政预算拨款或列入财政预算外资金管理以及经费主要来源于国有主管部门或国有上级单位的事业单位，列为“国有”。

②经费主要来源于集体单位的事业单位，列为“集体”。

③公民个人（或个人合伙）开办的事业单位，列为“私营”。

④上述以外的其他事业单位，如果其经费来源不明确，按管理方式进行归类。

⑶社会团体：包括经民政部门批准成立以及未纳入社会团体管理条例范围的工会、妇联等各类社会团体。社会团体的划分办法如下：

①未纳入民政部社会团体管理条例范围的工会、妇联、共青团、青联、工商联、科协、侨联等社会团体，国家拨款设立的基金会或基金管理组织以及经费主要来源于国有业务主管部门或国有上级单位的社会团体，列为“国有”。

②经费主要来源于集体单位的社会团体，列为“集体”。

③公民个人（或个人合伙）开办的社会团体，划为“私营”。

④上述以外的其他社会团体，如果其经费来源不明确，改按管理方式进行归类。

第 二 篇

国民经济核算

简要说明

一、本篇包括国民经济核算资料等内容。

二、有关“指数”部分“以上年为 100 的指数”表中 2000 年以前(含 2000 年)的数据按 1990 年价格计算，2001-2005 年的数据按 2000 年价格计算，2006-2010 年的数据按 2005 年价格计算，2011-2015 年的数据按 2010 年价格计算, 2016-2020 年的数据按 2015 年价格计算，2021 年以后数据按 2020 年价格计算。

三、2000-2018 年生产总值相关数据根据第四次全国经济普查结果进行了修订，2021 年数据为初步核算数。

2—1 合肥生产总值

本表按当年价格计算。 单位：亿元

年份	生产总值	第一产业	第二产业	工业	建筑业	第三产业	交通运输、仓储和邮政业	批发和零售业	金融业	房地产业	按常住人口人均生产总值(元)
1980	14.15	4.18	6.80	6.16		3.17	0.42	1.06			
1985	31.39	9.58	14.93	13.05		6.88	0.98	1.81	1.60	0.49	
1990	58.19	16.72	26.36	22.83		15.11	2.18	2.72	3.67	1.05	
1995	173.53	31.59	80.02	69.22		61.93	11.23	18.73	8.53	3.77	
1996	222.43	35.86	101.35	88.64		85.22	14.32	25.86	11.17	5.04	
1997	266.05	41.59	118.53	103.57		105.93	18.73	31.10	12.18	6.45	
1998	294.59	40.55	128.41	112.10		125.63	23.30	35.98	12.98	8.85	
1999	327.15	36.31	143.32	122.95		147.52	28.15	41.28	14.38	10.15	
2000	487.51	60.60	208.71	178.47	30.24	218.19	43.57	57.22	19.40	16.23	7655
2001	559.53	62.51	234.18	198.06	36.12	262.84	35.38	55.19	22.85	19.13	8718
2002	644.56	65.06	263.73	213.46	50.26	315.77	42.21	64.78	24.25	26.08	9967
2003	754.83	65.78	305.90	232.89	73.01	383.15	49.89	75.08	28.80	33.97	11554
2004	896.67	83.20	353.16	257.08	96.08	460.31	62.69	91.31	31.80	42.79	13595
2005	1074.38	84.01	444.77	323.48	121.30	545.60	71.38	104.67	48.24	55.11	16139
2006	1271.84	92.33	537.96	386.84	151.12	641.55	87.17	128.49	62.32	69.50	18920
2007	1604.87	108.22	691.97	488.38	203.59	804.67	103.70	165.78	102.46	96.38	23722
2008	1994.59	137.04	871.71	581.86	289.85	985.84	125.87	207.28	114.32	126.90	29182
2009	2339.96	145.13	1066.99	695.86	371.13	1127.84	139.00	229.49	129.07	153.29	33805
2010	2976.08	172.54	1382.65	898.64	484.01	1420.89	175.95	291.25	168.27	215.44	41274
2011	3642.30	201.05	1728.28	1116.20	612.08	1712.97	202.56	385.26	193.46	241.47	47988
2012	4167.98	220.71	1958.06	1258.62	699.44	1989.21	231.20	451.29	232.80	264.49	53436
2013	4696.01	237.39	2156.10	1378.09	779.87	2302.52	264.60	516.99	294.97	323.60	58995
2014	5250.09	246.47	2390.31	1506.73	885.54	2613.31	298.71	588.31	344.09	335.98	64896
2015	5830.95	256.53	2480.46	1544.78	937.98	3093.96	313.23	649.18	438.69	387.71	70893
2016	6544.26	262.32	2719.86	1719.65	1002.76	3562.08	344.87	704.59	551.34	440.71	77769
2017	7366.64	270.07	2909.34	1772.72	1139.48	4187.23	396.52	799.01	570.32	528.01	85410
2018	8605.13	277.59	3169.98	1834.78	1338.03	5157.56	468.35	910.30	790.12	803.26	97453
2019	9370.21	291.86	3341.51	1920.48	1424.06	5736.84	501.63	965.66	866.39	883.71	103595
2020	10005.56	335.21	3535.79	2051.76	1486.76	6134.56	461.24	1022.64	946.83	1009.62	107993
2021	11412.80	351.05	4171.21	2472.25	1702.79	6890.54	517.77	1141.00	1065.88	1117.21	121187

注：1. 2001年及以前交通运输、仓储和邮政业中含电信业，批发和零售业中含餐饮业。
2. 2000年及以后数据为新合肥（含巢湖、庐江）口径。
3. 2011—2019年人均生产总值根据第七次全国人口普查结果进行了修订。
4. 2021年数据为初步核算数（下同）。

2—2 合肥生产总值指数

本表按不变价格计算。（上年为100）

年份	生产总值	第一产业	第二产业			第三产业					按常住人口人均生产总值(元)
				工业	建筑业		交通运输、仓储和邮政业	批发和零售业	金融业	房地产业	
1980	104.4	104.4	104.8	102.9		103.8					
1985	118.4	108.1	126.1	120.4		112.3					
1990	101.7	107.2	96.7	95.6		105.7					
1995	121.2	110.7	121.7	121.2		125.0					
1996	118.9	111.3	119.0	119.7		121.5					
1997	117.1	116.9	116.9	117.0		117.3					
1998	112.7	100.1	113.0	113.4		116.6					
1999	112.1	106.0	112.5	111.5		113.4					
2000	112.0	101.0	112.7	113.2		114.1					
2001	116.4	103.3	114.7	111.6	132.7	121.7	82.7	98.1	116.4	120.8	115.5
2002	115.4	104.8	112.6	109.6	127.6	120.4	119.3	117.5	108.6	128.1	114.5
2003	116.0	98.5	115.3	110.2	137.0	120.2	118.0	118.5	118.2	127.4	114.8
2004	116.1	110.0	113.3	110.2	124.0	119.4	121.3	119.8	107.7	124.9	115.0
2005	116.2	99.7	119.9	118.9	122.9	115.9	111.5	112.7	149.4	125.5	115.1
2006	117.1	103.8	120.4	118.3	126.0	116.4	115.3	123.1	128.7	124.5	116.0
2007	117.5	103.4	121.0	120.3	122.7	116.5	113.6	119.8	127.7	125.3	116.7
2008	115.4	107.2	117.8	117.9	117.7	114.3	115.5	117.2	113.8	118.8	114.2
2009	116.6	105.0	119.9	120.3	118.8	114.9	111.6	112.2	116.9	122.5	115.1
2010	116.4	103.7	119.8	119.7	119.9	114.5	116.9	121.9	107.4	116.2	111.7
2011	115.2	103.4	117.8	119.4	114.8	114.1	114.0	121.0	106.4	107.6	109.4
2012	112.4	105.0	112.4	112.7	112.0	113.2	111.2	113.9	117.5	107.1	109.4
2013	111.3	103.4	110.6	110.5	111.2	112.8	111.3	112.7	122.7	117.4	109.1
2014	109.8	104.7	109.9	108.8	111.9	110.2	111.4	112.2	115.1	99.9	108.0
2015	110.3	104.4	109.2	108.2	111.3	111.8	103.6	107.9	121.4	107.3	108.5
2016	109.9	101.3	108.2	108.1	108.4	112.0	108.4	111.0	119.8	104.7	107.4
2017	108.5	103.7	107.7	107.4	108.2	109.5	108.6	109.1	110.2	102.5	105.9
2018	108.5	102.2	107.7	107.4	108.0	109.5	106.3	107.9	106.9	106.0	105.9
2019	107.5	101.7	107.3	108.3	105.8	107.9	106.5	104.5	107.3	104.5	104.9
2020	104.3	101.2	106.3	107.4	104.4	103.0	98.9	102.1	107.5	104.5	101.8
2021	109.2	105.1	110.6	115.7	103.4	108.6	107.2	107.8	106.0	110.1	107.4

2—3　主要年份合肥生产总值构成

本表按当年价格计算。　　单位：%

指　　标	2010	2015	2017	2018	2019	2020	2021
生产总值	**100.0**	**100.0**	**100.0**	**100.0**	**100.0**	**100.0**	**100.0**
第一产业	5.8	4.4	3.7	3.2	3.1	3.4	3.1
第二产业	46.5	42.5	39.5	36.8	35.7	35.3	36.5
工　业	30.2	26.5	24.1	21.3	20.5	20.5	21.7
建筑业	16.3	16.1	15.5	15.5	15.2	14.9	14.9
第三产业	47.7	53.1	56.8	59.9	61.2	61.3	60.4
批发和零售业	9.8	11.1	10.8	10.6	10.3	10.2	10.0
交通运输、仓储和邮政业	5.9	5.4	5.4	5.4	5.4	4.6	4.5
住宿餐饮业	1.8	2.0	2.2	2.0	2.1	1.7	1.8
金融业	5.7	7.5	7.7	9.2	9.2	9.5	9.3
房地产业	7.2	6.6	7.2	9.3	9.4	10.1	9.8
其他服务业	17.3	20.3	23.4	23.3	24.7	25.1	24.8

2—4　三次产业贡献率

本表按不变价格计算。　　单位：%

年　份	生产总值	第一产业	第二产业	工　业	第三产业
2005	100.0	-0.1	49.0	35.0	51.2
2010	100.0	1.2	55.5	39.4	43.3
2013	100.0	1.5	44.6	29.0	53.9
2014	100.0	2.2	47.5	28.0	50.3
2015	100.0	1.9	42.4	24.5	55.7
2016	100.0	0.6	35.2	21.6	64.2
2017	100.0	1.8	37.9	22.6	60.4
2018	100.0	1.0	37.6	22.6	61.4
2019	100.0	0.8	40.6	28.3	58.5
2020	100.0	1.0	59.9	44.0	39.1
2021	100.0	1.9	40.6	35.1	57.5

2—5　三次产业拉动率

本表按不变价格计算。　　单位：百分点

年　份	生产总值	第一产业	第二产业	工　业	第三产业
2005	16.2	-0.02	7.9	5.7	8.3
2010	16.4	0.2	9.1	6.5	7.1
2013	11.3	0.2	5.0	3.3	6.1
2014	9.8	0.2	4.7	2.7	4.9
2015	10.3	0.2	4.4	2.5	5.7
2016	9.9	0.1	3.5	2.1	6.4
2017	8.5	0.2	3.2	1.9	5.2
2018	8.5	0.1	3.2	1.9	5.2
2019	7.5	0.1	3.0	2.1	4.4
2020	4.3	0.04	2.6	1.9	1.7
2021	9.2	0.2	3.7	3.2	5.3

2—6 主要年份按行业、产业构成分的合肥生产总值

本表按当年价格计算。 单位：亿元

指 标	2015	2020	2021
合肥生产总值	**5830.95**	**10005.56**	**11412.80**
按行业分			
农林牧渔业	261.10	342.58	358.93
工业	1544.78	2051.76	2472.25
建筑业	937.98	1486.76	1702.79
批发和零售业	649.18	1022.64	1141.00
交通运输、仓储和邮政业	313.23	461.24	517.77
住宿餐饮业	115.52	173.08	203.53
金融业	438.69	946.83	1065.88
房地产业	387.71	1009.62	1117.21
其他服务业	1182.76	2511.04	2833.45
按产业分			
第一产业	256.53	335.21	351.05
第二产业	2480.46	3535.79	4171.21
第三产业	3093.96	6134.56	6890.54

2-7 县（市）区生产总值（2021年）

本表按当年价格计算　　　　单位：万元

指　　标	瑶海区	庐阳区	蜀山区	包河区	高新区	经开区
地区生产总值	**7025860**	**12334845**	**12105508**	**16069378**	**12526819**	**12697822**
按行业分						
农林牧渔业	1753	14382	22112	48125	24	19481
工　业	237732	480131	533105	1222913	5597408	4584275
建筑业	2131565	1831834	1499461	3139621	1728110	1622384
批发和零售业	777109	1414504	1375979	1956673	514340	1636842
交通运输、仓储和邮政业	632569	399723	369250	383527	1250526	525540
住宿和餐饮业	89822	192762	462136	390348	98944	202329
金融业	1036937	3419010	2054016	1962948	285282	273869
房地产业	605490	1209429	1273497	2111027	313412	840263
其他服务业	1512885	3373069	4515952	4854196	2738773	2992839
营利性服务业	893243	1990478	2665097	2916981	2462565	1911563
非营利性服务业	619641	1382591	1850855	1937215	276208	1081277
水利、环境和公共设施管理业	39474	40765	86621	123489	50361	30623
教　育	244688	376827	589088	1043593	143624	691947
卫生和社会工作	180556	507375	683647	317503	51454	195126
公共管理、社会保障和社会组织	154923	457624	491499	452630	30768	163581
按产业分						
第一产业	1699	14074	21008	46901	24	19249
第二产业	2365322	2310582	2029298	4358357	7316960	6201381
第三产业	4658839	10010189	10055202	11664120	5209835	6477192
人均生产总值（按常住人口）（元）	**81271**	**176211**	**115510**	**131072**	**449795**	**225739**

2—7 续表

本表按当年价格计算　　　　单位：万元

指　　标	新站区	安巢经开区	长丰县	肥东县	肥西县	庐江县	巢湖市
地区生产总值	**4205317**	**539109**	**7619440**	**8114070**	**10186781**	**5471895**	**5231020**
按行业分							
农林牧渔业	4218		827248	838911	685954	648084	479045
工　业	2041748	130146	2544271	1326583	3349383	1266204	1338998
建筑业	371385	107255	762913	1398559	994501	712571	727737
批发和零售业	232096	26201	731597	845693	979572	534097	394069
交通运输、仓储和邮政业	31376	36897	566841	519703	574785	101561	250423
住宿和餐饮业	64173	6576	80687	138732	140387	86420	81739
金融业	119652	11513	286762	305641	343666	271750	287687
房地产业	669546	69466	722383	830781	1262081	470580	389976
其他服务业	671123	151055	1096738	1909466	1856454	1380628	1281345
营利性服务业	268362	58360	360393	1009468	729642	584455	483851
非营利性服务业	402761	92695	736345	899998	1126812	796173	797494
水利、环境和公共设施管理业	3990	603	24731	18293	50387	19188	24244
教　育	230034	61964	298973	365398	514306	181336	240595
卫生和社会工作	102993	4910	77937	132079	134713	202141	146162
公共管理、社会保障和社会组织	65745	25218	334703	384229	427406	393508	386492
按产业分							
第一产业	4131		812216	822116	670528	630199	468456
第二产业	2412123	237085	3303924	2723709	4341613	1977497	2065774
第三产业	1789064	302024	3503300	4568245	5174640	2864199	2696789
人均生产总值（按常住人口）（元）	**89190**	**88377**	**96693**	**91272**	**104695**	**61586**	**78485**

2-8 县（市）区生产总值（按行政区划）（2021年）

本表按当年价格计算　　单位：万元

指　　标	瑶海区	庐阳区	蜀山区	包河区
地区生产总值	**10112817**	**12334845**	**36106327**	**16069378**
按行业分				
农林牧渔业	5971	14382	41617	48125
工业	1320235	480131	9467191	1222913
建筑业	2502950	1831834	4849954	3139621
批发和零售业	904954	1414504	3519503	1956673
交通运输、仓储和邮政业	663945	399723	2145316	383527
住宿和餐饮业	153994	192762	775634	390348
金融业	1156589	3419010	2613166	1962948
房地产业	1275036	1209429	2427171	2111027
其他服务业	2129144	3373069	10266773	4854196
按产业分				
第一产业	5830	14074	40281	46901
第二产业	3818200	2310582	14300042	4358357
第三产业	6288787	10010189	21766004	11664120

2—8 续表

本表按当年价格计算 单位：万元

指　　标	长丰县	肥东县	肥西县	庐江县	巢湖市
地区生产总值	**8737800**	**8114070**	**11410604**	**5471895**	**5770129**
按行业分					
农、林、牧、渔业	827248	838911	685954	648084	479045
工　业	3503516	1326583	4596980	1266204	1469143
建筑业	762913	1398559	994501	712571	834992
批发和零售业	835848	845693	987230	534097	420270
交通运输、仓储和邮政业	566841	519703	574785	101561	287320
住宿和餐饮业	80687	138732	128163	86420	88316
金融业	286762	305641	343666	271750	299200
房地产业	722383	830781	1262081	470580	459442
其他服务业	1151602	1909466	1837245	1380628	1432400
按产业分					
第一产业	812216	822116	670528	630199	468456
第二产业	4263168	2723709	5589210	1977497	2302859
第三产业	3662416	4568245	5150865	2864199	2998813

2-9 开发区生产总值（按管辖区域）（2021年）

本表按当年价格计算　　　　单位：万元

指　　标	高 新 区	经 开 区	新 站 区	安巢经开区
地区生产总值	**13283233**	**13964777**	**5323677**	**539109**
按行业分				
农、林、牧、渔业	24	19481	4218	
工　业	6332528	5767063	3000993	130146
建筑业	1728110	1622384	371385	107255
批发和零售业	524393	1676780	336347	26201
交通运输、仓储和邮政业	1250526	525540	31376	36897
住宿和餐饮业	98944	202329	64173	6576
金融业	285282	273869	119652	11513
房地产业	313412	840263	669546	69466
其他服务业	2750014	3037069	725987	151055
按产业分				
第一产业	24	19249	4131	
第二产业	8052080	7384169	3371367	237085
第三产业	5231129	6561358	1948179	302024

主要统计指标解释

国内生产总值（GDP）

指按市场价格计算的一个国家（或地区）所有常住单位在一定时期内生产活动的最终成果。国内生产总值有三种表现形态，即价值形态、收入形态和产品形态。从价值形态看，它是所有常住单位在一定时期内生产的全部货物和服务价值超过同期投入的全部非固定资产货物和服务价值的差额，即所有常住单位的增加值之和；从收入形态看，它是所有常住单位在一定时期内创造并分配给常住单位和非常住单位的初次收入之和；从产品形态看，它是所有常住单位在一定时期内最终使用的货物和服务价值减去货物和服务进口价值。在实际核算中，国内生产总值有三种计算方法，即生产法、收入法和支出法。三种方法分别从不同的方面反映国内生产总值及其构成。

生产法是从生产的角度衡量常住单位在一定时期内新创造价值的方法。即从生产的全部货物和服务总产品价值中，扣除生产过程中消耗和使用的中间货物和服务价值得到增加价值。国民经济各产业部门生产法增加值核算公式如下：

增加值=总产出－中间投入

将国民经济各产业部门生产法增加值相加，得到生产法 GDP。

收入法也称分配法，是从常住单位从事生产活动形成收入的角度来核算生产活动最终成果的方法。国民经济各产业部门收入法增加值由劳动者报酬、生产税净额、固定资产折旧和营业盈余四个部分组成，称为收入法构成项。核算公式为：

增加值=劳动者报酬+生产税净额+固定资产折旧+营业盈余

将国民经济各产业部门收入法增加值相加，得到收入法 GDP。

支出法国内生产总值是从最终使用的角度反映一个国家(或地区)一定时期内生产活动最终成果的一种方法，包括最终消费支出、资本形成总额及货物和服务净出口三部分。计算公式为：

支出法国内生产总值=最终消费支出+资本形成总额+货物和服务净出口

三次产业

为更好地反映我国三次产业的发展情况，满足国民经济核算、服务业统计及其他统计调查对三次产业划分的需求，根据《国民经济行业分类》(GB/T 4754—2017)，制定本规定。

三次产业的范围：

第一产业是指农、林、牧、渔业（不含农、林、牧、渔专业及辅助性活动）。

第二产业是指采矿业（不含开采专业及辅助性活动），制造业(不含金属制品、机械和设备修理业)，电力、热力、燃气及水生产和供应业，建筑业。

第三产业即服务业，是指除第一产业、第二产业以外的其他行业(不含国际组织)。第三产业包括：批发和零售业，交通运输、仓储和邮政业，住宿和餐饮业，信息传输、软件和信息技术服务业，金融业，房地产业，租赁和商务服务业，科学研究和技术服务业，水利、环境和公共设施管理业，居民服务、修理和其他服务业，教育，卫生和社会工作，文化、体育和娱乐业，公共管理、社会保障和社会组织，以及农、林、牧、渔业中的农、林、牧、渔专业及辅助性活动，采矿业中的开采专业及辅助性活动，制造业中的金属制品、机械和设备修理业。

劳动者报酬

指劳动者因从事生产活动所获得的全部报酬。包括劳动者获得的各种形式的工资、奖金和津贴，既包括货币形式的，也包括实物形式的，还包括劳动者所享受的公费医疗和医药卫生费、上下班交通补贴、单位支付的社会保险费、住房公积金等。对于个体经济来说，其所有者所获得的劳动报酬和经营利润不易区分，这两部分统一作为劳动者报酬处理。

生产税净额

指生产税减生产补贴后的余额。生产税指政府对生产单位从事生产、销售和经营活动以及因从事生产活动使用某些生产要素（如固定资产、土地、劳动力）所征收的各种税、附加费和规费。生产补贴与生产税相反，指政府对生产单位的单方面转移支出，因此视为负生产税，包括政策亏损补贴、价格补贴等。

固定资产折旧

指一定时期内为弥补固定资产损耗按照规定的固定资产折旧率提取的固定资产折旧，或按国民经济核算统一规定的折旧率虚拟计算的固定资产折旧。它反映了固定资产在当期生产中的转移价值。各类企业和企业化管理的事业单位的固定资产折旧是指实际计提的折旧费；不计提折旧的政府机关、非企业化管理的事业单位和居民住房的固定资产折旧是按照统一规定的折旧率和固定资产原值计算的虚拟折旧。原则上，固定资产折旧应按固定资产当期的重置价值计算，但是目前我国尚不具备对全社会固定资产进行重估价的基础，所以暂时只能采用上述办法。

营业盈余

指常住单位创造的增加值扣除劳动者报酬、生产税净额和固定资产折旧后的余额。它相当于企业的营业利润加上生产补贴，但要扣除从利润中开支的工资和福利等。

第三篇

人口

简要说明

一、本篇资料反映我市 2021 年及主要年份人口方面的基本情况，包括全市主要人口统计数据，主要指标有：总户数、总人口、农业人口、非农业人口、少年儿童系数、老年系数、老少比、少年儿童抚养系数、老年抚养系数、总抚养系数、出生率、死亡率、增加人口、减少人口、女性初婚人数、出生婴儿数、计划生育率等。

二、本篇资料来源主要有以下三个方面：

1. 有关少年儿童和老年系数、老少比及抚养系数等资料，根据历年人口变动抽样调查和人口普查数据整理计算。

2. 有关户籍人口、城镇人口、乡村人口等资料，根据市公安局提供的年度户籍人口统计年报资料整理。

3. 有关初婚和晚婚人数、计划生育率等资料，根据市卫生健康委员会提供的年度计划生育统计资料整理。

三、本篇资料均由市统计局人口与就业统计处整理编制。

3—1　主要年份全市户籍人口

年　份	年末总户数（万户）	年末总人口（万人）	男　性	女　性	城镇人口	乡村人口
2005	137.24	455.70	239.75	215.95	184.91	270.79
2010	157.06	494.95	258.00	236.95	215.84	279.11
2015	241.42	717.72	371.21	346.51	306.81	410.91
2017	250.98	742.76	382.39	360.37	353.48	389.28
2018	250.06	757.96	389.40	368.56	379.25	378.71
2019	255.33	770.44	395.24	375.21	404.99	365.46
2020	259.55	781.53	400.40	381.12	430.95	350.58
2021	265.39	792.67	405.51	387.16	455.83	336.84

注：本表为公安户籍年报统计数，城镇人口和乡村人口分组在2014年及以前为农业人口和非农业人口。

3—2　主要年份常住人口

年　份	常住人口（万人）	城镇人口	城镇人口比重（%）
2005	463.0	258.0	55.7
2010	745.7	468.0	62.8
2015	831.4	600.7	72.3
2017	872.9	673.7	77.2
2018	893.2	707.8	79.2
2019	916.3	740.1	80.8
2020	937.0	770.9	82.3
2021	946.5	795.1	84.0

注：2010年、2020年为普查数据，其余年份为人口变动抽样调查数。

3—3　主要年份按常住计算人口系数

单位：%

年　份	少年儿童系　数	老年系数	老 少 比	少年儿童抚养系数	老年抚养系　数	总抚养系数
2005	20.27	9.35	46.13	28.80	13.28	42.09
2010	14.05	8.46	60.21	18.13	10.92	29.05
2015	14.94	11.63	77.84	20.35	15.83	36.18
2017	15.43	12.13	78.61	21.30	16.75	38.05
2018	15.70	12.59	80.19	21.90	17.55	39.45
2019	15.61	12.90	82.63	21.83	18.04	39.86
2020	16.52	11.99	72.58	23.11	16.77	39.88
2021	16.71	12.44	74.45	23.59	17.56	41.14

注：2010年、2020年为普查数据，其余年份为人口变动抽样调查数。

3—4 近五次全市人口普查基本情况

指　　标		1982年	1990年	2000年	2010年	2020年
总 人 口	(万人)	**332.8**	**386.4**	**446.7**	**570.2**	**937.0**
男		176.0	202.8	234.6	298.2	482.2
女		156.8	183.6	212.2	272.0	454.8
育龄妇女 (15—49岁)		78.8	105.3	124.1	174.8	239.4
总 户 数	(万户)	**72.8**	**91.5**	**128.1**	**254.0**	**358.0**
家 庭 户		72.4	91.0	123.4	172.9	321.7
集 体 户		0.4	0.5	4.7	81.1	36.4
家庭户规模	(人/户)	**4.4**	**4.1**	**3.4**	**2.8**	**2.5**
各年龄组人口	(万人)	**332.8**	**386.4**	**446.7**	**570.2**	**937.0**
0—6岁		44.4	50.1	37.6	37.7	80.7
7—14岁		70.8	53.0	62.7	42.4	74.1
15—64岁		205.7	264.0	314.7	441.9	669.9
65岁以上		11.9	19.3	31.8	48.3	112.3
劳动年龄人口		182.8	238.0	283.8	394.9	629.7
男60岁、女55岁以上人口		26.5	38.2	55.4	87.6	175.0
民族人口	(万人)	**332.8**	**386.4**	**446.7**	**570.2**	**937.0**
汉　族		330.6	383.3	442.8	565.8	930.1
少数民族		2.2	3.1	3.9	4.4	6.9
15岁及以上人口	(万人)	**217.6**	**283.3**	**346.4**	**410.2**	
未　婚		68.0	84.9	78.8	107.8	
有 配 偶		133.5	181.3	247.7	280.0	
丧　偶		14.6	15.4	17.0	4.3	
离　婚		1.5	1.7	2.8	18.1	
每十万人拥有受教育程度人口	(人)					
大专以上		1574	3333	6974	19198	26390
高　中		6282	8444	12755	16559	14934
初　中		17307	22781	34145	33754	26931
小　学		29703	31121	29272	19098	19791
文盲人口及文盲率						
文盲人口	(万人)	88.4	79.6	34.4	30.1	34.8
文 盲 率	(%)	40.6	28.1	9.9	6.1	3.7

注：1953年人口普查总人口170.8万人，1964年人口普查总人口205.1万人。

3—5　主要年份户籍人口自然变动情况

年　份	出　生		死　亡		自 然 增 长	
	人　数（人）	出生率（‰）	人　数（人）	死亡率（‰）	人　数（人）	自然增长率（‰）
1980	41299	12.81	13121	4.07	28178	8.74
1985	37909	10.95	14679	4.24	23230	6.71
1990	80757	21.47	20161	5.36	60596	16.11
1995	52125	12.81	19490	4.79	32635	8.02
2000	56460	13.01	19842	4.57	36618	8.44
2005	45322	10.07	26225	5.83	19097	4.24
2006	55998	12.10	9960	2.15	46038	9.95
2007	53030	11.18	9567	2.02	43463	9.16
2008	51156	10.60	18005	3.73	33151	6.87
2009	50036	10.23	16050	3.28	33986	6.95
2010	54692	11.09	21408	4.34	33284	6.75
2011	76031	10.80	42056	5.97	33975	4.83
2012	89275	12.60	56427	7.97	32848	4.64
2013	84499	11.88	53589	7.54	30910	4.35
2014	93313	13.10	43492	6.11	49821	7.00
2015	96049	13.40	38135	5.30	57914	8.10
2016	118739	16.40	34490	4.80	84249	11.60
2017	146841	19.94	73278	9.95	73563	9.99
2018	127157	16.95	35105	4.68	92052	12.27
2019	103646	13.56	29369	3.84	74277	9.72
2020	99872	12.87	39502	5.09	60370	7.78
2021	76990	9.78	32145	4.08	44845	5.70

3—6 户籍人口及其变动情况（2021年）

指　　标		全　市	市　　区			
			瑶海区	庐阳区	蜀山区	包河区
年末总户数	(户)	2653921	175483	183922	243595	264507
年末总人口	(人)	7926657	495773	536356	684574	754238
#男　性		4055065	249776	267248	341771	377717
女　性		3871592	245997	269108	342803	376521
#城镇人口		4558261	489841	523228	662990	734297
本年出生人口	(人)	76990	4487	4876	7647	9056
男　性		40935	2373	2531	4059	4818
女　性		36055	2114	2345	3588	4238
人口出生率	(‰)	9.78	9.12	9.21	11.17	12.31
本年死亡人口	(人)	32145	1615	1368	1480	1419
男　性		18579	948	793	863	850
女　性		13566	667	575	617	569
人口死亡率	(‰)	4.08	3.28	2.58	2.16	1.93
自然增长人数	(人)	44845	2872	3508	6167	7637
自然增长率	(‰)	5.70	5.83	6.63	9.00	10.38
本年迁入人口	(人)	292694	21502	33945	43414	69784
省内迁入	(人)	273060	19988	31871	40387	65371
省外迁入	(人)	19634	1514	2074	3027	4413
本年迁出人口	(人)	226147	17353	23712	50245	39925
迁往省内	(人)	197355	15774	21074	46500	35653
迁往省外	(人)	28792	1579	2638	3745	4272
机械增长人数	(人)	66547	4149	10233	-6831	29859
机械增长率	(‰)	8.45	8.43	19.33	-9.97	40.60
全年平均人口	(人)	7870961	492263	529486	684906	735490

市区			安巢经开区	长丰县	肥东县	肥西县	庐江县	巢湖市
高新区	经开区	新站区						
51942	97634	70770	12019	268277	349400	254911	377013	304448
150101	287242	212720	31297	810464	1084589	855966	1200305	823032
76272	146200	106472	15692	420056	569630	439587	621214	423430
73829	141042	106248	15605	390408	514959	416379	579091	399602
146984	287242	198352	26702	249949	340471	283249	350831	264125
2390	4463	3221	255	8814	9489	8271	8706	5315
1257	2366	1699	130	4721	5140	4371	4719	2751
1133	2097	1522	125	4093	4349	3900	3987	2564
17.72	15.94	15.51	8.16	10.92	8.75	9.69	7.23	6.44
275	637	295	173	1613	4148	4112	9889	5121
161	351	173	92	1019	2381	2382	5707	2859
114	286	122	81	594	1767	1730	4182	2262
2.04	2.27	1.42	5.54	2.00	3.83	4.82	8.21	6.21
2115	3826	2926	82	7201	5341	4159	-1183	194
15.68	13.66	14.09	2.62	8.92	4.93	4.87	-0.98	0.24
34149	20286	12283	899	5306	3173	9825	13383	24745
33179	18804	11333	844	4376	2324	8696	11811	24076
970	1482	950	55	930	849	1129	1572	669
5797	9690	5057	886	6477	7746	9715	20175	29369
4955	8382	4541	794	5168	5264	8356	14614	26280
842	1308	516	92	1309	2482	1359	5561	3089
28352	10596	7226	13	-1171	-4573	110	-6792	-4624
210.22	37.84	34.80	0.42	-1.45	-4.22	0.13	-5.64	-5.60
134868	280031	207644	31250	807449	1084205	853832	1204293	825247

3—7　城镇户籍人口变动情况（2021年）

单位：人

指　　标	全　市	市　区					
		瑶海区	庐阳区	蜀山区	包河区	高新区	经开区
年末城镇人口	4558261	489841	523228	662990	734297	146984	287242
本年增加人口	414645	25705	38657	64486	73525	35687	24749
出　生	47309	4407	4725	7340	8891	2333	4463
城镇人口迁入	184737	19788	25567	38477	54593	20250	13796
农业转移人口落户城镇	180122	1336	7794	18096	9456	13067	6313
招　生	124		3	34	40	7	23
录（聘）用	2859	4	977	613	497	47	697
务工经商	207	189	3	12		2	
投资（创业）	22		21				
购（租）房	22072	795	4370	1941	5682	121	3658
投靠亲属	14467	348	2420	1570	2780	52	1935
移民搬迁							
城中村改造	69						
城乡属性调整	138453			13926		12838	
其　他	1849				457		
退出现役	2457	173	567	573	574	37	174
由港、澳、台和国外迁入	20	1	4		11		3
本年减少人口	165862	18821	24986	38244	36142	6000	10327
死　亡	13457	1603	1352	1357	1376	262	637
城镇人口迁出	151906	17146	23571	36828	34651	5728	9660
迁往港、澳、台和国外	88	3	20	27	23	3	5
服现役	411	69	43	32	92	7	25
其　他							
本年净增人口	248783	6884	13671	26242	37383	29687	14422

指　　标	市　区	安巢经开区	长丰县	肥东县	肥西县	庐江县	巢湖市
	新站区						
年末城镇人口	198352	26702	249949	340471	283249	350831	264125
本年增加人口	26875	3062	25097	20875	27793	26683	21451
出　生	2837	211	2600	2903	2916	2323	1360
城镇人口迁入	7251	168	1299	917	1545	439	647
农业转移人口落户城镇	16761	2679	21148	16974	23288	23808	19402
招　生	15			1	1		
录（聘）用				3	4	17	
务工经商						1	
投资（创业）						1	
购（租）房	2547	22	629	210	1736	223	138
投靠亲属	1952	32	703	428	1158	955	134
移民搬迁							
城中村改造		2					67
城乡属性调整	12247	2623	19043	16332	20286	22095	19063
其　他			773		103	516	
退出现役	26	4	50	81	44	112	42
由港、澳、台和国外迁入						1	
本年减少人口	5281	373	3977	4374	6482	6769	4086
死　亡	243	137	658	1037	1161	2792	842
城镇人口迁出	5025	236	3306	3306	5307	3936	3206
迁往港、澳、台和国外	1			1	1	2	2
服现役	12		13	30	13	39	36
其　他							
本年净增人口	21594	2689	21120	16501	21311	19914	17365

3—8　婚育基本情况（2021年）

指　　标		全　市	市区 瑶海区	庐阳区	蜀山区	包河区	高新区	经开区
女性初婚人数	（人）	24832	760	1207	2276	2728	332	816
一孩率	(%)	45.32	50.91	46.51	47.26	49.69	48.23	42.72
二孩率	(%)	46.77	43.04	48.13	47.54	45.06	46.49	50.44
多孩率	(%)	7.91	6.05	5.36	5.20	5.25	5.29	6.84
一孩妇女数	（人）	730770	53132	54317	82145	74818	13364	26453
领独生子女光荣证率	(%)	49.13	54.74	57.08	49.77	48.65	43.46	51.31
已婚育龄妇女数	（人）	1433015	83768	87734	134270	131714	22747	50424
采取节育措施人数	（人）	1279151	74130	83781	129796	125203	21340	48130
节育率	(%)	89.26	88.49	95.49	96.67	95.06	93.81	95.45

指　　标		市区 新站区	长丰县	肥东县	肥西县	庐江县	巢湖市
女性初婚人数	（人）	936	3750	4421	2131	2898	2577
一孩率	(%)	48.39	39.26	48.12	41.06	41.29	49.18
二孩率	(%)	43.37	48.29	43.55	50.80	48.17	44.43
多孩率	(%)	8.24	12.45	8.34	8.14	10.54	6.39
一孩妇女数	（人）	17933	60890	84905	78761	97091	86961
领独生子女光荣证率	(%)	49.57	41.45	43.45	52.66	42.24	56.13
已婚育龄妇女数	（人）	37897	153504	195688	162714	221582	150973
采取节育措施人数	（人）	34990	133573	157610	145319	189701	135578
节育率	(%)	92.33	87.02	80.54	89.31	85.61	89.80

主要统计指标解释

人口数

指一定时点、一定地区范围内的有生命的个人的总和。

常住人口

是指具有中华人民共和国国籍并在中华人民共和国境内常住的人。

（1）居住本乡、镇、街道，户口在本乡、镇、街道的人；

（2）居住本乡、镇、街道半年以上，户口在外乡、镇、街道的人；

（3）在本乡、镇、街道居住不满半年，离开户口登记地半年以上的人；

（4）居住本乡、镇、街道，户口待定的人；

（5）原住本乡、镇、街道，现在国外工作学习，暂无户口的人；

常住户口在本乡、镇、街道，但已离开本乡、镇、街道半年以上的人，在户口所在地只登记人数，不计入户口所在地的常住人口数内。

文盲率

15 岁及以上不识字人数与总人口数的比例。

出生率（又称粗出生率）

指在一定时期内（通常为一年）平均每千人所出生的人数的比率，一般用千分率表示。计算公式为：

出生率＝年出生人数/年平均人数×1000‰

式中：出生人数指活产婴儿，即胎儿脱离母体时（不含怀孕月数），有过呼吸或其他生命现象。年平均人数指年初、年底人口数的平均数，也可用年中人口数代替。

死亡率（又称粗死亡率）

指在一定时期内（通常为一年）一定地区的死亡人数与同期平均人数（或期中人数）之比，一般用千分率表示。计算公式为：

死亡率＝年死亡人数/年平均人数×1000‰

人口自然增长率

指在一定时期内（通常为一年）人口自然增加数（出生人数减死亡人数）与该时期内平均人数（或期中人数）之比，一般用千分率表示。计算公式为：

人口自然增长率＝（年出生人数－年死亡人数）/年平均人数×1000‰

＝人口出生率－人口死亡率

抚养系数

指被抚养人口（0-14 岁和 65 岁以上人口）与 15-64 岁人口的比例。计算公式为：

抚养系数＝被抚养人口/15-64 岁人口×100%

老年抚养系数

指老年人口（65 岁以上人口）与 15-64 岁人口的比例。计算公式为：

老年抚养系数＝老年人口/15-64 岁人口×100%

少年儿童抚养系数

指 0-14 岁少年儿童与 15-64 岁人口的比例。计算公式为：

少年儿童系数抚养＝少年儿童人口/15-64 岁人口×100%

第四篇

就业人员和职工工资

简要说明

一、本篇资料反映我市2021年及主要年份劳动经济方面的基本情况，包括全市和13个县（市）区、开发区的主要劳动统计数据，主要指标有：就业人员、在岗职工（含劳务派遣）、工资总额和平均工资等。

二、“四上”单位是指纳入联网直报范围的规模以上工业、有资质的建筑业、限额以上批发和零售业、限额以上住宿和餐饮业、房地产开发经营业和规模以上服务业企业。

三、本篇资料来源主要有以下三个方面：

1. 就业人员、在岗职工、工资总额、平均工资根据《2021年度全市劳动统计年报》汇总整理提供。

2. 资源平衡配置表根据全市劳动统计年报、全市年度人口变动抽样调查资料、市统计局农业统计年报、市市场监督管理局私营、个体统计年报等综合编制。

3. 城镇登记失业人数、新就业人数、年末实有登记失业人数、城镇登记失业率根据合肥市人力资源和社会保障局提供的资料整理。

四、本篇资料均由市统计局人口与就业统计处整理编制。

4—1 “四上”单位就业人员和工资情况（2021年）

行　　业	单 位 数（个）	就业人员期末人数（人）	就业人员平均人数（人）	就业人员平均工资（元）
合　　计	**9243**	**1943185**	**1895125**	**84497**
按国民经济行业分组				
采矿业	10	2849	2770	92243
制造业	2278	498663	494458	98137
电力、热力、燃气及水生产和供应业	62	42431	42518	154869
建筑业	1815	764974	728422	71663
批发和零售业	2048	144938	144621	78317
交通运输、仓储及邮政业	295	69369	68535	91743
住宿和餐饮业	454	59324	57324	48779
信息传输、软件和信息技术服务业	372	83838	81195	110227
房地产业	871	69384	69844	83932
租赁和商务服务业	445	119351	117376	64219
科学研究和技术服务业	338	49882	48731	132254
水利、环境和公共设施管理业	27	6241	6173	47692
居民服务、修理和其他服务业	53	6121	5901	52645
教　育	33	7557	9114	109201
卫生和社会工作	53	10836	10742	101862
文化、体育和娱乐业	89	7427	7401	90203

注：“四上”单位，包括规模以上工业、有资质的建筑业、限额以上批发和零售业、限额以上住宿和餐饮业、有开发经营活动的全部房地产开发经营业、规模以上服务业单位。

4—2 "四上"单位就业人员情况（2021年）

单位：人

行业	就业人员期末人数	#女性	按人员类型分		
			在岗职工	劳务派遣	其他从业人员
合计	**1943185**	**572584**	**1358612**	**323292**	**261281**
按国民经济行业分组					
采矿业	2849	428	2321	110	418
制造业	498663	168072	442388	45463	10812
电力、热力、燃气及水生产和供应业	42431	10390	40667	1724	40
建筑业	764974	97781	325494	227427	212053
批发和零售业	144938	81952	133544	7399	3995
交通运输、仓储及邮政业	69369	20598	62377	4069	2923
住宿和餐饮业	59324	36415	54191	4300	833
信息传输、软件和信息技术服务业	83838	34111	74974	3032	5832
房地产业	69384	33466	60486	6380	2518
租赁和商务服务业	119351	52833	83244	19802	16305
科学研究和技术服务业	49882	14243	46113	2101	1668
水利、环境和公共设施管理业	6241	2626	3044	68	3129
居民服务、修理和其他服务业	6121	3482	5289	774	58
教育	7557	4677	7179	79	299
卫生和社会工作	10836	7873	10456	172	208
文化、体育和娱乐业	7427	3637	6845	392	190

4—2 续表

单位：人

行业	按职业类型分				
	中层及以上管理人员	专业技术人员	办事人员和有关人员	社会生产服务和生活服务人员	生产制造及有关人员
合计	**145769**	**311861**	**303408**	**301162**	**880985**
按国民经济行业分组					
采矿业	220	341	186	32	2070
制造业	37656	82629	50582	13286	314510
电力、热力、燃气及水生产和供应业	4106	3638	1942	26754	5991
建筑业	40530	107524	75650	34608	506662
批发和零售业	19596	14120	56589	45008	9625
交通运输、仓储及邮政业	4255	3548	12240	36440	12886
住宿和餐饮业	6349	2413	4971	38339	7252
信息传输、软件和信息技术服务业	7062	38738	19373	17124	1541
房地产业	9009	8355	18432	33139	449
租赁和商务服务业	7246	7771	45924	41774	16636
科学研究和技术服务业	5965	32138	8364	1185	2230
水利、环境和公共设施管理业	296	333	549	4852	211
居民服务、修理和其他服务业	499	691	497	3798	636
教育	487	2291	3879	900	
卫生和社会工作	1301	5217	2439	1879	
文化、体育和娱乐业	1192	2114	1791	2044	286

4—3 “四上”单位工资总额情况（2021年）

单位：万元

行业	就业人员工资总额	按人员类型分		
		在岗职工	劳务派遣	其他从业人员
合计	**16013253**	**12307099**	**2059634**	**1646520**
按国民经济行业分组				
采矿业	25551	21961	728	2862
制造业	4852470	4457596	306241	88632
电力、热力、燃气及水生产和供应业	658473	647336	10997	141
建筑业	5220063	2441475	1408645	1369943
批发和零售业	1132631	1059587	62689	10355
交通运输、仓储及邮政业	628762	586613	28820	13330
住宿和餐饮业	279622	255523	18533	5566
信息传输、软件和信息技术服务业	894984	835083	21650	38251
房地产业	586218	525837	52578	7803
租赁和商务服务业	753781	554174	115014	84593
科学研究和技术服务业	644489	606350	25244	12894
水利、环境和公共设施管理业	29440	21929	1169	6343
居民服务、修理和其他服务业	31066	27694	2911	461
教育	99525	96023	814	2689
卫生和社会工作	109420	106884	1021	1516
文化、体育和娱乐业	66759	63036	2581	1143

4—3 续表

单位：万元

行业	按职业类型分				
	中层及以上管理人员	专业技术人员	办事人员和有关人员	社会生产服务和生活服务人员	生产制造及有关人员
合计	**2415126**	**3456222**	**2308835**	**2005612**	**5827459**
按国民经济行业分组					
采矿业	4477	3033	1439	142	16460
制造业	759374	1109298	469885	119905	2394007
电力、热力、燃气及水生产和供应业	116014	58245	23393	400040	60782
建筑业	516825	977488	468431	199353	3057968
批发和零售业	270163	125977	393306	287072	56114
交通运输、仓储及邮政业	75460	38372	110864	310737	93329
住宿和餐饮业	53240	14759	27809	167788	16026
信息传输、软件和信息技术服务业	157734	453694	172595	100784	10178
房地产业	166283	97038	170917	148491	3489
租赁和商务服务业	101076	66774	293407	203312	89212
科学研究和技术服务业	137267	405416	69890	8500	23416
水利、环境和公共设施管理业	4974	3544	5392	14228	1303
居民服务、修理和其他服务业	4847	5444	2801	15144	2830
教育	7979	21757	64278	5512	
卫生和社会工作	19676	57419	18784	13542	
文化、体育和娱乐业	19739	17967	15644	11064	2346

4—4 "四上"单位平均工资情况(2021年)

单位：元

行　　业	就业人员年平均工资	按人员类型分		
		在岗职工	劳务派遣	其他从业人　员
合　　计	**84497**	**92809**	**65001**	**65288**
按国民经济行业分组				
采矿业	92243	97216	70010	70322
制造业	98137	103087	60748	76190
电力、热力、燃气及水生产和供应业	154869	158902	63237	34293
建筑业	71663	78502	65426	67782
批发和零售业	78317	78993	80380	38565
交通运输、仓储及邮政业	91743	95229	74643	43362
住宿和餐饮业	48779	49777	43647	31915
信息传输、软件和信息技术服务业	110227	115691	69235	64987
房地产业	83932	87437	73096	31062
租赁和商务服务业	64219	67400	60220	52689
科学研究和技术服务业	132254	135709	109902	73513
水利、环境和公共设施管理业	47692	78937	49329	20084
居民服务、修理和其他服务业	52645	54505	38449	73190
教　育	109201	114217	59416	47174
卫生和社会工作	101862	102862	65839	77327
文化、体育和娱乐业	90203	94055	65832	37218

4—4 续表

单位：元

行业	按职业类型分				
	中层及以上管理人员	专业技术人员	办事人员和有关人员	社会生产服务和生活服务人员	生产制造及有关人员
合　计	**167977**	**113667**	**75867**	**67151**	**69022**
按国民经济行业分组					
采矿业	208219	89725	79082	44469	82178
制造业	204876	138493	95637	92242	75961
电力、热力、燃气及水生产和供应业	284209	161342	123444	149469	98561
建筑业	130048	93171	61182	57775	64692
批发和零售业	138930	89829	69566	62039	67274
交通运输、仓储及邮政业	179028	111352	93588	85001	74837
住宿和餐饮业	85183	62512	57126	44915	24701
信息传输、软件和信息技术服务业	230639	122319	89160	61311	69283
房地产业	181809	114960	87194	46014	90865
租赁和商务服务业	142823	89080	63911	49447	56545
科学研究和技术服务业	234164	128642	87253	77838	103980
水利、环境和公共设施管理业	166351	115433	93292	29438	83506
居民服务、修理和其他服务业	96167	78783	57864	42078	45430
教　育	146936	86234	125592	59267	
卫生和社会工作	151937	111406	78759	70973	
文化、体育和娱乐业	164763	87304	84196	55428	80619

4—5　城镇非私营单位就业人员数和工资

年　份	年末人数（人）		工资总额（万元）		年平均工资（元）	
	就业人员	在岗职工	就业人员	在岗职工	就业人员	在岗职工
2000	540467	427800	413271	385633	7556	8881
2004	413876	365983	623764	603767	14925	16369
2005	428777	393087	757883	739131	17794	19027
2006	473193	437491	962097	941118	20639	21905
2007	487354	462120	1192392	1170785	24827	25973
2008	489541	473440	1456393	1439192	29786	30603
2009	601067	583003	1961015	1944479	33331	34143
2010	671385	652954	2502558	2482395	38483	39292
2011	977213	892376	4237245	3960744	44342	45442
2012	1155690	1032612	5673109	5161141	49712	50722
2013	1444973	1258743	7747263	6847198	54210	55006
2014	1450120	1292425	8294727	7608753	58222	60082
2015	1438665	1285845	9045072	8372431	63626	65806
2016	1480175	1327277	9902747	9220629	68416	71054
2017	1513899	1348945	11073439	10272245	74683	77484
2018	1832891	1578665	15358072	13815993	85074	89022
2019	1709072	1438930	15154717	13559447	90115	95156
2020	1729908	1408078	16222746	14522719	96831	104818
2021	1662716	1432689	17135391	15781449	104729	111672

4—6 城镇非私营单位在岗职工年平均工资

单位：元

年 份	全 市	市 区	长丰县	肥东县	肥西县	庐江县	巢湖市
2000	8881	9432	6423	7110	6415	5724	6591
2004	16369	17169	11983	12966	12674	10042	11107
2005	19027	20008	13525	16343	15220	11119	13319
2006	21905	22901	16301	18594	18100	13383	16348
2007	25873	26692	20773	23806	22430	17169	18767
2008	30603	31498	24573	28143	27256	22061	22331
2009	34143	35467	28350	29442	28655	25214	24007
2010	39292	40652	32530	33516	33432	27874	28872
2011	45442	48401	38703	38515	39088	32146	35772
2012	50722	52799	47347	44936	44087	37087	43986
2013	55006	57702	46653	43531	50175	40984	43545
2014	60082	63270	51415	45459	52630	44320	46827
2015	65806	69187	54344	51613	57212	49854	51590
2016	71054	74855	55246	56414	60838	54239	56773
2017	77484	80690	64258	70719	65820	61470	64379
2018	89022	91947	85436	74454	83221	72452	78260
2019	95156	98724	82251	79620	81084	77368	86265
2020	104818	108988	90436	85079	89473	85380	94800
2021	111672	115990	99088	90491	96306	91584	101536

4—7 城镇非私营单位就业人员数和工资（2021年）

项　　目	年末人数（人）		工资总额（万元）		年平均工资（元）	
	就业人员	在岗职工	就业人员	在岗职工	就业人员	在岗职工
总　　计	**1662716**	**1432689**	**17135391**	**15781449**	**104729**	**111672**
按地区分						
市　区	1337270	1128846	14160102	12917423	107630	115990
长丰县	56123	54021	538198	525187	97546	99088
肥东县	70406	64434	606206	573978	87535	90491
肥西县	75965	72121	707343	686548	94325	96306
庐江县	64060	58041	553728	524768	87879	91584
巢湖市	58892	55226	569813	553545	98056	101536
按国民经济行业分						
农、林、牧、渔业	1981	1848	13640	13192	64387	68777
采矿业	1124	834	11538	9250	102954	111525
制造业	346132	339999	3629996	3582762	105185	105776
电力、热力、燃气及水生产和供应业	44147	44099	667786	667592	150833	150961
建筑业	495629	331398	3791272	2755633	79885	85851
批发和零售业	94514	91152	809465	802217	86573	87700
交通运输、仓储及邮政业	53665	52879	509826	503515	96238	97585
住宿和餐饮业	18753	18080	101337	98587	55135	55781
信息传输、软件和信息技术服务业	60354	54896	686517	652126	117694	123275
金融业	76921	46719	971908	869220	118698	181840
房地产业	48650	45541	447026	433252	91180	94303
租赁和商务服务业	49146	46207	380127	364364	77667	78751
科学研究和技术服务业	56602	54545	747706	731363	134318	136551
水利、环境和公共设施管理业	6266	5983	71467	70343	115461	119198
居民服务、修理和其他服务业	2995	2924	23506	23031	79708	80032
教　育	123808	119597	1622309	1605384	134380	137923
卫生和社会工作	67655	65713	1135498	1107961	169622	170599
文化、体育和娱乐业	13698	13362	122481	120580	88791	90414
公共管理、社会保障和社会组织	100676	96913	1391987	1371075	139683	143018

4—8 城镇登记失业人数及失业率

单位：万人

年份	本年新登记失业人数	登记失业人员中新增就业人数	年末实有登记失业人数	女性	城镇登记失业率(%)
2005	3.61	2.97	4.54	1.93	4.42
2007	4.47	4.66	4.53	2.07	4.12
2008	5.32	4.68	5.17	2.41	4.09
2009	2.53	1.89	5.81	2.68	4.05
2010	2.69	3.40	5.09	2.37	3.43
2011	10.99	3.47	11.96	5.53	3.93
2012	2.18	4.59	22.08	7.56	3.65
2013	2.53	4.54	22.83	9.08	3.25
2014	2.84	3.67	24.08	11.80	2.96
2015	3.23	3.23	25.60	12.67	2.80
2016	3.52	3.52	27.51	13.71	3.03
2017	3.43	3.43	29.17	14.80	2.86
2018	3.38	3.38	30.53	15.58	2.94
2019	3.23	3.74	31.69	19.55	2.82
2020	7.09	3.50	36.55	17.42	3.06
2021	8.18	4.29	40.75	20.26	2.77

主要统计指标解释

就业人员

指从事一定社会劳动并取得劳动报酬或经营收入的全部劳动力。包括：1. 全部职工；2. 城镇私营企业从业人员；3. 城镇个体劳动者；4. 农村社会劳动者；5. 其他社会劳动者。这一指标反映了一定时期内全部劳动力资源的实际利用情况，是研究基本国情国力的重要指标。

单位从业人员

指在各级国家机关、政党机关、社会团体及企业、事业单位中工作，取得工资或其他形式的劳动报酬的全部人员。包括在岗职工、再就业的离退休人员、民办教师以及在各单位中工作的外方人员和港澳台方人员、兼职人员、借用的外单位人员和第二职业者。不包括离开本单位仍保留劳动关系的职工。各单位的从业人员反映了各单位实际参加生产或工作的全部劳动力。

从业人员和就业人员

从业人员主要从微观角度反映单位用工状况，就业人员是从宏观角度反映全社会就业状况。

私营企业和个体从业人员

私营企业从业人员指在工商管理部门注册登记的私营企业从业人员，包括私营企业投资者和雇工。个体从业人员指在工商管理部门注册登记，经批准从事个体工商经营的从业人员，包括个体经营者和在个体工商户劳动的家庭帮工和雇工。

城镇登记失业人员

指有非农业户口，在一定的劳动年龄内，有劳动能力，无业而要求就业，并在当地就业服务机构进行求职登记的人员。

城镇登记失业率

指城镇登记失业人数同城镇从业人数与城镇登记失业人数之和的比。计算公式为：

城镇登记失业率=城镇登记失业人数/（城镇从业人数+城镇登记失业人数）×100%

非全日制人员

根据《中华人民共和国劳动合同法》规定，非全日制人员指以小时计酬为主，其在同一用人单位一般平均每日工作时间不超过四小时，每周工作时间累计不超过二十四小时的从业人员，且劳动报酬结算支付周期最长不得超过十五日的人员。

在岗职工

指在本单位工作并由单位支付工资的人员，以及有工作岗位，但由于学习、病伤产假等原因暂未工作，仍由单位支付工资的人员。

劳务派遣人员

指与劳务派遣单位签订劳动合同，并被劳务派遣单位派遣到实际用工单位工作，且劳务派遣单位与实际用工单位签订《劳务派遣协议》的人员。

专业技术人员

指从事专业技术工作的人员以及从事专业技术管理工作且已在 1983 年以前评定了专业技术职称或在 1984 年以后聘任了专业技术职务的人员。

专业技术人员具体指工程技术人员、农业技术人员、科研人员（含自然科学研究、社会科学研究及实验技术人员）、卫生技术人员、教学人员（含高等院校、中等专业学校、技工学校、中学、小学）、民用航空飞行技术人员、船舶技术人员、经济人员、会计人员、统计人员、翻译人员、图书资料、档案、文博人员、新闻、出版人员、律师、公证人员、广播电视播音人员、工艺美术人员、体育人员、艺术人员及政工人员。

专业技术管理人员具体指企业、事业单位的领导；企业、事业单位下设的职能机构、企业的生产车间和辅助车间（或附属辅助生产单位）中从事生产、技术、经济管理和政治工作的人员。

按照公务员管理或参照公务员管理的人员不统计为专业技术人员。

其他从业人员

指本单位中不能归到在岗职工、劳务派遣人员中的人员。此类人员是实际参加本单位生产或工作并从本单位取得劳动报酬的人员。具体包括：非全日制人员、聘用的正式离退休人员、兼职人员和第二职业者等，以及在本单位中工作的外籍和港澳台方人员。

从业人员工资总额

指根据《关于工资总额组成的规定》(1990 年 1 月 1 日国家统计局发布的一号令)进行修订，本单位在报告期内(季度或年度)直接支付给本单位全部从业人员的劳动报酬总额。包括计时工资、计件工资、奖金、津贴和补贴、加班加点工资、特殊情况下支付的工资，是在岗职工工资总额、劳务派遣人员工资总额和其他从业人员工资总额之和。

工资总额是税前工资，包括单位从个人工资中直接为其代扣或代缴的房费、水费、电费、住房公积金和社会保险基金个人缴纳部分等。

工资总额不论是计入成本的还是不计入成本的，不论是以货币形式支付的还是以实物形式支付的，均应列入工资总额的计算范围。

在岗职工工资总额

指本单位在报告期内直接支付给本单位全部在岗职工的劳动报酬总额。在岗职工工资总额从构成角度分解为四部分：基本工资、绩效工资、工资性津贴和补贴、其他工资。工资总额不包括人员的病假、事假等情况扣款，单位在填报在岗职工工资总额四项构成时，应根据实际情况调整对应项目；如不能确定调整项，可扣减基本工资项。

基本工资

也可称为标准工资、合同工资、谈判工资。指本单位在报告期内(季度或年度)支付给本单位在岗职工的按照法定工作时间提供正常工作的劳动报酬。单位给个人确定的底薪可作为基本工资。包括工龄工资(年功工资)。

基础工资不含定时、定额发放的各种奖金、各种津贴和补贴、加班工资，也不包括补发的上一季度或上一年度的基础工资。

绩效工资

也可称为效益工资、业绩工资。指根据本单位利润增长和员工工作业绩定期支付给本单位在岗职工的奖金；支付给本单位从业人员的超额劳动报酬和增收节支的劳动报酬。具体包括：值加班工资、绩效奖金(如年度、季度、月度等)、全勤奖、生产奖、节约奖、劳动竞赛奖和其他名目的奖金；以及某工作事项完成后的提成工资、年底双薪等。但不包括入股分红、股权激励兑现的钱和各种资本性收益。

工资性津贴和补贴

指本单位制定的员工相关工资政策中，为补偿本单位在岗职工特殊或额外的劳动消耗和因其他特殊原因支付的津贴，以及为保证其工资水平不受物价影响而支付的物价补贴。具体包括：补偿特殊或额外劳动消耗的津贴及岗位性津贴、保健性津贴、技术性津贴、地区津贴和其他津贴。如：过节费、通讯补贴、交通补贴、不休假补贴、无食堂补贴、单位发给员工的可自行支配的住房补贴以及为员工上的各种商业性保险等。上述各种项目均包括货币性质的，也包括实物性质的和各种形式的充值卡、购物卡(券)等。

其他工资

指上述基本工资、绩效工资、工资性津贴和补贴三类工资均不能包括的发给在岗职工的工资，如补发上一年度的工资等。

劳务派遣人员工资总额

指实际用工单位(派遣人员的使用方)在一定时期内为使用劳务派遣人员而付出的劳动报酬总额，包括用工单位负担的基本工资、加班工资、绩效工资以及各种津贴、补贴等，但不包含因使用派遣人员而支付的管理费用和其他用工成本。

其他从业人员工资总额

指本单位在报告期内直接支付给本单位其他从业人员的全部劳动报酬。

平均工资

指企业、事业、机关单位的职工在一定时期内平均每人所得的货币工资额。它表明一定时期职工工资收入的高低程度，是反映职工工资水平的主要指标。计算公式为：

平均工资=报告期实际支付的全部工资总额/报告期平均人数

第五篇

固定资产投资

简要说明

一、自 2011 年起，投资项目起报点为 500 万元；2016 年以后，固定资产投资（不含农户）统计范围包括 500 万元及以上项目投资、房地产开发投资，以前年份均为全社会固定资产投资（含农户）。

二、本篇资料由市统计局固定资产投资统计处整理提供。

5—1 固定资产投资增长速度

单位：%

年份	总计	国有经济	集体经济	私营经济	个体经济	其他各种经济
2005	37.7	19.4	-51.1	46.2	63.6	275.7
2010	28.4	20.9	76.5	22.7	50.2	8.7
2011	27.1	13.3	17.5	14.9	49.7	40.8
2012	23.7	35.4	2.2	-5.5	23.0	37.6
2013	23.1	11.9	-35.3	31.2	23.0	40.5
2014	18.1	14.5	-5.2	-42.3	40.4	86.5
2015	15.4	1.1	-17.8	57.1	-94.8	19.0
2016	11.1	9.4	-65.6	58.9	-94.8	-52.9
2017	5.0	31.5	-50.7	-2.3	-79.9	-6.4
2018	7.1	7.1		11.6		-15.4
2019	9.0	10.8	625.8	7.0	459.5	14.0
2020	4.7	5.0	-69.2	6.1	23.5	-2.7
2021	3.5	13.6	-54.5	0.6	-39.6	-13.7

5—2 固定资产投资按构成分及资金来源增长速度

单位：%

年份	按构成分			资金来源			
	建筑安装工程	设备工具器具购置	其他费用	国家预算内资金	国内贷款	利用外资	自筹和其他资金
2005	48.9	-1.3	23.7	105.2	10.2	174.7	30.6
2010	21.2	26.7	36.7	108.2	-5.4	-58.9	-4.3
2011	24.5	43.8	5.3	26.9	-2.3	28.2	22.2
2012	25.9	34.7	-1.8	-5.3	2.7	116.2	19.5
2013	32.5	1.0	5.8	-31.4	-3.3	-41.0	31.9
2014	21.5	13.6	0.2	15.7	0.3	-31.3	9.3
2015	26.3	-27.0	-1.0	12.3	7.9	-77.1	10.7
2016	10.7	0.8	30.5	-0.4	41.1	49.0	7.7
2017	-9.7	66.3	79.5	49.7	23.4	60.2	-4.6
2018	4.9	-7.9	20.8	179.7	-14.7	150.0	-2.2
2019	10.2	6.5	8.2	3.1	13.8	115.3	13.6
2020	4.5	17.1	-0.8	-4.1	28.7	-49.6	5.3
2021	14.7	-2.3	-13.8	8.0	-22.8	-62.9	23.4

注：2018年起固定资产投资项目到位资金统计范围由计划总投资500万以上调整为5000万元以上项目（下同）。

5—3 主要年份分行业固定资产投资比上年增长情况

单位：%

行　业	2015	2017	2018	2019	2020	2021
总　计	**15.6**	**5.0**	**7.1**	**9.0**	**4.7**	**3.5**
农、林、牧、渔业	85.1	-40.4	24.8	-23.0	36.0	21.7
采掘业	-15.2	-36.3	195.6	-6.0	21.3	18.0
制造业	10.0	12.0	22.2	12.1	-9.0	10.0
电力、热力、燃气及水生产和供应业	16.4	31.1	-18.8	-8.4	42.8	5.6
建筑业	12.4	-38.5	283.6	-85.9	37.1	6.1
批发和零售业	15.8	-40.0	-1.0	4.0	-62.8	48.1
交通运输、仓储和邮政业	11.1	25.5	11.3	1.3	21.2	-0.3
住宿和餐饮业	33.3	-59.3	-30.1	87.3	15.0	-29.8
信息传输、软件和信息技术服务业	54.9	-4.6	8.1	11.1	221.6	30.2
金融业	-32.3	-4.4	-46.3	64.5	-3.3	-1.6
房地产业	15.4	8.6	0.5	4.8	2.7	-0.5
租赁和商务服务业	87.2	-19.1	-27.2	40.1	-28.8	18.6
科学研究和技术服务业	39.1	-11.6	52.9	-35.8	113.9	-7.3
水利、环境和公共设施管理业	3.4	15.7	30.6	18.6	4.7	0.4
居民服务、修理和其他服务业	13.7	9.7	-92.0	277.3	22.6	-39.6
教　育	40.9	21.8	-0.6	92.7	27.2	3.3
卫生和社会工作	9.2	14.0	-30.0	98.5	23.0	78.6
文化、体育和娱乐业	23.5	-16.8	-15.8	34.0	10.1	-11.6
公共管理、社会保障和社会组织	6.8	19.1	-54.7	-21.0	86.3	-9.4

注：统计口径为500万元以上项目及房地产。

5—4 分行业固定资产投资占比情况

单位：%

行　　业	2020年	2021年
总　　计	**100.00**	**100.00**
农、林、牧、渔业	0.32	0.38
采掘业	0.17	0.20
制造业	20.56	21.86
电力、热力、燃气及水生产和供应业	2.53	2.58
建筑业	0.07	0.08
批发和零售业	0.18	0.25
交通运输、仓储和邮政业	7.86	7.57
住宿和餐饮业	0.24	0.16
信息传输、软件和信息技术服务业	1.97	2.47
金融业	0.48	0.46
房地产业	46.44	44.64
租赁和商务服务业	0.58	0.66
科学研究和技术服务业	1.04	0.93
水利、环境和公共设施管理业	12.32	11.96
居民服务、修理和其他服务业	0.08	0.04
教　育	3.00	2.99
卫生和社会工作	1.02	1.77
文化、体育和娱乐业	0.71	0.60
公共管理、社会保障和社会组织	0.44	0.38

注：统计口径为500万元以上项目及房地产。

5—5 固定资产投资比上年增长情况（2021年）

指　　标	全　市	瑶海区	庐阳区	蜀山区	包河区
本年完成投资额	**3.5**	**13.3**	**3.4**	**-12.8**	**10.8**
按构成分					
建筑安装工程	14.7	23.1	12.3	-17.3	17.5
设备购置	-2.3	-17.6	6.7	28.8	-17.1
其他费用	-13.8	2.0	-18.3	-14.7	5.9
按类型分					
500万以上项目	9.0	35.5	20.8	-5.8	20.5
房地产开发	-5.2	-9.1	-16.0	-22.1	6.1
按登记注册类型分					
内　资	3.9	13.3	1.8	-15.0	10.5
国有投资	12.6	52.4	18.1	-9.2	37.4
有限责任公司	-6.5	-16.4	-9.2	-30.1	11.2
股份有限公司	-18.2	-43.4	-19.9	-10.9	-21.3
私营个体投资	31.0	51.9	13.7	32.4	14.4
其　他	-20.0		-89.9	21.0	-46.5
港澳台商投资	-34.9	-54.9	-100.0	-53.9	24.1
外商投资	48.7			606.9	-45.5

单位：%

高新区	经开区	新站区	安巢经开区	长丰县	肥东县	肥西县	庐江县	巢湖市
-6.8	**11.7**	**-2.7**	**27.0**	**-7.1**	**15.6**	**10.2**	**-5.9**	**13.4**
7.1	20.1	31.3	73.7	2.3	27.7	20.8	-6.4	50.3
19.2	14.7	-28.7	6.4	-34.1	-2.2	11.8	6.4	34.3
-54.6	-12.1	-17.9	-50.4	4.6	-5.2	-14.8	-23.0	-67.5
7.1	8.2	-11.4	55.7	-7.1	22.6	14.3	3.9	29.0
-33.3	26.2	9.2	-16.4	-7.0	3.1	0.7	-44.4	-25.3
-8.3	11.8	-1.5	26.4	-1.7	13.8	14.0	-6.8	13.6
-21.3	-11.9	100.1	240.9	16.2	24.4	-15.0	-1.4	59.0
-11.2	-63.1	-2.0	20.6	-0.9	18.2	29.7	-7.0	-14.8
-9.1	69.5	-84.1	-69.9	-6.4	-51.9	-31.9	9.7	2.4
26.3	541.8	-28.6	47.5	-12.6	0.5	53.2	-19.0	-12.2
-65.1		448.5		-49.8	207.4		-21.0	41.8
108.9	17.2	-61.9	112.6	-70.1	167.5	-57.1	87.6	
18.5	6.7	85.0		-52.5	4259.0	24.1		-12.5

5—6 500万元以上项目投资比上年增长情况（2021年）

指　　标	全　市	瑶海区	庐阳区	蜀山区	包河区
计划总投资	**16.5**	**31.8**	**13.2**	**22.4**	**17.3**
本年新开工项目计划总投资	25.9	34.3	-35.8	46.8	64.7
自开始建设累计完成投资	13.0	48.0	32.0	15.0	15.7
本年完成投资	9.0	35.5	20.8	-5.8	20.5
#5000万元以上项目	9.3	39.9	23.2	-7.3	22.5
#国有经济控股	11.2	38.1	12.2	-14.1	23.6
按登记注册类型分					
内　资	9.4	35.5	17.8	-10.1	19.5
#国有投资	12.2	52.4	20.1	-9.2	24.3
有限责任公司	-5.6	1.0	29.5	-20.0	28.7
股份有限公司	-15.5	-36.6	-27.6	-2.6	-14.0
私营个体投资	79.9	34.4	118.6	78.2	-12.5
其　他	-31.3		-89.9	21.0	-95.2
港澳台商投资	-31.1	-54.9	-100.0	50.4	123.7
外商投资	46.9			606.9	-45.5
按建设性质分					
新　建	5.8	52.0	20.9	-11.9	28.2
扩　建	19.7	828.8	-16.5	-13.3	-14.0
改建和技术改造	12.6	-34.3	23.4	16.9	-10.9
按构成分					
建筑安装工程	20.5	39.8	39.8	-7.0	27.6
设备工器具购置	-1.7	-21.4	9.3	29.4	-14.3
其他费用	-22.6	37.4	-18.8	-26.4	7.9
本年资金来源合计	16.9	8.3	26.7	-9.4	13.4
上年末结余资金	-33.2	-38.5	-58.2	-45.2	-31.4
本年资金来源小计	25.4	17.7	52.8	0.7	31.7
国家预算内资金	8.0	-47.0	7.8	-8.5	20.4
国内贷款	-20.0	-53.3	-56.6	-16.7	-20.0
利用外资	-39.8				
自筹资金	33.5	-11.5	239.4	-18.1	30.4
其他资金来源	83.7	111.2	-10.4	185.4	84.5

单位：%

高新区	经开区	新站区	安巢经开区	长丰县	肥东县	肥西县	庐江县	巢湖市
13.1	**90.5**	**-10.0**	**-3.5**	**3.2**	**27.3**	**-3.0**	**12.6**	**15.7**
-14.8	362.4	99.9	-37.9	3.0	-17.1	-31.3	80.8	-39.6
26.5	32.7	-14.1	-19.3	-8.8	34.5	11.1	4.7	33.5
7.1	8.2	-11.4	55.7	-7.1	22.6	14.3	3.9	29.0
5.9	7.9	-9.8	41.7	-5.7	28.5	11.5	2.3	28.0
1.5	-2.3	15.8	49.8	17.4	27.7	7.7	-0.4	31.3
5.5	8.1	-10.7	55.0	1.4	21.7	14.4	3.0	27.5
-21.3	-12.9	100.1	240.9	16.2	26.6	-15.0	-1.4	59.0
12.4	-73.1	-17.6	38.6	-19.2	27.8	52.4	-0.9	-16.2
-7.6	69.5	-84.1	-69.9	-6.4	-51.9	-27.6	10.1	2.4
23.6	793.9	-11.4	234.1	18.2	9.8	35.7	25.0	27.1
-65.1		77.8		-49.8	207.4		-21.0	41.8
303.6	17.2	-61.9	112.6	-70.1	167.5	1.5	87.6	
18.5	6.0	86.4		-52.5	885.5	24.1		191.8
4.0	7.2	-38.0	61.0	-17.5	32.6	13.6	-2.6	23.8
14.3	17.5	57.1	27.1	40.7	8.7	-14.7	-13.3	-40.1
7.6	-5.0	-16.7	79.1	8.4	-3.7	27.3	70.9	74.4
12.4	10.9	16.4	101.1	3.3	43.4	23.5	-0.5	55.4
19.4	14.7	-28.6	11.8	-33.5	-1.9	14.4	10.2	33.6
-51.9	-36.8	-28.0	-75.6	59.1	-39.4	-32.4	14.0	-66.5
36.6	15.7	-3.2	41.0	16.3	33.7	10.4	15.7	65.0
-58.3	7.1	25.7	-38.5	31.5	-78.4	-52.7	-51.0	-54.6
58.0	15.9	-8.4	57.1	14.4	42.1	23.2	26.5	80.6
101.6	209.3	-37.7	-100.0	40.6	24.1	6.2	-17.8	142.8
42.7	3.5	-35.3	37.5	-30.3	6.8	-14.9	2.3	26.0
	561.8	-98.8		-36.5	-100.0		161.1	
85.3	14.2	16.0	44.0	45.3	40.1	16.9	24.6	73.9
-29.5	41.5	13.1	217.1	17.3	186.8	395.6	487.9	505.2

5—7 分行业500万元以上项目投资比上年增长情况（2021年）

行业	全市	瑶海区	庐阳区	蜀山区	包河区
总计	**9.0**	**35.5**	**20.8**	**-5.8**	**20.5**
农、林、牧、渔业	21.7				
采掘业	18.0				
制造业	10.0	-25.4	6.9	69.8	-5.4
电力、热力、燃气及水生产和供应业	5.6	310.7	41.3	-55.4	59.1
建筑业	6.1		65.4	171.2	-35.4
批发和零售业	48.1		307.5	-39.5	45.5
交通运输、仓储和邮政业	-0.3	-16.7	-9.2	-19.0	-8.8
住宿和餐饮业	-29.8		-57.4	-100.0	-34.9
信息传输、软件和信息技术服务业	30.2		-18.0	145.3	
金融业	-1.6	102.4	-78.4		-0.2
房地产业	23.1	27.3	161.0	19.3	69.6
租赁和商务服务业	18.6	403.0	-50.1	144.7	-26.4
科学研究和技术服务业	-7.3		9.0	-83.4	19.6
水利、环境和公共设施管理业	0.4	37.9	42.3	-34.1	53.4
居民服务、修理和其他服务业	-39.6	-84.5		-82.6	-92.3
教育	3.3	593.1	-5.5	99.3	-16.9
卫生和社会工作	78.6	-3.9	33.9	14.5	98.0
文化、体育和娱乐业	-11.6	-26.0	10.0	-22.9	-26.7
公共管理、社会保障和社会组织	-9.4	-26.2	-81.6	-25.1	-7.2

单位：%

高新区	经开区	新站区	安巢经开区	长丰县	肥东县	肥西县	庐江县	巢湖市
7.1	**8.2**	**-11.4**	**55.7**	**-7.1**	**22.6**	**14.3**	**3.9**	**29.0**
				19.0	-47.8	209.6	62.9	98.7
							9.4	7256.1
20.2	18.1	-12.0	103.6	-20.1	45.1	11.5	18.5	65.8
-48.1	-83.5	-68.6	690.0	47.5	-18.8	0.3	48.2	3.6
	-100.0							
			571.6	-100.0	-68.6	-33.9	-32.7	
-20.1	53.1	-50.4	-87.5	16.8	5.6	0.5	34.4	69.9
		-63.7		-4.4	-74.4	-72.6	80.1	-100.0
24.6			-50.0		72.3	-7.1	-99.2	
		-100.0		-100.0	13.8			
	-32.7	-75.8	49.6	27.1	43.1	9.4	-19.9	30.1
-55.2	-100.0	89.9		-72.7	-12.3	156.2	48.6	
-3.0				55.8	-47.6	3406.7	515.6	
-42.9	-23.5	18.9	37.1	-12.0	26.6	5.5	-28.9	12.9
				-24.0	154.7	-75.4	214.0	-4.4
22.0	-68.6	-2.9	-2.9	-7.5	4.9	93.1	14.7	-54.2
-57.0		155.5		62.6	-20.5	554.9	227.5	-63.9
5.5				-61.7	9.0	53.4	-36.5	-8.4
				133.7	77.0	494.2	114.9	

5—8 分行业500万元以上项目投资占比情况（2021年）

行　　业	全　市	瑶海区	庐阳区	蜀山区	包河区
总　　计		**3.39**	**5.40**	**6.17**	**8.30**
农、林、牧、渔业	0.58		0.07		
采掘业	0.30				
制造业	33.91	1.79	2.78	10.19	3.75
电力、热力、燃气及水生产和供应业	4.01	3.71	4.77	2.24	5.06
建筑业	0.12	0.12	1.25	0.37	0.27
批发和零售业	0.39	0.21	3.23	0.08	1.53
交通运输、仓储和邮政业	11.74	10.44	13.74	21.01	16.47
住宿和餐饮业	0.25		0.67		0.53
信息传输、软件和信息技术服务业	3.84	0.001	5.69	10.34	0.13
金融业	0.71	0.24	0.24	0.94	6.79
房地产业	14.14	19.25	16.31	13.73	18.97
租赁和商务服务业	1.03	3.23	0.24	1.17	3.01
科学研究和技术服务业	1.44		9.47	0.64	2.65
水利、环境和公共设施管理业	18.55	43.75	30.12	24.46	25.81
居民服务、修理和其他服务业	0.07	0.05	0.08	0.08	0.004
教　育	4.64	10.25	5.41	7.72	6.18
卫生和社会工作	2.74	2.69	3.75	4.20	5.54
文化、体育和娱乐业	0.94	3.01	1.47	1.55	1.69
公共管理、社会保障和社会组织	0.59	1.25	0.75	1.27	1.62

注：县区分行业占比均为该行业投资占所在县区比重。

单位：%

高新区	经开区	新站区	安巢经开区	长丰县	肥东县	肥西县	庐江县	巢湖市
9.28	**11.86**	**7.83**	**1.53**	**9.11**	**10.13**	**12.28**	**9.00**	**5.70**
				2.38	0.90	1.05	0.88	1.13
							3.13	0.40
43.76	81.14	61.74	44.42	48.18	21.11	20.87	26.55	36.48
0.54	0.29	0.36	4.61	4.72	4.94	7.65	8.21	4.77
			0.73		0.10	0.41	0.11	
5.77	4.90	3.96	0.80	5.76	12.81	18.42	20.18	11.27
	0.004	0.04		0.54	0.14	0.05	1.09	
30.75			0.01		0.25	0.02	0.0003	
					0.64	0.00	0.00	0.00
	2.86	1.20	29.43	13.74	29.58	22.10	10.26	24.78
0.32		0.51		0.26	1.03	2.55	0.57	0.45
5.79				0.59	0.36	0.18	0.23	
5.68	9.10	18.11	16.47	13.64	20.11	18.84	22.52	15.49
				0.12	0.20	0.07	0.07	0.22
5.39	0.75	11.32	3.53	4.74	3.91	2.18	1.80	3.97
0.82	0.93	2.73		4.82	0.46	4.48	2.93	0.48
1.11		0.01		0.14	2.11	0.69	0.87	0.46
0.07	0.04	0.01		0.37	1.34	0.45	0.59	0.12

5—9 房地产开发情况（2021年）

单位：万元

指　　标	总　计	内资企业						港澳台投资企业	外　商投资企业
			国有企业	国　有独资企业	其　他有限公司	股　份有限公司	私营有限责任公司		
企业个数　（个）	704	680	4	39	479	5	147	18	6
计划总投资	129067991	125372506	830236	5765476	83616166	3235741	29141846	3044299	651186
自开始建设累计完成投资	87937402	85228136	426499	4340801	62563698	2333002	14249990	2179415	529851
本年完成投资	14664185	14435475	125418	606176	8910609	168911	4066956	170553	58157
按构成分									
建筑工程	6461999	6351858	51707	341991	3889677	84120	1768067	98496	11645
安装工程	483411	474819		31437	301778	11290	114402	8592	
设备工器具购置	29171	28463		432	19392		5657	708	
其他费用	7689604	7580335	73711	232316	4699762	73501	2178830	62757	46512
#土地购置费	6854366	6754253	50860	206771	4249333	63689	1890371	54313	45800
按工程用途分									
住　宅	11931657	11811873	84448	491785	7352437	120367	3336383	91848	27936
#90平方米以下住房	2137725	2121592	3466	192597	1257435	89854	557459	14774	1359
#144平方米以上住房	1740391	1678979	4717	59191	1112352	11293	394725	61209	203
办公楼	765517	724618	20497	16370	489815	44156	145903	38899	2000
商业营业用房	754690	730990	1183	16609	440591	1006	242648	7044	16656
其　他	1212321	1167994	19290	81412	627766	3382	342022	32762	11565
本年新增固定资产	10664041	10538716	45978	878198	7589918	599739	1268064	104825	20500
本年资金来源合计	39057144	38085701	786048	1156960	22905678	1023607	10991152	870485	100958
上年末结余资金	9764929	9459328	316490	301835	6538963	244889	1802714	277499	28102
本年资金来源小计	29292215	28626373	469558	855125	16366715	778718	9188438	592986	72856
#国内贷款	3593386	3536386	5887	81338	1555555	92660	1669826	57000	
利用外资	5695	5695			5695				
自筹资金	5265112	4918645	182869	124890	2618155	101279	1799454	346467	
定金及预收款	13175949	13061990	29824	333906	8131285	386569	3722982	88780	25179
个人按揭贷款	6222259	6073843	57199	171566	3534582	197479	1836240	100739	47677
其他到位资金	1029814	1029814	193779	143425	521443	731	159936		
本年各项应付款合计	6123073	5640487	16329	149181	3427611	36070	1770480	472472	10114
#工程款	3478971	3292306	16108	98969	2216534	36030	839896	178578	8087
待开发土地面积　（平方米）	2880784	2880784		156688	1030173	27488	1586354		
本年购置土地面积　（平方米）	3253745	3253745		61613	890668	27488	2273976		

5—9 续表

单位：万元

指标	总计	内资企业						港澳台投资企业	外商投资企业
			国有企业	国有独资企业	其他有限公司	股份有限公司	私营有限责任公司		
本年土地成交价款	4041328	4041328		52996	1541606	64474	2382252		
年初存货	46010354	44627532	1040890	4353554	32900195	1016185	4953550	1061878	320944
流动资产合计	91465835	88845859	2458790	6962761	66109212	1593891	10983849	2120870	499106
#存　货	48200129	47087973	1027650	4280219	34570017	943408	5951400	906435	205721
固定资产原价	3945212	3685229	33346	2131853	1174970	18406	325379	241962	18022
累计折旧	672176	600197	15454	182815	275539	6600	119594	67424	4556
#本年折旧	96973	87483	1081	20086	50163	687	15389	8689	801
资产总计	115758111	111915188	3578258	15091090	76853156	2492191	13161920	3304259	538663
负债合计	87473484	85244943	2014053	10156312	59468134	1688320	11282382	1915687	312854
所有者权益合计	28284627	26670246	1564205	4934778	17385022	803871	1879539	1388572	225809
#实收资本	14940399	13926151	619050	1303936	9971375	401976	1571029	894746	119501
主营业务收入	19174529	18615069	259554	1050609	14498612	513589	2007165	430444	129015
#商品房屋销售收入	18133216	17600999	131042	1033287	13743336	440346	1967526	404871	127346
自持物业收入	207682	188689		10029	123648	30694	24317	18314	679
其他收入	833631	825382	128512	7294	631627	42549	15322	7259	990
主营业务成本	16051488	15595697	217505	743750	12270885	421459	1724154	340160	115631
税金及附加	398182	379153	4456	37769	264327	8637	61691	18958	70
其他业务利润	29297	26862		36	6858		19968	1909	526
销售费用	680533	665516	3070	30100	513087	15932	87799	12801	2216
管理费用	470117	447600	4152	44305	315489	8753	70463	18808	3709
财务费用	275991	263331	-3074	-10953	233413	18727	22329	12745	-85
#利息支出	239064	230066	4541	2357	192828	14066	16273	8923	75
营业利润	1299651	1260950	48075	64922	893497	45819	166184	32496	6205
营业外收入	54850	38176	617	2026	30003	53	5341	15967	707
营业外支出	40322	38715	1	1754	28902	7	8047	1355	252
资产减值损失	129368	129246	87	3964	125194		-13	122	
公允价值变动收益	2922	2922	-386		12686		-9379		
投资收益	303375	296989	14960	6408	156051	3388	116183	6357	29
利润总额	1313499	1259730	48691	65193	893900	45819	163543	47108	6661
所得税费用	312130	290136	9130	17569	231511	3330	24777	18194	3800
应付职工薪酬	396739	380281	3999	27284	275190	6957	59879	11693	4765

5—10 市区房地产开发情况（2021年）

单位：万元

指　　标	总　计	内资企业	国有企业	国有独资企业	其他有限公司	股份有限公司	私营有限责任公司	港澳台投资企业	外商投资企业
企业个数　(个)	441	424	3	28	313	4	75	13	4
计划总投资	97359952	95800353	795236	4960988	68365849	2695476	17112309	1199599	360000
自开始建设累计完成投资	68632096	67470506	392846	3757972	52652335	2037910	7682705	821016	340574
本年完成投资	10494638	10366651	124578	491120	6890212	134403	2390607	125661	2326
按构成分									
建筑工程	4547542	4470288	50867	281886	2960494	65412	987258	77254	
安装工程	376112	374857		29794	263839	11290	55179	1255	
设备工器具购置	9915	9207		382	5525		318	708	
其他费用	5561069	5512299	73711	179058	3660354	57701	1347852	46444	2326
#土地购置费	4946363	4906363	50860	160645	3310894	47889	1155183	38000	2000
按工程用途分									
住　宅	8271882	8208502	84155	389714	5532420	85864	1885054	63054	326
#90平方米以下住房	1425076	1424750	3173	192597	947319	55362	221465		326
#144平方米以上住房	1531408	1470199	4717	49444	988943	11293	320478	61209	
办公楼	714784	673885	20026	16370	469526	44156	115930	38899	2000
商业营业用房	512241	506580	1183	13144	327607	1002	140899	5661	
其　他	995731	977684	19214	71892	560659	3381	248724	18047	
本年新增固定资产	8387957	8387957	12754	747531	6417401	596894	522899		
本年资金来源合计	27099519	26624744	777499	945515	17061655	1022461	6046669	438760	36015
上年末结余资金	7331466	7087778	313741	278894	5105715	244577	996764	235130	8558
本年资金来源小计	19768053	19536966	463758	666621	11955940	777884	5049905	203630	27457
#国内贷款	2353401	2301401	87	30704	1133056	92660	985024	52000	
利用外资									
自筹资金	3818755	3807151	182869	78153	2039256	101032	1346590	11604	
定金及预收款	9099889	9011129	29824	277900	6117252	385982	1878544	73144	15616
个人按揭贷款	3611623	3532900	57199	136439	2270253	197479	699920	66882	11841
其他到位资金	884385	884385	193779	143425	396123	731	139827		
本年各项应付款合计	3922311	3841903	16329	84610	2550005	36070	1106926	80103	305
#工程款	2309509	2252010	16108	49454	1640794	36030	469548	57194	305
待开发土地面积　(平方米)	1847315	1847315		156688	465809	27488	1117249		
本年购置土地面积　(平方米)	1998473	1998473			510064	27488	1460921		

注：市区不含五县市及安巢经开区，不分共建项目。

5—10 续表

单位：万元

指标	总计	内资企业	国有企业	国有独资企业	其他有限公司	股份有限公司	私营有限责任公司	港澳台投资企业	外商投资企业
本年土地成交价款	2769542	2769542			1121166	64474	1583902		
年初存货	30892353	30087744	994124	3768914	21549808	1016185	2709382	600800	203809
流动资产合计	65557470	64145396	2407832	6162967	46843867	1591107	7101924	1086760	325314
#存　货	32732026	32108596	992005	3624694	23007534	940703	3543660	474158	149272
固定资产原价	3575906	3340987	33303	2131360	905638	18119	252555	221389	13531
累计折旧	585305	519118	15419	182539	219369	6469	95314	62986	3201
#本年折旧	79930	71188	1080	19988	38173	632	11312	8052	690
资产总计	86885764	84551511	3527291	14283194	55606796	2489251	8607269	1976747	357506
负债合计	65118138	63623577	1965040	9437233	42969696	1687527	7530358	1309879	184681
所有者权益合计	21767627	20927934	1562251	4845961	12637099	801724	1076911	666868	172825
#实收资本	11366598	10825201	617000	1247636	7541645	399976	1016495	464896	76501
主营业务收入	13848902	13417557	224961	882117	10700526	510261	968136	372378	58968
#商品房屋销售收入	13078505	12671411	96449	865775	10209023	437018	931592	349796	57299
自持物业收入	189096	173094		10029	108491	30694	23879	15323	679
其他收入	581301	573052	128512	6314	383012	42549	12666	7259	990
主营业务成本	11474187	11148558	187503	595086	9022038	419512	816067	278179	47451
税金及附加	297025	286381	3823	35728	200880	8561	34139	10288	356
其他业务利润	20291	17856	0	36	15801	0	2020	1909	526
销售费用	449385	441522	2545	25464	346785	15918	43412	6938	925
管理费用	358768	339677	3909	40382	238233	8674	48299	15904	3187
财务费用	186387	184701	-3000	-10609	161395	18727	18386	1845	-160
#利息支出	170896	169604	4541	2357	138749	14066	9890	1292	0
营业利润	1026228	955634	44810	55658	710922	44608	87064	64655	5939
营业外收入	23068	22223	586	1543	17722	53	2240	836	9
营业外支出	35897	35585	1	1106	29363	7	5106	80	232
资产减值损失	116613	116491	87	3945	112652		-193	122	
公允价值变动收益	12318	12318	-386		12704				
投资收益	264342	257957	14960	6408	155613	3388	77588	6356	29
利润总额	1013201	942074	45395	56095	698585	44607	84743	65411	5716
所得税费用	275172	255793	9130	15863	214533	3330	12938	17922	1457
应付职工薪酬	279927	274216	3614	22007	204791	6885	36416	4433	1279

5—11 房地产开发企业施工和销售情况（2021年）

单位：平方米

指标	合计	住宅	#90平方米以下	#144平方米以上	办公楼	商业营业用房	其他
全市							
房屋施工面积	82849627	53520925	10250497	7380492	6549749	7489416	15289537
#新开工面积	18251303	12716755	2950222	1343610	903114	808597	3822837
房屋竣工面积	18968007	13379342	1531904	2440969	1157353	1218589	3212723
#不可销售面积	474445	30708	30708		118481	90023	235233
竣工房屋价值（万元）	8543660	6843536	807924	1263742	341226	415937	942961
商品房销售面积	18365887	15627581	2082940	2205344	651090	516717	1570499
现房销售面积	1992715	962453	243391	239394	198190	157714	674358
期房销售面积	16373172	14665128	1839549	1965950	452900	359003	896141
商品房销售额（万元）	24577156	22570139	2256542	3593480	616150	694463	696404
现房销售额	1648115	1014976	184008	255028	180376	177368	275395
期房销售额	22929041	21555163	2072534	3338452	435774	517095	421009
待售面积	3572669	611872	54577	75803	457649	832857	1670291
#待售1-3年面积	2125401	384935	31532	6167	332694	400369	1007403
待售3年以上面积	634933	47035	3254	38543	43778	214580	329540
市区							
房屋施工面积	58178946	35314044	6375855	6681928	5795569	5158661	11910672
#新开工面积	11798650	7760267	1609483	1230992	745813	501680	2790890
房屋竣工面积	13155378	9021602	1060056	2328589	753769	902386	2477621
#不可销售面积	325520	30708	30708		88816	74547	131449
竣工房屋价值（万元）	6695977	5331038	625421	1216851	246222	327838	790879
商品房销售面积	11220741	9114564	1178997	1946823	573684	353012	1179481
现房销售面积	1521613	699328	197848	192434	153344	112085	556856
期房销售面积	9699128	8415236	981149	1754389	420340	240927	622625
商品房销售额（万元）	16358110	14638829	1122117	3311981	566337	542236	610708
现房销售额	1307782	759136	152864	217098	152711	146119	249816
期房销售额	15050328	13879693	969253	3094883	413626	396117	360892
待售面积	2850876	419540	28118	63933	381283	569974	1480079
#待售1-3年面积	1656700	319444	15939	5677	270490	188344	878422
待售3年以上面积	591096	44076	1507	38171	43778	173702	329540

5—12 各县（市）区房地产开发企业个数（2021年）

单位：个

地　区	企业个数	内资企业			港澳台投资企业	外商投资企业
			国　有	私　营		
总　计	**704**	**680**	**43**	**152**	**18**	**6**
瑶 海 区	39	38	2	6	1	
庐 阳 区	56	54	4	7	2	
蜀 山 区	47	45	2	11	1	1
包 河 区	138	131	11	20	7	
高 新 区	56	54	7	11	2	
经 开 区	39	38	2	13		1
新 站 区	66	64	3	8		2
安巢经开区	16	16	2	2		
长 丰 县	66	65	2	11	1	
肥 东 县	62	60	2	25	1	1
肥 西 县	34	31	2	7	3	
庐 江 县	55	55	1	19		
巢 湖 市	30	29	3	12		1

5—13 各县（市）区房地产开发企业从业人数（2021年）

单位：人

地　区	平均从业人数	内资企业			港澳台投资企业	外商投资企业
			国　有	私　营		
总　计	**19153**	**17967**	**1232**	**3759**	**677**	**509**
瑶 海 区	1066	1028	113	333	38	
庐 阳 区	1656	1636	80	145	20	
蜀 山 区	1218	1150	80	234	26	42
包 河 区	3906	3724	416	388	182	
高 新 区	1867	1822	111	336	45	
经 开 区	1025	1010	81	367		15
新 站 区	1373	1313	64	229		60
安巢经开区	792	792	43	38		
长 丰 县	1621	1539	30	299	82	
肥 东 县	1681	1315	54	595	1	365
肥 西 县	1195	912	38	188	283	
庐 江 县	1040	1040	16	331		
巢 湖 市	713	686	106	276		27

5—14　各县（市）区房地产开发投资总规模及完成投资（2021年）

单位：万元

地　　区	计划总投资	自开始建设累计完成投资	本年完成投资	全部建成尚需投资
总　　计	**129067991**	**87937402**	**14664185**	**41130589**
瑶 海 区	7207870	5559670	598470	1648200
庐 阳 区	8626304	6772562	897959	1853742
蜀 山 区	9776670	7628590	1018129	2148080
包 河 区	39290871	27060550	4040332	12230321
高 新 区	10852172	7224272	806670	3627900
经 开 区	6798271	3726422	875710	3071849
新 站 区	14807794	10660030	1877222	4147764
安巢经开区	1617206	917120	144520	700086
长 丰 县	8312076	5348456	1218686	2963620
肥 东 县	7674491	4351800	1272328	3322691
肥 西 县	8622729	4712131	1232893	3910598
庐 江 县	3598883	2797234	327531	801649
巢 湖 市	1882654	1178565	353736	704089

5—15　各县（市）区按用途分的房地产开发投资（2021年）

单位：万元

地　　区	本年完成投　　资	住　　宅	#90平方米以　　下	#144平方米 以 上	办 公 楼	商　　业营业用房	其　　他
总　　计	**14664185**	**11931657**	**2137725**	**1740391**	**765517**	**754690**	**1212321**
瑶 海 区	598470	518294	53814	23328	6813	17305	56058
庐 阳 区	897959	756024	188664	230798	75709	38630	27596
蜀 山 区	1018129	696039	108444	182725	80931	74290	166870
包 河 区	4040332	3163218	281564	720326	373007	223921	280186
高 新 区	806670	586262	61211	136754	77206	58398	84805
经 开 区	875710	684309	177572	112411	85148	49590	56663
新 站 区	1877222	1566183	440899	109306	14970	31973	264097
安巢经开区	144520	121361	2502	12676		11756	11403
长 丰 县	1218686	1053027	325703	31028	15058	77302	73300
肥 东 县	1272328	1102419	154143	40623	32343	60250	77316
肥 西 县	1232893	1088279	275380	88609	15	63286	81314
庐 江 县	327531	308066	38370	25458	1000	9770	8695
巢 湖 市	353736	288178	29461	26350	3317	38221	24020

5—16　各县（市）区房地产开发企业施工情况（2021年）

地　　区	房屋施工面积（平方米）	新开工	竣工房屋面积（平方米）	房屋建筑面积竣工率（%）	竣工房屋价值（万元）	竣工房屋造价（元/平方米）
总　计	**82849627**	**18251303**	**18968007**	**22.9**	**8543660**	**4504**
瑶海区	3430427	512941	1442706	42.1	478058	3314
庐阳区	4004221	441133	1921215	48.0	655844	3414
蜀山区	5339707	1253655	933100	17.5	633265	6787
包河区	21990593	2171653	1671508	7.6	1338636	8009
高新区	7991383	2172843	2670651	33.4	1242687	4653
经开区	4570530	1599604	1833409	40.1	415251	2265
新站区	9488287	3646821	2618560	27.6	1904561	7273
安巢经开区	1076363	144519	301484	28.0	122203	4053
长丰县	6973377	1466402	1329360	19.1	451003	3393
肥东县	6416780	2005669	1582731	24.7	404132	2553
肥西县	6291512	1419129	1064329	16.9	277988	2612
庐江县	3348537	896098	1148609	34.3	450979	3926
巢湖市	1927912	520836	450347	23.4	169053	3754

5—17　各县（市）区按用途分的房地产开发企业新开工房屋面积（2021年）

单位：平方米

地　　区	本年新开工房屋面积	住　宅	#90平方米以下	144平方米以上	办公楼	商业营业用房	其　他
总　计	**18251303**	**12716755**	**2950222**	**1343610**	**903114**	**808597**	**3822837**
瑶海区	512941	330460	39358	11769		23784	158697
庐阳区	441133	325242	24884	76723	1300	1350	113241
蜀山区	1253655	973573	250379	74085	47483	54217	178382
包河区	2171653	1204515	41971	285375	246289	239840	481009
高新区	2172843	1614861	266397	371829	135982	43691	378309
经开区	1599604	640904	17458	137536	290025	72086	596589
新站区	3646821	2670712	969036	273675	24734	66712	884663
安巢经开区	144519	139233				5000	286
长丰县	1466402	1215381	560942	11791	36605	60657	153759
肥东县	2005669	1356072	349467	1614	117670	126776	405151
肥西县	1419129	1055784	412718	41900		86788	276557
庐江县	896098	768609	8469	31562		11969	115520
巢湖市	520836	421409	9143	25751	3026	15727	80674

5—18 各县（市）区商品房销售情况（2021年）

地　区	商品房销售面积（平方米）	#住　宅	现　房	期　房	商品房销售额（万元）	#住　宅	现　房	期　房
总　计	**18365887**	**15627581**	**1992715**	**16373172**	**24577156**	**22570139**	**1648115**	**22929041**
瑶海区	988139	825515	187572	800567	1300697	1200764	143070	1157627
庐阳区	947978	821285	120710	827268	1536820	1434535	132305	1404515
蜀山区	1173551	1016977	132952	1040599	1453577	1267507	150207	1303371
包河区	3740042	2638208	408727	3331315	6781906	5786023	388613	6393293
高新区	927724	687917	115467	812257	1506081	1343009	64514	1441568
经开区	882490	675642	101072	781418	1098626	975009	51371	1047255
新站区	2150979	2055669	445667	1705312	2293112	2254035	374392	1918720
安巢经开区	115628	115125	8347	107281	104541	104231	5255	99286
长丰县	2364377	2203956	252739	2111638	2640481	2546948	199090	2441391
肥东县	2091399	1891415	81140	2010259	2366389	2276271	47641	2318748
肥西县	1995528	1805511	67383	1928145	2674210	2585961	40268	2633942
庐江县	692956	597781	63500	629456	491271	468347	44024	447247
巢湖市	295098	292582	7440	287658	329445	327500	7366	322079

5—19 各县（市）区按用途分的商品房销售面积（2021年）

单位：平方米

地　区	商品房销售面积	住　宅	#90平方米以下	#144平方米以上	办公楼	商业营业用房	其　他
总　计	**18365887**	**15627581**	**2082940**	**2205344**	**651090**	**516717**	**1570499**
瑶海区	988139	825515	81167	25359	21352	27566	113706
庐阳区	947978	821285	52078	425675	38199	15035	73459
蜀山区	1173551	1016977	235915	178481	34043	33779	88752
包河区	3740042	2638208	131778	542119	359163	236799	505872
高新区	927724	687917	1675	344082	45261	21406	173140
经开区	882490	675642	78108	126777	60224	6619	140005
新站区	2150979	2055669	422268	286739	10923	7950	76438
安巢经开区	115628	115125	7844	1228		503	
长丰县	2364377	2203956	613609	63170	42194	57285	60943
肥东县	2091399	1891415	189694	39027	35941	31500	132543
肥西县	1995528	1805511	239521	76294	3437	46984	139596
庐江县	692956	597781	18549	71555	353	28895	65927
巢湖市	295098	292582	10734	24838		2396	120

5—20 各县（市）区按用途分的商品房待售面积（2021年）

单位：平方米

地区	商品房待售面积	住宅	#90平方米以下	#144平方米以上	办公楼	商业营业用房	其他
总计	**3572669**	**611872**	**54577**	**75803**	**457649**	**832857**	**1670291**
瑶海区	203131	124420	509	208		1186	77525
庐阳区	234645	61126	12237	12266	8835	20862	143822
蜀山区	386293	19951	1031	10639	58992	135664	171686
包河区	1121785	73456	8521	39810	243314	202152	602863
高新区	124926	69334			12	15162	40418
经开区	215675	4276			70130	29217	112052
新站区	564421	66977	5820	1010		165731	331713
安巢经开区	148130	93818	5683	372		39583	14729
长丰县	259876	38765	16746		37556	142506	41049
肥东县	141711	4828	176	2514	23254	24770	88859
肥西县	43697	15808					27889
庐江县	112543	24743	3049	8494	15556	54918	17326
巢湖市	15836	14370	805	490		1106	360

5—21　房地产开发企业当年完成投资50强（2021年）

企业名称		企业名称	
合肥华侨城实业发展有限公司	1	合肥居峰置业有限公司	26
中铁四局集团合肥置业有限公司	2	合肥瑞钰置业有限公司	27
合肥中建孚茂房地产开发有限公司	3	合肥海恒发展股份有限公司	28
合肥融创新越置业有限公司	4	合肥润创房地产开发有限公司	29
合肥和禹房地产开发有限公司	5	合肥瑞远置业有限公司	30
安徽省文一投资控股集团滨江置业有限公司	6	合肥万科东昇地产有限公司	31
安徽信万华房地产开发有限公司	7	安徽皖融置业有限责任公司	32
安徽绿隽置业有限公司	8	安徽瑞正置业有限公司	33
合肥中海宏洋海晟房地产开发有限公司	9	合肥锦湖房地产开发有限公司	34
合肥禹博房地产开发有限公司	10	合肥新辉皓辰地产有限公司	35
合肥中建孚创房地产开发有限公司	11	安徽当代万国府置业有限公司	36
合肥祥创置业有限公司	12	合肥荣盛泽业房地产开发有限公司	37
合肥高新智城发展有限公司	13	合肥宇信龙置业有限公司	38
合肥金玖房地产开发有限公司	14	合肥溢丰房地产开发有限公司	39
合肥瑞盛房地产开发有限公司	15	合肥城建发展股份有限公司	40
中国房地产开发合肥有限公司	16	合肥金骏美合房地产开发有限公司	41
安徽舜鸿房地产开发有限公司	17	合肥市夏一置业有限公司	42
安徽大富至诚房地产开发有限公司	18	安徽皖辉置业有限公司	43
合肥光煜房地产开发有限公司	19	合肥中海海荣房地产有限责任公司	44
安徽大富新时代地产有限公司	20	安徽蜀山城投置业有限责任公司	45
中铁四局集团房地产开发有限公司	21	合肥金郡房地产开发有限公司	46
合肥锦皖源房地产开发有限公司	22	合肥德源房地产开发有限公司	47
合肥招商章盛房地产开发有限公司	23	合肥锦淮房地产开发有限公司	48
绿地集团合肥美湖置业有限公司	24	安徽汇和置业有限公司	49
合肥新城吾悦房地产开发有限公司	25	合肥锦东房地产开发有限公司	50

5—22　房地产开发企业在建开发项目施工面积50强（2021年）

企 业 名 称		企 业 名 称	
合肥华南城有限公司	1	合肥嘉汇置业有限公司	26
安徽新祥源房地产开发有限公司	2	合肥粤泰商业运营管理有限公司	27
合肥高新智城发展有限公司	3	安徽绿隽置业有限公司	28
合肥包河房地产开发有限责任公司	4	合肥万科瑞翔地产有限公司	29
安徽蜀山城投置业有限责任公司	5	祥源花世界生态文化旅游区开发有限公司	30
合肥城建发展股份有限公司	6	合肥联创智融房地产开发有限公司	31
中铁四局集团合肥置业有限公司	7	合肥中建孚创房地产开发有限公司	32
绿地集团合肥美湖置业有限公司	8	安徽大富新时代地产有限公司	33
中国房地产开发合肥有限公司	9	合肥和桂房地产有限公司	34
合肥华侨城实业发展有限公司	10	安徽沪铁房地产开发经营有限公司	35
合肥工投工业科技发展有限公司	11	合肥蓝光房地产开发有限公司	36
合肥海恒发展股份有限公司	12	安徽建银房地产开发有限公司	37
安徽联投地产有限公司	13	合肥居峰置业有限公司	38
合肥锦湖房地产开发有限公司	14	合肥乐富强房地产开发有限公司	39
安徽省文一投资控股集团滨江置业有限公司	15	合肥金郡房地产开发有限公司	40
合肥星泓金融城发展有限公司	16	安徽启迪科技城投资发展有限公司	41
合肥锦顺房地产开发有限公司	17	合肥苏宁悦城置业有限公司	42
合肥世茂房地产开发有限公司	18	金隅京华房地产开发合肥有限公司	43
安徽蓝鼎置地集团有限公司	19	合肥溢丰房地产开发有限公司	44
安徽宝利丰投资发展有限公司	20	合肥万科金湾地产有限公司	45
合肥中建孚茂房地产开发有限公司	21	合肥恒瑞置业有限公司	46
合肥翔洲房地产开发有限公司	22	合肥皖投置业有限责任公司	47
淮矿地产安徽东方蓝海有限公司	23	合肥中筑置业发展有限公司	48
安徽省高速登科房地产开发有限公司	24	安徽乾泰房地产开发有限公司	49
安徽信万华房地产开发有限公司	25	安徽皖融置业有限责任公司	50

5—23　房地产开发企业销售面积50强（2021年）

企业名称		企业名称	
中铁四局集团合肥置业有限公司	1	合肥荣盛盛业房地产开发有限公司	26
合肥华侨城实业发展有限公司	2	合肥金玖房地产开发有限公司	27
安徽蜀山城投置业有限责任公司	3	合肥金郡房地产开发有限公司	28
合肥城建发展股份有限公司	4	合肥翔洲房地产开发有限公司	29
安徽大富新时代地产有限公司	5	合肥达桂房地产开发有限公司	30
安徽粮海房地产开发有限公司	6	合肥毓秀峰置业有限公司	31
安徽省文一投资控股集团滨江置业有限公司	7	合肥瑞盛房地产开发有限公司	32
金隅京华房地产开发合肥有限公司	8	合肥中海宏洋海晟房地产开发有限公司	33
合肥锦湖房地产开发有限公司	9	安徽省通和房地产集团合肥有限公司	34
合肥和禹房地产开发有限公司	10	合肥祥皖置业有限公司	35
合肥皖投置业有限责任公司	11	安徽信万华房地产开发有限公司	36
合肥光明置业有限公司	12	合肥联辉房地产开发有限公司	37
合肥兴裕房地产开发有限公司	13	合肥城建东庐置业有限公司	38
祥源花世界生态文化旅游区开发有限公司	14	合肥瑞钰置业有限公司	39
安徽佳创房地产开发有限公司	15	合肥光煜房地产开发有限公司	40
合肥居峰置业有限公司	16	合肥新辉皓辰地产有限公司	41
合肥世茂欣源茂房地产开发有限公司	17	合肥润置房地产开发有限公司	42
合肥万科东昇地产有限公司	18	合肥东锦置业投资有限公司	43
合肥皖德房地产开发有限公司	19	合肥皖投东方置业有限责任公司	44
安徽尚景置业有限公司	20	安徽汇和置业有限公司	45
合肥苏宁悦城置业有限公司	21	合肥保利和裕房地产有限公司	46
安徽绿隽置业有限公司	22	合肥荣邦房地产开发有限公司	47
合肥禹博房地产开发有限公司	23	合肥金骏美合房地产开发有限公司	48
合肥新城吾悦房地产开发有限公司	24	合肥中海海惠房地产有限公司	49
庐江碧城房地产开发有限公司	25	合肥碧腾房地产有限公司	50

主要统计指标解释

固定资产投资

固定资产投资额是以货币表现的建造和购置固定资产活动的工作量，它是反映固定资产投资规模、速度、比例关系和使用方向的综合性指标。固定资产投资按经济类型可分为国有、集体、个体、联营、股份制、外商、港澳台商、其他等。按照管理渠道，固定资产投资统计的范围包括：⑴500万元以上项目投资；⑵房地产开发投资。

房地产开发投资

指房地产开发公司、商品房建设公司及其他房地产开发法人单位和附属于其他法人单位实际从事房地产开发或经营的活动单位统一开发的包括统代建、拆迁还建的住宅、厂房、仓库、饭店、宾馆、度假村、写字楼、办公楼等房屋建筑物和配套的服务设施，土地开发工程（如道路、给水、排水、供电、供热、通讯、平整场地等基础设施工程）的投资；不包括单纯的土地交易活动。

固定资产投资的资金来源

根据固定资产投资的资金来源不同，分为国家预算内资金、国内贷款、利用外资、自筹资金和其他资金来源。

⑴国家预算内资金：指中央财政和地方财政中由国家统筹安排的基本建设拨款和更新改造拨款，以及中央财政安排的专项拨款中用于基本建设的资金和基本建设拨款改贷款的资金等。

⑵国内贷款：指报告期内企、事业单位向银行及非银行金融机构借入的用于固定资产投资的各种国内借款。包括银行利用自有资金及吸收的存款发放的贷款、上级主管部门拨入的国内贷款、国家专项贷款（包括煤代油贷款、劳改煤矿专项贷款等）、地方财政专项资金安排的贷款、国内储备贷款、周转贷款等。

⑶利用外资：指报告期内收到的用于固定资产投资的国外资金，包括统借统还、自借自还的国外贷款，中外合资项目中的外资，以及对外发行债券和股票等。国家统借统还的外资指由我国政府出面同外国政府、团体或金融组织签订贷款协议、并负责偿还本息的国外贷款。

⑷自筹资金：指建设单位报告期内收到的，用于进行固定资产投资的上级主管部门、地方和企、事业单位自筹资金。

⑸其他资金来源：指报告期内收到的除以上各种拨款。

固定资产投资按建设性质分

建设项目的性质一般分为新建、扩建、改建、迁建、恢复。基本建设按建设项目划分建设性质，更新改造、国有单位其他固定资产投资及城镇集体投资等按整个企业、事业单位的建设情况确定建设性质，房地产开发单位、农村投资等投资不划分建设性质。

⑴新建：一般是指从无到有、“平地起家”新开始建设的单位。有的单位原有的基础很小，经过建设后其新增加的固定资产价值超过原有固定资产价值（原值）三倍以上的也算新建。

⑵扩建：一般是指为扩大原有产品的生产能力，在厂内或其他地点增建主要生产车间（或主要工程）、独立的生产线或分厂的企业；事业单位和行政单位在原单位增建业务用房（如学校增建教学用房、医院增建门诊部或病床用房、行政机关增建办公楼等）也作为扩建。

⑶改建：一般是指现有企业、事业单位为了技术进步，提高产品质量，增加花色品种，促进产品升级换代，降低消耗和成本，加强资源综合利用和三废治理、劳保安全等，采用新技术、新工艺、新设备、新材料等对现有设施、工艺条件进行技术改造或更新（包括相应配套的辅助性生产、生活福利设施）。有的企业为充分发挥现有生产能力，进行填平补齐而增建不增加本单位主要产品生产能力的车间等，也属于改建。

固定资产投资按构成分

固定资产投资活动按其工作内容和实现方式分为建筑安装工程，设备、工具、器具购置，其他费用三个部分。

⑴建筑安装工程（建筑安装工作量）：指各种房屋、建筑物的建造工程和各种设备、装置的安装工程。包括各种房屋建造工程，各种用途设备基础和各种工业窑炉的砌筑工程；为施工而进行的各种准备工作和临时工程以及完工后的清理工作等；铁路、道路的铺设，矿井的开凿及石油管道的架设等；水利工程；防空地下建筑等特殊工程；以及各种机械设备的安装工程；为测定安装工程质量，对设备进行的试运工作。在安装工程中，不包括被安装设备本身的价值。

⑵设备、工具、器具购置：指购置或自制达到固定资产标准的设备、工具、器具的价值，固定资产的标准按财务部门规定。新建单位、扩建单位的新建车间按照设计和计划要求购置或自制的全部设备、工具、器具，不论是否达到固定资产标准均计入“设备、工具、器具购置”中。

⑶其他费用：指在固定资产建造和购置过程中发生的，除建筑安装工程和设备、工具、器具购置以外的各种应摊入固定资产的费用。

土地购置费

指房地产开发企业通过各种方式取得土地使用权而支付的费用。土地购置费包括：（1）通过划拨方式取得的土地使用权所支付的土地补偿费、附着物和青苗补偿费、安置补偿费及土地征收管理费等；（2）通过“招、拍、挂”等出让方式取得土地使用权所支付的资金。以划拨方式取得土地所支付的资金在房地产项目竣工后计入新增固定资产，以出让方式取得土地所有权所支付的出让金不计入新增固定资产。土地购置费按当期实际发生额计入投资。土地购置费为分期付款的，应分期计入房地产开发投资。

住宅

指专供居住的房屋，包括别墅、公寓、职工家属宿舍和集体宿舍（包括职工单身宿舍和学生宿舍）等。但不包括住宅楼中作为人防用、不住人的地下室等。

别墅、高档公寓

指建筑造价和销售价格明显高于一般商品住宅的商品住宅。别墅一般指地处郊区，独立成栋的商品住宅；高档公寓一般指地处市内高档社区，高层或多层的商品住宅。别墅、高档公寓的确定标准：一是经有房地产投资计划审批权的主管部门审批建设的别墅、高档公寓开发项目；二是销售价格高于当地同等地段商品住宅平均销售价格一倍以上的别墅、公寓开发项目。该指标可以分析房地产投资结构，反映高收入家庭商品住宅的供求平衡情况。

办公楼

指企业、事业、机关、团体、学校、医院等单位使用的各类办公用房（又称写字楼）。

商业营业用房

指商业、粮食、供销、饮食服务业等部门对外营业的用房，如度假村、饭店、商店、门市部、粮店、书店、供销店、饮食店、菜店、加油站、日杂等房屋。

房屋施工面积

指报告期内施工的全部房屋建筑面积。包括本期新开工的房屋建筑面积、上期跨入本期继续施工的房屋建筑面积、上期停缓建在本期恢复施工的房屋建筑面积、本期竣工的房屋建筑面积以及本期施工后又停缓建的房屋建筑面积。多层建筑应填各层建筑面积之和。

房屋竣工面积

指报告期内房屋建筑按照设计要求已全部完工，达到住人和使用条件，经验收鉴定合格或达到竣工验收标准，可正式移交使用的各栋房屋建筑面积的总和。

商品房销售面积

指报告期内出售商品房屋的合同总面积（即双方签署的正式买卖合同中所确定的建筑面积）。本月销售面积指从本月 1 日起至本月最后一天止出售商品房屋的合同总面积。商品房销售面积由现房销售面积和期房销售面积两部分组成。

商品房销售额

指报告期内出售商品房屋的合同总价款（即双方签署的正式买卖合同中所确定的合同总价）。本月销售额指从本月 1 日起至本月最后一天止出售商品房屋的合同总价款。该指标与商品房销售面积同口径，由现房销售额和期房销售额两部分组成。

待售面积

指报告期末已竣工的可供销售或出租的商品房屋建筑面积中，尚未销售或出租的商品房屋建筑面积，包括以前年度竣工和本期竣工的房屋面积，但不包括报告期已竣工的拆迁还建、统建代建、公共配套建筑、房地产公司自用及周转房等不可销售或出租的房屋面积。按照商品房待售时间的长短可以划分为待售一年以下、待售一到三年（含一年）和待售三年以上（含三年）。

本年土地购置面积

指在本年内通过各种方式获得土地使用权的土

地面积。

本年土地成交价款

指进行土地使用权交易活动的最终金额。在土地一级市场，是指土地最后的划拨款、“招拍挂”价格和出让价；在土地二级市场是指土地转让、出租、抵押等最后确定的合同价格。土地成交价款与土地购置面积同口径，可以计算土地的平均购置价格。

第六篇

能源生产和消费

简要说明

一、本篇包括的主要内容有：能源消费及品种构成，能源生产和消费弹性系数，地区能源消费和单位GDP能耗，分行业分主要能源品种的消费量等。

二、本篇6-6、6-7、6-8表由市供电公司提供；其他资料取自市统计局能源处，按照国家统计局报表制度逐级汇总整理。

6—1 能源消耗指标

年份	单位GDP能耗（等价值）		单位工业增加值能耗（规模以上，当量值）		单位GDP电耗	
	指标值（吨标准煤/万元）	比上年上升或下降（±%）	指标值（吨标准煤/万元）	比上年上升或下降（±%）	指标值（千瓦时/万元）	比上年上升或下降（±%）
2010	0.53	-3.50	0.50	-18.41	586.24	-0.49
2015	0.40	-6.44	0.37	-13.48	462.13	-2.62
2019	0.30	-3.01		6.00	462.67	1.23
2020	0.29	-1.97		-6.40	452.23	-2.35
2021	0.24	-3.20		-12.16	406.51	6.30

6—2 能源消费弹性系数

年份	能源消费比上年增长(%)	电力消费比上年增长(%)	合肥生产总值比上年增长(%)	能源消费弹性系数	电力消费弹性系数
2010	13.44	16.97	16.4	0.82	1.03
2015	3.35	7.57	10.3	0.33	0.73
2019	4.31	8.88	7.5	0.57	1.18
2020	2.28	1.89	4.3	0.53	0.44
2021	5.70	16.09	9.2	0.62	1.75

6—3 主要年份地区能源消费与单位GDP能耗

指标	2010	2015	2020	2021
能源消费总量（等价值）（万吨标准煤）	**1575.50**	**2103.20**	**2464.29**	**2604.02**
第一产业能源消费	26.12	46.28	54.89	57.69
第二产业能源消费	925.72	1078.53	1158.97	1241.82
工业能源消费	826.30	937.84	1018.78	1096.86
规模以上工业	642.63	781.22	895.43	987.84
规模以下工业	183.67	156.62	123.35	109.02
建筑业能源消费	99.41	140.69	140.19	144.96
第三产业能源消费	371.93	661.09	844.29	889.31
#交通运输业能源消费	164.94	240.67	281.48	301.75
居民生活用能	251.73	317.30	406.14	415.20
城市居民	179.77	220.86	287.19	294.94
农村居民	71.97	96.44	118.95	120.26
单位GDP能耗（等价值）（吨标准煤/万元）	**0.53**	**0.40**	**0.29**	**0.24**

6—4 能源消费总量及电力生产和消费量

年 份	能源消费总量（万吨标准煤）	电力生产量（亿千瓦时）	电力消费量（亿千瓦时）
2010	1575.50	80.30	123.91
2015	2103.20	172.07	243.26
2019	2409.39	243.29	375.46
2020	2464.29	237.22	382.55
2021	2604.02	243.37	444.11

6—5 电力生产弹性系数

年 份	电力生产比上年增长（%）	合肥生产总值比上年增长（%）	电力生产弹性系数
2010	9.79	16.4	0.60
2015	-7.37	10.3	
2019	34.10	7.5	4.55
2020	-3.20	4.3	
2021	2.20	9.2	0.24

6—6 主要年份全社会用电情况

单位：万千瓦时

项 目	2010	2015	2019	2020	2021
全社会用电量总计	**1239099**	**2432570**	**3754592**	**3825530**	**4441100**
全行业用电量合计	947323	2010149	3070935	3121308	3714866
第一产业	6121	20054	25670	24475	28445
第二产业	682576	1378605	1956613	1985119	2336395
第三产业	258626	611488	1088652	1111714	1350026
城乡居民生活用电量合计	291776	422420	683656	704222	726234
城镇居民	227706	294716	496872	517235	534893
乡村居民	64070	127705	186784	186987	191342
分行业用电					
农、林、牧、渔业		20054	39311	39124	37501
工 业		1309297	1863152	1899843	2232786
建筑业		69307	93870	85763	104070
交通运输、仓储和邮政业		51185	121065	129489	163163
信息传输、软件和信息技术服务业		33621	59204	66292	80729
批发和零售业		115919	187170	182621	229851
住宿和餐饮业		35071	53445	47113	56386
金融业		11211	27797	31180	40287
房地产业		98626	182609	191781	233239
租赁和商务服务业		101293	72256	68027	83525
公共服务及管理组织		164562	371056	380074	453329

6—7 分行业工业用电量

单位：万千瓦时

行 业	2020年	2021年
消费总量	**1899843**	**2232786**
煤炭开采和洗选业	26	33
石油和天然气开采业		1
黑色金属矿采选业	25165	31399
有色金属矿采选业	16619	18044
非金属矿采选业	1090	646
其他采矿活动	85	153
农副食品加工业	23539	27709
食品制造业	25719	29208
酒、饮料及精制茶制造业	8965	11071
烟草制品业	4093	4487
纺织业	15680	17978
纺织服装、服饰业	4963	6431
皮革、毛皮、羽毛及其制品和制鞋业	2818	2884
木材加工和木、竹、藤、棕、草制品业	6929	8187
家具制造业	9398	13364
造纸和纸制品业	15291	18389
印刷和记录媒介复制业	9274	10776
文教、工美、体育和娱乐用品制造业	2935	2820
石油、煤炭及其他燃料加工业	492	550
化学原料和化学制品制造业	160957	169398
医药制造业	20416	25386
化学纤维制造业	40891	51922
橡胶和塑料制品业	112696	130332
非金属矿物制品业	177329	196377
黑色金属冶炼和压延加工业	23497	27492
有色金属冶炼和压延加工业	23911	20334
金属制品业	89961	111131
通用设备制造业	54577	66508
专用设备制造业	55630	61854
汽车制造业	44135	51010
铁路.船舶.航空航天和其他运输设备制造业	21590	24387
电气机械和器材制造业	163472	202879
计算机、通信和其他电子设备制造业	463901	572841
仪器仪表制造业	1180	1614
其他制造业	43384	54609
废弃资源综合利用业	3790	5071
金属制品、机械和设备修理业	487	461
电力、热力生产和供应业	173116	195290
燃气生产和供应业	2087	2249
水的生产和供应业	49753	57510

6—8 主要年份电力建设情况

指　　标		2010	2015	2019	2020	2021
全社会用电量	**（亿千瓦时）**	**123.91**	**243.26**	**375.46**	**382.55**	**444.11**
线损率	**（%）**	**5.66**	**6.03**	**4.41**	**4.20**	**4.10**
架空线长度	**（公里）**	**3190.40**	**5192.91**	**6977.30**	**7549.91**	**8033.99**
500KV		927.55				
220KV		600.85	1297.31	2030.66	2078.25	2157.31
110KV		803.37	1689.01	2474.27	2266.37	2538.63
35KV		858.63	2206.59	2472.37	3205.30	3337.95
电缆长度	**（公里）**	**96.21**	**891.65**	**531.85**	**603.07**	**671.17**
220KV			33.36	22.39	25.60	29.05
110KV		89.37	749.94	252.74	407.14	442.61
35KV		6.84	108.35	256.73	170.34	199.51
公用变电容量	**（万千伏安）**	**1339.11**	**2068.30**	**2586.92**	**2739.50**	**2920.43**
500KV		260.00				
220KV		528.00	1032.00	1278.00	1374.00	1422.00
110KV		511.65	914.85	1150.60	1214.60	1345.90
35KV		39.46	121.45	158.32	150.90	152.53
用电最高负荷	**（万千瓦）**	**273.89**	**506.30**	**784.10**	**845.20**	**853.40**

注：用电最高负荷不含巢湖市、庐江县。

6—9 主要年份规模以上工业主要能源品种消费量

能源名称		2010	2015	2019	2020	2021
原　　煤	（万吨）	534.38	1097.18	1328.60	1303.77	1357.61
#洗 精 煤		47.06	0.07			
其他洗煤		17.71	0.03	0.01		
焦　　炭	（万吨）	56.75	58.68	0.54	0.38	0.26
天 然 气	（亿立方米）	0.70	1.61	4.16	4.57	5.34
汽　　油	（万吨）	2.10	2.08	1.27	0.67	0.60
煤　　油	（万吨）	0.07	0.04	0.01		
柴　　油	（万吨）	5.47	5.87	5.10	4.08	4.59
燃 料 油	（万吨）	0.22	0.01	0.28	0.42	0.17
热　　力	（万百万千焦）	861.35	1393.26	1082.04	1395.03	1484.16
电　　力	（亿千瓦时）	79.61	139.9	183.75	189.24	211.71
生物质能	（万吨标准煤）		8.45	8.98	7.63	8.06

6—10 规模以上工业能源购进、消费及库存（2021年）

能源名称		年初库存量	购进量		工业生产消费量			年末库存量
			实物量	购自省外	实物量	用于原材料	运输工具消费	
原　煤	（吨）	606563	13780226	3145682	13576110	1032699		810581
＃无烟煤		34027	1158049	1157594	1135102	1032699		56879
一般烟煤		572387	12621488	1988088	12440535			753338
焦　炭	（吨）	5	2608	2577	2608	2577		5
天然气	（万立方米）	6	53565		53418		3	14
液化天然气	（吨）	10	1762		1780			
汽　油	（吨）	72	6864	351	5983		4793	44
煤　油	（吨）		20		21			
柴　油	（吨）	1298	48701	386	45933	2	33732	875
燃料油	（吨）	87	2237		2219			105
液化石油气	（吨）		280	31	280	90	26	
润滑油	（吨）	405	1178	630	801	5		3
其他石油制品	（吨）	65	11005		1668			59
电　力	（万千瓦时）		7807665		2117123		10033	
热　力	（百万千焦）		6374807		14841587			

6—11 分行业规模以上工业主要能源品种消费量（2021年）

行业	原煤（吨）	焦炭（吨）	天然气（万立方米）	液化天然气（吨）	汽油（吨）
消费总量	**13576110**	**2608**	**53418**	**1780**	**5983**
黑色金属矿采选业					
有色金属矿采选业					
非金属矿采选业					
农副食品加工业	61		1481	159	107
食品制造业			2418	489	2
酒、饮料和精制茶制造业	566		40		120
烟草加工业			198		
纺织业			151	18	3
纺织服装、鞋、帽制造业			184		41
皮革、毛皮、羽毛及其制品和制鞋业			8	9	15
木材加工及竹、藤、棕、草制品业			82		8
家具制造业			61		50
造纸及纸制品业			420		41
印刷业、记录媒介的复制			292		114
文教体育用品制造业			10		26
石油加工、炼焦及核燃料加工业					
化学原料及化学制品制造业	1918905		3523		101
医药制造业			457		5
化学纤维制造业			19		
橡胶和塑料制品业	9		9985	6	290
非金属矿物制品业	1585851	2577	11570	207	150
黑色金属冶炼和压延加工业			4104		192
有色金属冶炼和压延加工业	36392		2931		17
金属制品业			2507	327	415
通用设备制造业		31	2916		773
专用设备制造业			276		431
汽车制造业			3600	31	252
铁路船舶航空航天和其他运输设备制造业			72		
电气机械和器材制造业			1915	155	515
计算机、通信和其他电子设备制造业			3927		859
仪器仪表制造业					340
其他制造业			34		
废弃资源综合利用业	1640		132	369	
金属制品、机械和设备修理业			49		19
电力、热力生产和供应业	10032684		54	10	909
燃气生产和供应业					2
水的生产和供应业					187

煤　油 (吨)	柴　油 (吨)	燃料油 (吨)	液化石油气 (吨)	润滑油 (吨)	其他石油制品 (吨)	热　力 (百万千焦)	电　力 (万千瓦时)	其他能源 (吨标煤)
21	**45933**	**2219**	**280**	**801**	**1668**	**14841587**	**2117123**	**80642**
	941						22343	
							16429	
							4531	
	55	591				666840	20593	543
	10		46			149931	16242	1401
	6					297009	8913	119
	9					26713	2881	
						15248	14219	
						18557	4437	
							1156	
	34						1504	
	105					5	8598	
	95					10486	5759	789
	74		39			40125	9756	
	21						858	
							112	
	156					5584490	206011	7322
	5					308837	11204	
						816802	6335	
	1104			31		1901955	135696	
	34898	1616	63	23		4235425	174701	7532
	3					248657	25054	
	12						10536	
6	549		11		36	29927	59679	
11	1899		90	215	90		71281	
	1321	6		18	987	74772	28358	
2	1912	5	31	509	555	86242	59854	
	8						4222	
2	736			6		107413	160005	
	72					167735	490193	
	9						1601	
	12						942	
	1					54419	1170	
	161						1319	
	1612						492739	62935
	1						2070	
	112						35823	

6—12 分行业规模以上工业用水情况（2021年）

单位：万立方米

行业	工业取水总量	地表水	地下水	自来水	其他水	重复用水数量
消费总量	**108418.21**	**92042.03**	**158.31**	**14301.08**	**807.06**	**391761.11**
煤炭开采和洗选业						
黑色金属矿采选业	636.70	92.54		71.89		2880.93
有色金属矿采选业	223.37	129.89		27.78		1204.67
非金属矿采选业	100.51	64.86	0.27	0.84	0.06	57.96
农副食品加工业	253.12	4.07	3.59	245.46		2.24
食品制造业	428.26		1.17	426.80		2.81
酒、饮料和精制茶制造业	310.04			304.75	5.29	9.50
烟草加工业	17.67			17.67		7.73
纺织业	48.24	4.45		43.79		0.44
纺织服装、鞋、帽制造业	112.23	9.88		102.36		
皮革、毛皮、羽毛及其制品和制鞋业	17.64	0.83	2.35	14.46		4.93
木材加工及竹、藤、棕、草制品业	10.74			10.74		
家具制造业	46.17			46.16		0.13
造纸及纸制品业	46.21	10.98		35.22		15.17
印刷业、记录媒介的复制	80.96	0.28	0.56	80.12		
文教体育用品制造业	20.85		0.15	20.70		0.19
石油加工、炼焦及核燃料加工业	0.30			0.30		
化学原料及化学制品制造业	3322.27	1983.83	2.94	628.59	706.91	104412.30
医药制造业	218.23			218.23		6.63
化学纤维制造业	39.27			39.27		
橡胶和塑料制品业	484.93	0.65	1.76	482.48	0.04	3238.87
非金属矿物制品业	1399.63	549.30	120.04	714.95	2.99	3258.70
黑色金属冶炼和压延加工业	85.61	37.08		39.38	9.14	11756.86
有色金属冶炼和压延加工业	39.50			39.50		9.88
金属制品业	385.35	3.34	3.19	378.56	0.26	7.03
通用设备制造业	530.57	16.58	11.47	502.23	0.30	15.78
专用设备制造业	231.77	1.00	1.39	229.35	0.02	11.30
汽车制造业	577.55	37.51	0.55	539.14	0.34	3637.70
铁路船舶航空航天和其他运输设备制造业	138.10		7.07	131.03		0.45
电气机械和器材制造业	1408.85	0.40	1.05	1405.65	1.74	9.54
计算机、通信和其他电子设备制造业	4234.60	0.53	0.21	4154.51	77.49	51440.28
仪器仪表制造业	25.71			25.71		0.88
其他制造业	9.82		0.32	9.50		
废弃资源综合利用业	19.14	3.08		13.57	2.48	
金属制品、机械和设备修理业	15.26			15.26		0.32
电力、热力生产和供应业	5540.09	4559.63	0.20	457.48		209767.90
燃气生产和供应业	16.96			16.96		
水的生产和供应业	87341.99	84531.31		2810.68		

6—13 各县（市）区能源消耗指标（2021年）

地区	单位GDP能耗（等价值）		单位工业增加值能耗（规模以上，当量值）		单位GDP电耗	
	指标值（吨标准煤/万元）	比上年上升或下降(±%)	指标值（吨标准煤/万元）	比上年上升或下降(±%)	指标值（千瓦时/万元）	比上年上升或下降(±%)
全市	**0.24**	**-3.20**		**-12.16**	**406.51**	**6.30**
瑶海区	0.28	-2.48		-4.02		
庐阳区	0.22	-2.01		0.98		
蜀山区	0.19	-3.18		-1.29		
包河区	0.18	-2.05		-3.78		
高新区	0.12	-4.17		-13.37		
经开区	0.15	-1.84		-10.13		
新站区	0.42	-4.71		-8.22		
安巢经开区	0.20	-5.54		-7.49		
长丰县	0.28	-3.82		-13.69	474.93	6.18
肥东县	0.43	-3.75		-4.54	422.86	2.96
肥西县	0.23	-2.71		14.07	511.03	3.19
庐江县	0.24	-5.49		-13.71	507.57	3.68
巢湖市	0.55	-4.39		-12.61	667.64	5.23

6—14 各县（市）区规模以上工业用水情况（2021年）

单位：万立方米

地区	工业取水总量	地表水	地下水	自来水	其他水	重复用水数量
全市	**108418.21**	**92042.03**	**158.31**	**14301.08**	**807.06**	**391761.11**
瑶海区	64847.69	64821.78		25.91		0.08
庐阳区	1488.67	916.11	2.97	109.73		44412.00
蜀山区	994.63	510.05	0.18	480.68		4144.47
包河区	269.07	0.77	7.93	260.37		6.57
高新区	1455.82	2.96	0.01	1452.85		2599.83
经开区	2317.02		6.13	2297.63	12.97	2788.99
新站区	2508.00	0.18	0.73	2420.89	84.34	33831.07
安巢经开区	168.86	40.47	0.01	125.79	2.61	90.59
长丰县	4663.91	2745.18	19.09	1865.96	26.98	17799.02
肥东县	14863.91	13494.20	31.14	659.12	679.45	160573.63
肥西县	3876.96	123.67	22.86	3727.93	0.61	754.59
庐江县	4624.30	3454.86	60.55	473.52		60526.69
巢湖市	6339.36	5931.82	6.72	400.68	0.11	64233.60

主要统计指标解释

能源消费总量

指全市国民经济各行业和居民家庭在一定时期消费的各种能源的总和。能源消费总量分为终端能源消费量、能源加工转换损失量和损失量三部分。

⑴终端能源消费量：指一定时期内全省生产和生活消费的各种能源在扣除了用于加工转换二次能源消费量和损失量以后的数量。

⑵能源加工转换损失量：指一定时期内全省投入加工转换的各种能源数量之和与产出各种能源产品之和的差额，是观察能源在加工转换过程中损失量变化的指标。

⑶能源损失量：指一定时期内能源在输送、分配、储存过程中发生的损失和由客观原因造成的各种损失量，不包括各种气体能源放空、放散量。

能源消费弹性系数

是指能源消费增长速度与国民经济增长速度之间的比值。计算公式为：

能源消费弹性系数＝能源消费量年平均增长速度/国民经济年平均增长速度

国民经济年平均增长速度，可根据不同的目的或需要，用国民生产总值、国内生产总值等指标来计算，本年鉴是采用国内生产总值指标计算的。

电力消费弹性系数

是指电力消费增长速度与国民经济增长速度之间的比值。计算公式为：

电力消费弹性系数＝电力消费量年平均增长速度/国民经济年平均增长速度

电力生产弹性系数

是指电力生产增长速度与国民经济增长速度之间的比值。计算公式为：

电力生产弹性系数＝电力生产量年平均增长速度/国民经济年平均增长速度

第七篇

财政、金融、保险

简要说明

一、本篇反映全市财政收支、金融保险证券业发展状况。

二、财政收支资料来源于市财政局财政决算。

三、金融保险证券业资料有以下三个部分：一是反映金融机构人民币存贷款情况，资料由中国人民银行合肥中心支行和中国人民银行巢湖中心支行提供；二是反映保险业务情况，资料由中国银行保险监督管理委员会安徽监管局提供；三是反映股票发行及筹资情况，资料由中国证券监督管理委员会安徽监管局和合肥市地方金融监督管理局提供。

7—1 主要年份一般公共预算收入

单位：万元

年份	全市	长丰县	肥东县	肥西县	庐江县	巢湖市
2000	243797	12975	18383	15435		
2005	576372	16574	30449	32510		
2010	2594283	81879	107614	137881		
2015	5715440	278430	251335	373959	169377	178739
2016	6148493	333302	316559	421228	175483	178428
2017	6559039	351083	356514	466847	176225	183327
2018	7124862	388338	418575	515176	192673	206164
2019	7459934	415482	458393	507121	204150	231590
2020	7629009	430458	487374	545263	205949	232186
2021	8442188	498759	557513	590325	236973	255215

7—2 主要年份财政支出

单位：万元

年份	全市	长丰县	肥东县	肥西县	庐江县	巢湖市
1985	17808	1505	2088	2014		
1990	38817	3387	4706	4429		
1995	85848	9612	12755	13369		
2000	257798	21331	27800	24010		
2005	734118	46544	63925	62713		
2010	3177157	201932	258515	250863		
2015	7726920	483106	517647	616229	497628	398609
2016	8598503	543990	570779	643069	517552	407601
2017	9653444	616596	723901	697684	584480	434571
2018	10049099	680315	760836	766358	626360	506823
2019	11226669	788569	918990	863962	710468	605142
2020	11643459	859546	957440	918210	821307	670168
2021	12237236	885007	909622	883616	749428	668083

7—3 一般公共预算收入情况（2021年）

指标	全市	市本级	瑶海区	庐阳区	蜀山区	包河区
一般公共预算收入	**8442188**	**3644665**	**186262**	**310493**	**365601**	**639556**
税收收入	6388156	2393362	133628	242724	329320	589719
增值税	2818787	1090809	53240	71918	95912	206305
企业所得税	763689	277405	9864	60076	34430	74296
个人所得税	247863	88752	3964	14775	18039	20581
资源税	17457				2	
城市维护建设税	430183	212881	8150	12589	21184	30064
房产税	351965		19045	44726	44703	57377
印花税	135716		5186	10848	13044	20164
城镇土地使用税	155580	91322				
土地增值税	555854		34177	27780	101981	180881
车船税	69834	22667				
耕地占用税	21233	6710				
契　税	817718	601996				
环境保护税	721	199				
其他税收收入	1556	621	2	12	25	51
非税收入	2054032	1251303	52634	67769	36281	49837
专项收入	1228388	930396	625	2202	4722	3180
教育费附加收入	201458	151532				
地方教育附加收入	124359	91241				
文化事业建设费收入	4					
残疾人就业保障金收入	28396	15776	625	1739	2887	3037
教育资金收入	393473	306000				
农田水利建设资金收入	393473	306000				
森林植被恢复费	5773	1008		463	1835	143
水利建设专项收入	81220	58839				
其他专项收入	232					
行政事业性收费收入	205627	84356	12657	19287	3495	9031
罚没收入	124796	53419	7000	4298	1360	7011
国有资本经营收入						
国有资源（资产）有偿使用收入	281182	76008	10584	36066	11844	24923
捐赠收入	34912	641	13236	4426	5518	4915
政府住房基金收入	80137	66650			77	
其他收入	98990	39833	8532	1490	9265	777

单位：万元

高新区	经开区	新站区	安巢经开区	长丰县	肥东县	肥西县	庐江县	巢湖市
468447	**397188**	**236219**	**54972**	**498759**	**557513**	**590325**	**236973**	**255215**
451253	381295	221841	44036	354386	417817	435986	194859	197930
218270	181413	80376	20311	181648	227945	197772	105349	87519
86617	58453	40004	2413	26089	21684	29440	19443	23475
43365	19672	9734	955	5622	6727	8357	2788	4532
			1	5			11217	6232
26272	21614	13391	2991	18323	20998	20906	10635	10185
40733	44114	27903	2000	17043	16104	23515	5857	8845
20173	28197	8651	665	6207	7317	10072	2323	2869
			3173	14670	13988	17196	7167	8064
15823	27697	41779	8907	28756	16641	59602	4351	7479
			3	1096	23747	1503	1968	18850
			46	997	1551	4239	5769	1921
			2566	53908	60512	63343	17792	17601
			5	22	86	39	200	170
	135	3			517	2		188
17194	15893	14378	10936	144373	139696	154339	42114	57285
		6	2878	90245	89333	64550	15871	24380
			1260	10871	13664	12921	6208	5002
			840	7232	9101	8475	4136	3334
				1		1	1	1
			140	1159	1155	1138	499	241
				32575	29569	17953	1000	6376
				32575	29569	17953	1000	6376
		6		454	226	674	548	416
			638	5378	5943	5435	2353	2634
					106		126	
3942	1351	442	124	16780	17676	20998	7980	7508
1060	1138	1059	634	8214	8307	9374	7807	14115
4694	5445	7120	7128	23627	23803	33916	6235	9789
1465	2929	1122			251	409		
6001	3595	2440	135	224	251			764
32	1435	2189	37	5283	75	25092	4221	729

7—4 财政支出情况（2021年）

指　　标	全　　市					
		市本级	瑶海区	庐阳区	蜀山区	包河区
一般公共预算支出	**12237236**	**4169374**	**428899**	**356836**	**455872**	**652110**
一般公共服务	773216	207455	31388	23338	40308	48402
国　防	8937	5289	414	61	24	39
公共安全	440714	256159	6188	8023	5698	11334
教　育	2101977	454150	168924	118912	143337	196276
科学技术	1740822	484290	1854	13352	15337	74383
文化旅游体育与传媒	103594	63877	844	773	1146	4077
社会保障和就业	991021	191914	25653	31600	45665	47715
卫生健康支出	810832	389891	18666	23185	29421	29437
节能环保	442780	214239	453	12842	5752	30708
城乡社区	2752109	1283288	162543	97569	139855	171151
农林水	868695	73697	589	13289	7821	12690
交通运输	190188	130289	1	301	119	160
资源勘探信息等	162888	26960	1928	2328	3590	90
商业服务业等	140378	68117	451	2238	7090	7354
金　融	10102	4450	225	35	105	140
自然资源海洋气象等	109547	66901				
住房保障支出	360768	148898	6178	3748	6189	13977
粮油物资储备	16190	5355			558	180
灾害防治及应急管理	53321	22501	808	2021	914	1678
其他支出	7205	2				
债务付息支出	151330	71302	1784	3221	2943	2310
债务发行费用支出	622	350	8			9

单位：万元

高新区	经开区	新站区	安巢经开区	长丰县	肥东县	肥西县	庐江县	巢湖市
754403	**524346**	**693306**	**106334**	**885007**	**909622**	**883616**	**749428**	**668083**
15117	19430	12413	14754	73996	87981	77903	68136	52595
48	40	43		220	955	279	605	920
37	6376			33377	33757	29992	22720	27053
78190	104730	88209	5294	153957	157225	146106	152648	134019
345035	167191	362713	18139	84121	107580	45613	8936	12278
869	782	246	657	6386	7589	8550	4662	3136
10140	21511	8311	1265	95423	149657	89056	142788	130323
9194	12142	8193	373	58270	55685	65361	64603	46411
9522	8442	7241	1059	30126	55345	27043	17327	22681
233879	103742	123612	42685	107681	25322	153876	38852	68054
1256	4078	4260	24	162059	154746	162409	156432	115345
	3	3	24	12904	9106	15968	13511	7799
29658	28755	29650	2916	24861	2378	4076	3078	2620
6497	24644	9871	133	5143	2667	3628	1692	853
1582	826	141		230	1066	662	313	327
				6324	7521	9200	11043	8558
8336	13047	24314	13027	18141	36943	26852	23078	18040
22				2087	1236	3097	1833	1822
1248	2667	254	1965	3219	5385	3240	5157	2264
	1225	5978						
3746	4695	7854	4019	6454	7440	10648	11967	12947
27	20			28	38	57	47	38

7—5 主要年份金融机构人民币存贷款余额

单位：万元

年份	各项存款	#企业存款	#储蓄存款	各项贷款	#工业贷款	#商业贷款	#基建贷款	#技改贷款
1985	160091	88273	42370	280790	80746	126323	2745	18489
1989	327470	148757	127961	569993	213667	291753	10870	39019
1990	486684	219001	180881	755916	265494		14925	43439
1992	757324	382454	277542	1053220	374042	400531	55880	94617
1993	936246	434244	369225	1262656	420083	483843	79474	112953
1994	1203300	593455	515692	1421154	455175	541639	59234	133913
1995	1990349	881383	784529	2026600	540096	658702	82117	163837
1996	2580461	1189464	1041589	2491756	630493	769874	89150	182444
1997	2886860	1349695	1201891	2816266	672568	894232	90884	194234
1998	3949428	1814406	1381081	3343465	710474	886614	215690	174411
1999	4495431	2130319	1622931	3408357	774521	948790	286343	154689
2000	5628039	2872524	1839468	5874987	775243	844288	2347847	296676
2001	7109443	3369064	2256445	7051032	100402	931833	2666502	392681
2002	8454604	3876764	2881104	8116509	1131488	838100	2692665	151223
2003	10596221	4925833	3592488	10080852	1386003	1005461	337163	241691
2004	12959637	6074327	4291387	12106744	1277991	903915	4297344	212174
2005	15218529	6991984	5161608	14198674	1330583	829668	4795826	174928
2006	18217274	8579243	6060114	17171861	1225335	1132992	5914557	55753
2007	22313309	11118737	6730856	21150833	1817752	1485643	6955009	59195
2008	27256789	13234083	8528294	26406068	1956787	1377408	8944078	77536
2009	37353091	19090347	10318141	34925338	2176081	1662964	11211794	51285
2010	45417842	21808730	12337343	42140848				
2011	57563020		16895400	52569251				
2012	69138402		20655745	61360262				
2013	82325791		23557723	70549939				
2014	91426847		25394998	81696401				
2015	109679060		30185366	96365681				
2016	131509496		32812636	115506045				
2017	138817185		34891815	128654570				
2018	153384492		40034070	136466876				
2019	161538599		46672164	153073898				
2020	182967355		55894046	176786571				
2021	202037490		63941404	199369693				

注：2015年起储蓄存款指标变更为住户存款。

7—6 金融机构人民币信贷资金平衡表（资金来源）（2021年）

（年末余额） 单位：万元

项目	全市	市区	长丰县	肥东县	肥西县	庐江县	巢湖市
资金来源合计	**219958936**	**182318758**	**5693063**	**7896000**	**9777209**	**6772341**	**7501566**
各项存款	202037490	165408163	5710312	7530711	9292272	6875961	7220071
境内存款	201908628	165284913	5709780	7529800	9290578	6874267	7219290
住户存款	63941404	41521768	3036090	4621313	5107730	4934414	4720089
活期存款	23982393	17253070	1176606	1589725	1516720	1190145	1256128
定期及其他存款	39959010	24268698	1859485	3031589	3591009	3744269	3463961
非金融企业存款	72551739	64706265	1605177	1326815	2385578	1107074	1420830
活期存款	27112200	22696358	792460	774556	1329944	677972	840910
定期及其他存款	45439539	42009907	812717	552259	1055634	429102	579920
财政性存款	6369412	5985289	90561	138390	55292	55695	44186
机关团体存款	43068518	38275509	678360	993217	1611970	777082	732380
非银行业金融机构存款	15977555	14796082	299592	450065	130008	2	301806
境外存款	128862	123250	532	912	1694	1694	781
金融债券	1013832	993832				20000	
卖出回购资产	4850		4850				
借款及非银行业金融机构拆入	732850	732850					
应付及暂收款	4478893	3600392	121080	185169	203269	204124	164860
各项准备	3190336	2634651	102709	98311	140290	94459	119915
所有者权益	7955771	6635861	271059	287999	357074	189638	214141
实收资本	2872075	2450035	87653	116161	108187	70123	39916
其　他	544913	2314880	-518819	-206191	-215696	-611840	-217421

7—7 金融机构人民币信贷资金平衡表（资金运用）（2021年）

（年末余额） 单位：万元

项目	全市	市区	长丰县	肥东县	肥西县	庐江县	巢湖市
资金运用总计	**219958936**	**182318757**	**5693063**	**7896000**	**9777209**	**6772341**	**7501566**
各项贷款	199369693	169101841	5401502	6331815	7611627	4611360	6311548
境内贷款	199023734	168756400	5401468	6331659	7611627	4611249	6311331
住户贷款	76898948	60647851	3377434	3894665	4665247	2279581	2034171
短期贷款	9822076	6264231	620467	830945	917620	647910	540902
消费贷款	3106577	1910794	304227	266809	238283	152030	234434
经营贷款	6715498	4353437	316240	564136	679337	413476	388872
中长期贷款	67076872	54383620	2756967	3063719	3747627	1631672	1493269
消费贷款	58975651	47817776	2405833	2829520	3099377	1465722	1357423
经营贷款	8101222	6565844	351134	234199	648250	165950	135846
企（事）业单位贷款	122124785	108108550	2024035	2436994	2946380	2331667	4277160
短期贷款	26399469	21464580	895483	861840	916610	863195	1397761
中长期贷款	79685440	72299790	780240	1267852	1678818	1189698	2469042
票据融资	10229161	8551633	348312	307301	349952	276606	395357
融资租赁	5611604	5611604					
各项垫款	199112	180943			1000	2169	15000
非银行业金融机构贷款							
境外贷款	345959	345442	33	156		111	216
债券投资	4924350	2541241	213839	528863	694657	512474	433276
股权及其他投资	5240646	5183041	10660	23242	11503	8660	3540
买入返售资产	351325	271325		80000			
存放非银行业金融机构款项	1082	1082					
联行往来（净）	7940938	3512110		822924	1342498	1586772	676634
境内存放二级准备金	1972400	1837918	24635		49738	60109	
中央银行外汇占款							
应收及预付款	939901	701331	42102	52000	71919	34677	37872
投资性房地产	8259	8259					
固定资产	1182742	998527	24960	57155	45006	18397	38696

7—8 上市公司数量

单位：家

年　份	全市合计	上交所	科创板	深交所	仅发A股公司	发A、H股公司	发A、B股公司
2010	21	8		13	19	1	1
2012	30	10		20	28	1	1
2013	30	10		20	28	1	1
2014	33	12		21	31	1	1
2015	34	12		22	32	1	1
2016	37	14		23	35	1	1
2017	44	19		25	42	1	1
2018	45	20		25	43	1	1
2019	46	21		25	44	1	1
2020	58	29	7	29	56	1	1
2021	68	36	13	32	66	1	1

7—9 股票发行及筹资情况

年　份	A股股票发行（万股）	筹资额合计（万元）	A股首发	配　股	增　发	公司债
2010	168322	3047497	974733	245577	1539190	288000
2012	194642	4219075	1756718	245577	1928780	288000
2013	194642	5097575	1756718	245577	2307280	788000
2014	205606	5505775	1868918	245577	2603280	788000
2015	308905	6588175	1890818	245577	3663780	788000
2016	530701	8851535	2516261	245577	5301697	788000
2017	635442	10448551	2883777	245577	6021497	1297700
2018	659607	12569551	2933077	245577	6102197	3288700
2019	756569	14095551	2958677	245577	6983597	3907700
2020	943874	16981124	3614487	543100	7406437	5417100
2021	1025981	21486492	4057466	939289	9564537	6925200

注：本页表中数据均为累计数，由市地方金融监督管理局提供。

7—10 保险公司业务经济技术指标

单位：万元

项目	保费收入		赔付	
	2020年	2021年	2020年	2021年
合计	**3930907**	**4175709**	**1179370**	**1558122**
按公司类型分				
财产保险公司	1574042	1482493	828484	960733
人身保险公司	2356864	2693217	350886	597389
按业务性质分				
财产保险业务	**1400188**	**1281362**	**754926**	**869299**
企业财产险	48172	51369	30359	22208
家庭财产险	5810	5584	601	717
机动车辆险	889613	810933	493665	569159
工程保险	12780	27343	9967	26996
责任保险	110788	118479	65061	71492
信用保险	28412	29792	15092	10585
保证保险	246341	156107	79094	116014
船舶保险	2054	2796	525	968
货物运输险	8985	14261	5421	5637
特殊风险保险	1268	568	16	554
农业保险	31287	39293	48603	26590
其他保险	14680	24839	6522	18380
人身保险业务	**2530719**	**2894347**	**424445**	**688823**
寿险	1875801	2150962	244806	347149
健康险	548562	618993	156084	310012
意外伤害险	106356	124391	23555	31663

主要统计指标解释

一般公共预算收入

指国家财政参与社会产品分配所取得的收入，是实现国家职能的财力保证。财政收入所包括的内容几经变化，目前主要包括：

（1）税收收入：包括增值税、消费税、营业税、企业所得税、个人所得税、资源税、城市维护建设税、房产税、印花税、城镇土地使用税、土地增值税、车船税、耕地占用税、契税和烟叶税等。

（2）非税收入：包括专项收入、行政事业性收费收入、罚没收入、国有资本经营收入和国有资源（资产）有偿使用收入等。

一般公共预算支出

国家财政将筹集起来的资金进行分配使用，以满足社会各项事业发展和经济建设的需要，主要包括：

（1）一般公共服务：反映政府提供一般公共服务的支出。具体包括人大事务、政协事务、政府办公厅（室）及相关机构事务、发展与改革事务、统计信息事务、财政事务、税收事务、审计事务、海关事务、人事事务、纪律监察事务、人口与计划生育事务、商贸事务、知识产权事务、工商行政管理事务、食品和药品监督管理事务、质量技术监督与检验检疫事务、国土资源事务、海洋管理事务、测绘事务、地震事务、气象事务、民族事务、宗教事务、港澳台侨事务、档案事务、共产党事务、民主党派事务、群众团体事务、彩票事务、国债事务、其他一般公共服务支出。

（2）公共安全：反映政府维护社会公共安全方面的支出。具体包括武装警察、公安、国家安全、检察、法院、司法、监狱、劳教、国家保密、其他公共安全支出。

（3）教育：反映政府教育支出情况。具体包括教育管理事务、普通教育、职业教育、成人教育、广播电视教育、留学教育、特殊教育、教师进修及干部继续教育、教育附加及基金支出、其他教育支出。

（4）科学技术：反映国家用于科学技术方面的支出。具体包括科学技术管理事务、基础研究、应用研究、技术研究与开发、科技条件与服务、社会科学、科学技术普及、科技交流与合作、其他科学技术支出。

（5）文化体育与传媒：反映政府在文化、文物、体育、广播影视、新闻出版等方面支出。

（6）社会保障和就业：反映政府在社会保障与就业方面的支出。具体包括社会保障和就业管理事务、民政管理事务、财政对社会保险基金的补助、补充全国社会保障基金、行政事业单位离退休、企业关闭破产补助、就业补助、抚恤、退役安置、社会福利、残疾人事业、城市居民最低生活保障、其他城镇社会救济、农村社会救济、自然灾害生活救助、红十字事业、其他社会保障和就业支出。

（7）医疗卫生：反映政府用于医疗卫生方面的支出。具体包括医疗卫生管理事务、医疗服务、社区卫生服务、医疗保障、疾病预防控制、卫生监督、其他医疗卫生支出。

（8）环境保护：反映政府用于环境保护方面的

支出。具体包括环境保护管理事务支出、环境监测与监察支出、污染防治支出、自然生态保护支出、天然林保护支出、退耕还林支出、风沙荒漠治理支出、退牧还草支出、已垦草原退耕还草支出等，

（9）城乡社区事务：反映政府用于城乡社区事务方面的支出。包括城乡社区管理事务、城乡社区规划与管理、城乡社区公共设施、城乡社区住宅、城乡社区环境卫生、建设市场管理与监督、政府住房基金支出、土地有偿使用支出、城镇公用事业附加支出、其他城乡社区事务支出。

（10）农林水事务：反映政府用于农林水事务方面的支出。具体包括农业支出、林业支出、水利支出、南水北调支出、扶贫支出、农业综合开发支出、其他农林水事务支出。

（11）交通运输：反映政府用于交通运输方面的支出。具体包括公路运输支出、铁路运输支出、民用航空运输支出等。

信贷资金

指金融机构以信用方式积聚和分配的货币资金。金融机构信贷资金的来源有各项存款、对国际金融机构负债、流通中货币、银行自有资金及当年结益等；信贷资金的运用有各项贷款、黄金占款、外汇占款、财政借款及在国际金融机构中的资产等。

存款

指企业、机关、团体或居民根据资金必须收回的原则，把货币资金存入银行或其他信用机构保管并取得一定利息的一种信用活动形式。根据存款对象的不同可划分为企业存款、财政存款、机关团体存款、基本建设存款、城镇储蓄存款、农村存款等科目。它是银行信贷资金的主要来源。

贷款

指银行或其他信用机构根据资金必须归还的原则，按一定利率，为企业、个人等提供资金的一种信用活动形式。我国银行贷款分为流动资金贷款、固定资产贷款、城乡个体工商户贷款以及农业贷款等科目。

保费

指投保人为取得保险人在约定范围内所承担赔偿责任而支付给保险人的费用。

赔付

赔款指保险人根据保险合同的规定，向被保险人支付的赔偿保险责任损失的金额。

给付包括死伤医疗给付和满期给付。死伤医疗给付是指保险人根据人寿保险及长期健康保险合同的规定，因被保险人在保险期内发生保险责任范围内的保险事故支付给被保险人（或受益人）的金额。满期给付是指被保险人生存期满，保险人按人寿保险合同规定支付给被保险人的满期保险金额。

第八篇

物价和人民生活

简要说明

一、本篇价格指数资料，反映生产、流通、消费等环节的价格变动趋势和变动幅度。主要包括居民消费价格指数、工业生产者出厂和购进价格指数、住宅销售价格指数。

二、本篇城乡人民生活资料，反映我市城乡居民生活状况。包括就业、居民收支、消费水平、住房及主要消费品拥有量、文化、教育、卫生、公用设施等。

三、价格指数统计由国家统计局合肥调查队组织实施，依据国家统计局统一制定的价格统计调查制度向基层采集原始数据汇总后上报。

四、消费、零售价格指数是采用分层抽样调查方法编制的，以样本推断总体。

五、工业生产者出厂和购进价格指数采用重点调查和典型调查相结合的方法，调查实行月报，调查对象包括全市 400 多家工业企业。

六、住宅销售价格调查从 2011 年起执行国家统计局新方案，由原房屋销售价格指数调整为新建住宅和二手住宅销售价格指数，住宅销售价格指数根据网签数据计算得到。

七、本篇中有关居民生活状况的数据（2014-2021 年）来源于一体化住户调查资料，是对合肥地区住户调查样本汇总的结果。主要内容包括家庭人口及其构成、家庭现金收支、主要商品购买数量及支出金额、劳动就业状况、居住状况和耐用消费品的拥有量等。

国家统计局合肥调查队负责全市一体化住户调查的组织实施，严格按照国家统计局制定的《住户收支与生活状况调查方案》要求，开展数据收集、审核、录入、汇总和上报工作。

2014 年，国家统计局对城乡住户调查制度进行了较大改革，其中家庭总收入、可支配收入、消费支出等主要指标口径以及调查范围进行了调整，新老口径的数据不可直接进行比较。

8—1 居民消费价格指数（2021年）

（上年=100）

类　　别	指　　数	类　　别	指　　数
居民消费价格总指数	**101.7**	茶及饮料	104.5
食品烟酒	100.4	烟　酒	100.3
食　品	99.6	在外餐饮	102.7
粮　食	100.6	衣　着	100.5
薯　类	99.9	居　住	101.3
豆　类	109.4	自有住房	100.6
食用油	104.3	生活用品及服务	100.4
菜及食用菌	104.3	交通和通信	105.4
畜肉类	83.6	交　通	106.6
禽肉类	97.4	通　信	101.7
水产品	113.5	教育文化和娱乐	104.8
蛋　类	114.2	教　育	107.2
奶　类	104.8	文化娱乐	99.7
干鲜瓜果类	103.5	医疗保健	100.6
糖果糕点类	103.9	药品及医疗器具	99.2
调味品	102.3	医疗服务	101.3
其他食品类	101.9	其他用品和服务	96.2

8—2 商品零售价格指数（2021年）

（上年=100）

类　　别	指　　数	类　　别	指　　数
商品零售价格指数	**101.9**	交通、通信用品	101.3
食　品	100.5	家　具	100.4
饮料、烟酒	100.8	化妆品	97.4
服装、鞋帽	100.4	金银饰品	99.1
纺织品	102.3	中西药品及医疗保健用品	99.1
家用电器及音像器材	103.8	书报杂志及电子出版物	97.8
文化办公用品	100.5	燃料	112.6
日用品	99.4	建筑材料及五金电料	102.8
体育娱乐用品	100.6		

8—3 月度住宅销售价格指数（2021年）

（上年同月=100）

月份	新建商品住宅	二手住宅价格指数
1月	104.3	105.0
2月	105.0	105.8
3月	105.6	106.3
4月	106.8	106.3
5月	107.1	106.1
6月	106.4	106.3
7月	106.1	106.1
8月	106.0	105.6
9月	105.7	105.0
10月	104.9	104.3
11月	104.0	103.5
12月	103.5	102.5

8—4 主要年份分部门工业生产者出厂价格指数

（上年=100）

类别	2005	2010	2015	2019	2020	2021
总指数	**101.3**	**102.4**	**98.7**	**100.6**	**98.9**	**107.7**
冶金工业	98.4	109.5	93.6	99.8	100.1	126.0
电力工业	101.8	101.1	98.8	99.9	99.7	99.3
煤炭工业	100.5		98.8			133.2
石油工业	91.9	104.4	101.8	103.8	97.5	117.8
化学工业	104.5	102.2	96.6	99.2	99.7	109.4
机械工业	100.4	101.1	99.2	99.5	97.2	102.6
建筑材料工业	95.8	100.8	99.4	113.0	99.5	103.5
森林工业	103.2	98.9	100.1	97.9	96.1	102.3
食品工业	100.7	103.2	102.0	103.2	108.0	102.3
纺织工业	98.6	112.2	99.2	98.6	96.8	105.6
缝纫工业	99.4	102.2	104.5	118.4	102.3	102.7
皮革工业	99.1		100.7	104.4	99.7	99.3
文教艺术用品工业	100.7	101.1	100.2	95.9	99.3	101.4

注：1．从2011年起工业品出厂价格指数改称为工业生产者出厂价格指数。
　　2．2021年起工业生产者出厂价格指数、购进价格指数为全省统一，下同。

8—5 工业生产者出厂价格分类指数

（上年=100）

年份	全部工业品	生产资料	采掘工业	原材料工业	加工工业	生活资料	食品	衣着	一般日用品	耐用消费品
2010	102.4	103.1		102.9	103.1	100.7	102.6	103.1	98.5	100.1
2015	98.7	97.2	89.0	98.0	97.2	100.8	102.2	104.8	99.8	100.4
2017	102.0	103.7	123.5	100.3	104.0	99.1	99.6	103.6	98.7	98.9
2018	99.6	99.8	100.7	100.1	99.8	99.1	99.6	113.7	97.0	98.9
2019	100.6	100.7	108.5	101.3	100.6	100.3	102.9	118.2	97.1	99.5
2020	98.9	98.4	103.8	99.3	98.3	99.6	108.0	100.7	100.5	96.5
2021	107.7	110.1	127.3	114.1	107.7	101.4	101.6	102.0	102.5	100.0

8—6 工业生产者出厂价格轻重工业分类指数

（上年=100）

年份	轻工业	以农产品为原料	以非农产品为原料	重工业	采掘工业	原料工业	加工工业
2010	101.5	103.9	100.6	103.1		102.2	103.4
2015	100.6	101.6	100.1	97.5	89.0	98.6	97.4
2017	98.3	99.3	98.0	104.2	123.5	101.0	104.5
2018	97.8	100.2	96.8	100.6	100.7	101.3	100.5
2019	99.1	102.9	97.5	101.4	108.5	101.0	101.4
2020	99.1	104.8	96.7	98.7	103.8	99.4	98.6
2021	102.8	103.0	102.5	110.1	127.3	114.4	107.3

8—7 工业生产者购进价格分类指数

（上年=100）

年份	全部原材料	燃料、动力类	黑色金属材料	有色金属材料和电线类	化工原料	木材及纸浆	建筑材料	其他工业原材料及半成品	农副产品	纺织原料
2010	106.7	107.5	105.2	120.5	110.8	100.2	104.9	103.8	107.8	103.9
2015	94.4	95.7	88.9	90.1	95.3	99.5	101.6	98.9	95.0	99.1
2017	109.7	118.1	112.8	108.4	112.0	102.2	127.0	103.2	101.5	104.7
2018	106.3	102.9	110.0	105.3	106.1	98.8	125.1	103.9	100.4	99.7
2019	99.9	98.9	101.0	100.9	95.9	95.2	111.5	100.7	97.7	96.3
2020	98.7	97.2	98.0	99.9	96.3	96.8	104.5	99.6	102.0	98.0
2021	111.5	117.8	119.8	121.2	114.6	102.9	110.0	105.6	103.8	104.4

注：从2011年起，原材料、燃料、动力购进价格指数改称为工业生产者购进价格指数。

8—8 城乡居民人均收入及恩格尔系数

年份	城镇居民人均可支配收入（元）	农村居民人均可支配收入（元）	城镇居民恩格尔系数（%）	农村居民恩格尔系数（%）
1995	4657	1300	50.20	59.59
2000	6389	1975	43.00	60.00
2005	9684	3207	45.70	49.07
2006	11013	3690	46.10	50.34
2007	13426	4486	42.60	52.73
2008	15591	5368	39.63	51.49
2009	17158	6065	37.10	51.95
2010	19051	7117	35.80	48.65
2011	22459	7862	38.03	48.30
2012	25434	9081	34.20	44.98
2013	28083	10352	35.57	43.10
2014	29348	14407	33.68	36.96
2015	31989	15733	33.17	36.71
2016	34852	17059	33.02	36.31
2017	37972	18594	31.72	36.15
2018	41484	20389	29.91	34.66
2019	45404	22462	28.95	33.88
2020	48283	24282	28.90	33.80
2021	53208	26856	27.70	32.30

注：2014年数据为一体化新口径指标数据，以前年份农村居民收入口径为农民人均纯收入。

8—9 城乡居民人均收支（2021年）

单位：元

指　　标	全体常住居民	城镇居民	农村居民
可支配收入	**46009**	**53208**	**26856**
工资性收入	26974	33147	10547
经营净收入	6831	6383	8023
财产净收入	3758	4918	671
转移净收入	8446	8759	7615
现金可支配收入	**42585**	**48603**	**26572**
现金工资性收入	26858	33004	10504
现金经营净收入	7242	6908	8133
现金财产净收入	411	313	671
现金转移净收入	8074	8378	7263
消费支出	**28206**	**32445**	**16927**
食品烟酒	8024	8983	5473
衣　着	1509	1771	812
居　住	7309	8624	3812
生活用品及服务	1433	1581	1039
交通通信	4356	5157	2225
教育文化娱乐	3759	4366	2145
医疗保健	1370	1436	1192
其他用品和服务	447	529	229
现金消费支出	**21845**	**25073**	**13255**
食品烟酒	7736	8800	4904
衣　着	1508	1770	812
居　住	1596	1796	1065
生活用品及服务	1419	1567	1023
交通通信	4350	5150	2220
教育文化娱乐	3759	4366	2145
医疗保健	1040	1109	858
其他用品和服务	437	515	228

8—10 主要年份城镇居民家庭基本情况

指　　标		2005	2010	2015	2019	2020	2021
调查户数	(户)	400	400	731	984	990	990
平均每户人口数	(人)	2.88	2.84	2.86	3.00	2.98	3.09
平均每户就业人口数	(人)	1.55	1.60	1.63	1.62	1.53	1.67
平均每一就业者负担人数（包括就业者本人）	(人)	1.87	1.78	1.76	1.85	1.95	1.84
平均每人住房建筑面积	(平方米)	24.31	26.30	35.30	34.70	34.90	34.15
#可支配收入		9684	19051	31989	45404	48283	53208
平均每人消费性支出	(元)	7398	14012	20049	27319	28002	32445
#食品烟酒		3384	5010	6651	7908	8090	8983
衣　着		868	1531	1513	1638	1547	1771
居　住		683	1483	4598	6692	7772	8624
生活用品及服务		322	818	814	1256	1314	1581
医疗保健		483	750	986	1273	1250	1436
交通通信		883	1859	3081	4735	4513	5157
#交　通		349	955	2250	4038	3720	4204
通　信		534	904	831	697	793	953
教育文化娱乐		569	2043	2001	3407	3114	4366
#教　育		354	1032	1462	2438	2459	3571
其他用品和服务		207	516	403	409	403	529

注：人均住房面积指标2005年前后口径不同，2014年以后水费、电费不单独列示，合并为水电燃料及其他。食品烟酒指标2013年以前为食品指标，因一体化改革自2014年开始变为食品烟酒。

8—11 主要年份城镇居民家庭人均商品消费量

品　　名		2005	2010	2015	2019	2020	2021
粮　　食	(千克)	82.80	72.18	107.42	107.69	121.46	115.21
鲜　　菜	(千克)	108.95	92.49	91.59	103.79	104.39	99.78
食用植物油	(千克)	11.92	9.52	10.22	7.17	7.81	7.37
猪 牛 羊肉	(千克)	27.53	23.94	26.21	27.85	25.20	32.88
家　　禽	(千克)	12.03	9.99	9.81	15.83	15.64	16.00
水 产 品	(千克)	12.46	12.19	11.57	17.22	15.88	13.86
蛋　　类	(千克)	16.44	14.08	12.53	14.15	14.47	12.66
白　　酒	(千克)	3.10	3.08	3.87	4.18	3.68	4.16
啤　　酒	(千克)	9.44	5.88	5.03	5.24	4.00	5.03
茶　　叶	(千克)	0.58	0.67	0.43	0.29	0.36	0.35
鲜 瓜 果	(千克)	62.02	49.65	37.00	66.54	57.53	55.01
鲜　　奶	(千克)	16.46	17.51	7.93	8.81	11.31	10.78
酸　　奶	(千克)	11.84	13.78	8.15	5.15	4.98	5.54
鞋　　类	(双)	2.50	3.56	2.61	2.75	2.28	2.83
水	(吨)	39.46	40.67	40.34	43.06	44.31	53.99
电	(千瓦时)	519.72	745.37	595.41	604.35	567.71	640.16
煤　　气	(立方米)	36.15	39.85	43.31	46.52	55.95	62.08

注：2008年及以后煤气为管道天然气数量。

8—12 按收入等级分的城镇居民家庭基本情况（2021年）

指 标		总平均	低收入户	中低收入户	中等收入户	中高收入户	高收入户
调查户数	（户）	990	198	198	198	198	198
比 重	（%）	100	20	20	20	20	20
平均每户家庭人口	（人）	3.09	3.56	3.36	2.98	2.98	2.56
平均每户就业人口	（人）	1.67	1.64	1.81	1.75	1.71	1.46
平均每户就业面	（%）	54.20	45.99	53.88	58.87	57.34	57.00
平均每一就业者负担人数（包括就业者本人）	（人）	1.84	2.17	1.86	1.70	1.74	1.75
平均每人可支配收入	（元）	53208	24629	36276	48374	65457	110080
平均每人消费性支出	（元）	32445	19860	24504	31353	39233	55188

8—13 按收入等级分的城镇居民家庭就业和人均现金收入（2021年）

指 标		总平均	低收入户	中低收入户	中等收入户	中高收入户	高收入户
家庭基本情况	（人）						
家庭人口数		3.09	3.56	3.36	2.98	2.98	2.56
就业人口数		1.67	1.64	1.81	1.75	1.71	1.46
雇 主		0.04		0.01	0.04	0.07	0.07
公职人员		0.04		0.01	0.03	0.06	0.12
事业单位人员		0.12	0.06	0.10	0.09	0.12	0.27
国有企业雇员		0.12	0.03	0.08	0.11	0.18	0.19
其他雇员		1.09	1.25	1.43	1.26	1.06	0.47
农业自营		0.03	0.08	0.02	0.04	0.02	0.02
非农自营		0.22	0.23	0.18	0.20	0.20	0.32
离退休人数		0.28	0.12	0.20	0.34	0.40	0.34
就业人口负担系数		1.84	2.17	1.86	1.70	1.74	1.75
现金收支情况	（元）						
可支配收入		48603.23	22178.72	33020.09	43311.35	60058.16	102036.14
工资性收入		33004.44	15548.32	26608.48	34951.97	38568.00	56983.21
经营净收入		6907.61	3672.80	3095.43	5290.62	12748.76	12513.54
财产净收入		312.75	8.86	719.49	-949.10	824.15	1155.31
#利息净收入		-810.16	-395.91	-225.01	-2041.02	-743.23	-708.51
红利收入		25.02				69.46	79.07
储蓄性保险净收益							
出租房屋收入		987.73	294.05	802.21	1034.77	1336.23	1717.25
转移净收入		8378.43	2948.73	2596.70	4017.85	7917.24	31384.08
#养老金或离退休金		5861.82	969.45	1854.03	2945.87	7351.80	20969.85
社会救济和补助收入		110.42	278.56	37.94	34.52	34.95	200.94
赡养收入		819.13	599.30	303.38	1433.21	498.36	1494.46
借贷性所得		1661.20	397.47	168.53	1150.33	6982.82	33.89
#提取储蓄存款		409.49	37.37	23.81	1150.28	818.54	23.38
借入款		69.28	333.67	0.86		8.48	
收回借出款		20.38	18.47		0.04	89.83	

8—14 按收入等级分的城镇居民家庭人均现金支出（2021年）

单位：元

指　　标	总平均	低收入户	中低收入户	中等收入户	中高收入户	高收入户
家庭总支出	**36297.51**	**20429.50**	**25101.06**	**34653.16**	**52751.56**	**57753.43**
消费支出	25072.98	15734.21	19586.11	23306.23	30691.68	41892.92
食品烟酒	8800.50	6267.98	7291.14	8158.10	10116.25	13869.04
衣　着	1769.86	1172.52	1373.80	1880.74	1971.50	2803.89
居　住	1795.60	1020.12	1430.58	1216.78	2392.56	3476.73
生活用品及服务	1567.27	888.43	1103.03	1514.82	1526.67	3332.95
交通通信	5150.33	2007.89	4343.60	4725.18	8023.04	7712.27
教育文化娱乐	4365.74	3272.16	3112.79	4197.01	4746.80	7606.34
医疗保健	1108.72	863.94	572.78	1094.94	1422.38	1940.79
其他用品和服务	514.97	241.18	358.40	518.66	492.49	1150.92
财产性支出	983.40	530.69	312.11	2233.44	890.88	1076.64
生活贷款利息支出	980.13	530.69	312.11	2233.42	878.75	1070.02
转移性支出	2070.51	888.59	1321.59	1929.95	2394.83	4640.06
交纳的个人收入税	159.64	0.39	14.33	73.07	138.61	747.83
社会保障支出	1630.09	739.89	1133.56	1677.38	1936.38	3172.77
个人缴纳的养老保险	1119.76	447.43	774.58	1148.85	1361.54	2233.01
个人缴纳的医疗保险	413.35	268.70	306.51	445.04	461.42	675.79
个人缴纳的失业保险	54.59	12.47	35.55	60.39	66.66	118.41
其他社会保障支出	42.39	11.28	16.93	23.09	46.76	145.56
外来从业人员寄给家人的支出	31.53		4.37	1.95	0.57	194.54
赡养支出	154.04	40.12	161.02	108.94	233.52	258.27
其他转移性支出	95.21	108.18	8.31	68.61	85.76	266.65
购置资产支出	2150.48	28.59	66.16	1013.62	10182.34	201.33
购　房	2118.33	0.00	32.56	972.00	10160.57	167.21
借贷支出	**3410.53**	**1609.28**	**1984.94**	**3807.57**	**5663.55**	**4838.47**
存入储蓄款	476.75		10.78	236.05	1803.13	590.56
借出款	51.43			24.90	70.90	215.12
归还借款	61.97	65.96	10.58	53.16	179.05	11.13
购买有价证券	2.86		2.92		8.04	4.21
其他投资支出	69.48	10.88		320.15	0.30	1.17
归还住房贷款	2267.57	1253.00	1509.91	3071.13	2456.57	3508.80
归还汽车贷款	392.24	279.45	447.58	84.31	841.94	328.83
归还教育贷款	0.02			0.10		
其他借贷支出	0.57		0.86	0.80	1.01	

8—15 按收入等级分的城镇居民家庭人均消费情况（2021年）

指　　标		总平均	低收入户	中低收入户	中等收入户	中高收入户	高收入户
粮　食	（千克）	115.21	121.32	108.04	109.29	118.84	122.51
＃谷物数量		99.67	103.81	92.98	95.86	101.34	108.26
植物油消费量	（千克）	7.37	6.60	7.87	7.65	7.08	7.56
猪肉数量	（千克）	27.60	27.27	25.53	26.01	32.63	27.50
牛肉数量	（千克）	4.24	3.09	4.51	4.36	4.21	5.16
羊肉数量	（千克）	1.05	0.43	1.50	1.25	0.95	0.95
禽类数量	（千克）	16.00	16.63	14.32	15.30	19.48	14.66
鲜蛋数量	（千克）	12.12	10.91	10.95	11.05	14.25	14.50
水产品数量	（千克）	13.86	12.93	11.91	15.00	14.99	15.34
鲜菜数量	（千克）	99.78	96.56	86.19	102.47	121.50	96.24
酒　类	（千克）	9.37	8.78	10.86	8.65	8.71	9.50
＃白酒数量		4.16	3.62	3.61	4.73	4.62	4.41
啤酒数量		5.03	5.10	7.17	3.75	3.85	4.62
鲜瓜果数量	（千克）	55.01	42.37	45.76	64.74	59.39	68.12
糖果糕点数量	（千克）	9.54	7.42	7.94	13.34	9.51	9.77
奶及奶制品	（千克）	18.78	14.05	14.86	21.30	20.81	25.48
鲜奶数量		10.78	7.32	8.08	13.61	12.15	14.20
酸奶数量		5.54	4.81	4.11	5.05	6.32	8.53
奶粉数量		1.59	1.45	1.64	1.96	1.20	1.69
饮食服务	（元）	2219.74	1058.56	1672.44	1962.07	2648.64	4468.67
服　装	（元）	1289.90	851.86	1043.72	1416.78	1446.23	1904.23
鞋类数量	（双）	2.83	2.80	2.41	3.21	2.69	3.23
居　住	（元）	1795.60	1020.12	1430.58	1216.78	2392.56	3476.73
水数量	（吨）	53.99	33.68	56.87	51.95	58.73	73.12
电数量	（度）	640.16	474.88	611.71	576.90	792.94	805.87
煤炭数量	（千克）	0.72	0.26	0.98	0.45	1.71	0.08
管道天然气数量	（立方米）	62.08	41.70	41.26	66.79	70.39	106.22
其他服务	（元）						
旅馆住宿费		54.93	15.03	45.91	35.76	60.31	141.63
美容美发洗浴		122.31	66.25	127.80	95.29	123.59	222.41
其他杂项服务		63.95	20.62	29.38	105.56	57.88	127.63

8—16 按收入等级分的城镇居民家庭就业人员人均收入（2021年）

单位：元

项 目	工资性收入	工 资	实物福利	其 他	经营净收入
总 平 均	**33147.38**	**32357.81**	**142.93**	**646.63**	**6383.45**
低收入户	15562.42	15329.11	14.09	219.22	3514.50
中低收入户	26668.92	26421.77	60.45	186.70	3064.32
中等收入户	35091.67	34375.36	139.70	576.61	4922.46
中高收入户	38828.92	37852.72	260.91	715.29	12046.89
高收入户	57291.72	55016.12	308.51	1967.09	10710.38

8—17 主要年份平均每百户城镇居民家庭耐用消费品拥有量

指 标		2005	2010	2015	2017	2018	2019	2020	2021
家用汽车	(辆)		7.41	26.69	30.27	57.43	47.34	55.47	55.68
摩 托 车	(辆)	10.00	9.63	10.70	9.56	7.92	7.12	4.24	4.14
助 力 车	(辆)		28.89	53.26	57.22	59.49	64.48	83.37	76.40
洗 衣 机	(台)	101.75	95.80	93.19	92.30	96.29	99.30	97.81	99.90
电 冰 箱	(台)	99.25	100.00	96.65	99.07	100.91	102.85	101.80	102.93
微 波 炉	(台)	67.25	76.30	63.74	63.79	65.93	68.98	83.37	71.29
彩色电视机	(台)	139.00	137.53	119.62	119.17	124.16	127.32	127.84	121.94
家用电脑	(台)	38.25	65.93	71.40	65.36	78.96	80.65	77.97	80.62
照 相 机	(架)	47.25	37.28	32.00	19.80	23.19	23.69	24.08	19.39
空 调 器	(台)	111.50	140.99	147.76	148.85	199.11	212.03	209.59	227.81
沐浴热水器	(台)	87.50	95.80	97.03	99.82	101.12	101.58	102.73	101.01
健身器材	(件)	6.00	0.25	1.69	3.11	8.14	9.27	8.05	9.00
移动电话	(部)	134.00	184.69	202.25	215.90	236.10	240.25	250.99	254.02

8—18 主要年份城镇居民家庭居住情况

单位：%

项　　目	2005	2010	2015	2019	2020	2021
按房屋产权分	**100.00**	**100.00**	**100.00**	**100.00**	**100.00**	**100.00**
租赁公房	6.75	2.47	0.98	0.48	0.40	0.30
租赁私房	2.25	2.72	14.90	9.85	9.70	5.46
原有私房	2.50	2.72	12.74	15.11	14.75	15.37
房改私房	71.25	64.44	11.90	6.67	6.76	6.57
商品房	17.00	26.91	38.26	51.25	51.12	53.82
拆迁安置房			16.69	13.31	13.53	15.85
其　他	0.25	0.74	4.52	3.33	3.74	2.63
按住宅建筑式样分	**100.00**	**100.00**	**100.00**	**100.00**	**100.00**	**100.00**
单栋住宅			14.87	15.70	15.46	12.74
四居室	1.75	1.73	3.22	4.29	4.14	5.66
三居室	22.75	20.25	38.29	45.02	45.04	44.18
二居室	64.75	69.14	33.10	30.73	31.12	29.97
一居室	6.25	7.41	4.90	2.34	2.32	2.09
普通楼房	2.75	1.48				
平房及其他	1.75		5.63	1.93	1.92	5.36
按饮水情况分	**100.00**	**100.00**	**100.00**	**100.00**	**100.00**	**100.00**
自来水	99.00	100.00	97.42	97.26	97.68	98.58
纯净水	1.00		2.58	2.74	2.32	1.42
按炊用燃料使用情况分	**100.00**	**100.00**	**100.00**	**100.00**	**100.00**	**100.00**
管道煤气、天然气	42.50	59.75	65.66	72.18	74.64	78.47
液化石油气	52.00	37.53	19.80	15.02	15.86	13.45
煤	5.25	1.48	0.40			
其　他	0.25	1.23	14.14	12.80	9.50	8.09

注：拆迁安置房为2014年一体化新口径指标。

8—19 主要年份农村居民家庭基本情况

指　　标		2015	2020	2021
平均每户常住人口	（人）	**2.87**	**2.64**	**2.62**
平均每户整、半劳力	（人）	**2.05**	**1.84**	**1.52**
平均每个劳动力负担人口（含本人）	（人）	**1.40**	**1.43**	**1.72**
平均每人年收入	（元）			
可支配收入		15732.77	24281.68	26855.55
工资性收入		6225.86	9020.07	10547.01
经营净收入		5463.16	7597.13	8022.75
财产净收入		358.69	585.51	671.12
转移净收入		3685.07	7078.97	7614.67
现金收入		18491.54	29546.68	26571.75
工资性收入		6164.26	8992.16	10504.12
家庭经营收入		8007.02	12717.68	8133.42
财产性收入		448.19	630.66	671.12
转移性收入		3872.07	7206.18	7263.10
平均每人年支出	（元）			
总支出		16152.70	21443.42	21589.59
消费支出		9878.58	14191.33	16927.01
生产经营费用支出		3221.67	4969.50	1721.51
财产性支出		89.51	45.14	13.99
转移性支出		342.62	384.73	425.65
部分商业保险支出		8.47	12.60	42.08
购置资产及非经常性转移支出		1628.19	1572.74	1725.25
借贷性支出		983.66	267.37	734.11
现金支出		14143.50	18508.60	17878.57
现金消费支出		7938.88	11312.80	13254.90
生产经营现金费用支出		3152.18	4913.22	1682.58
现金财产性支出		89.51	45.14	13.99
现金转移性支出		342.62	384.73	425.65
部分商业保险支出		8.47	12.60	42.08
购置资产及非经常性转移支出		1628.19	1572.74	1725.25
借贷性支出		983.66	267.37	734.11

8—20　主要年份农村居民家庭平均每人生活消费支出

单位：元

项　　目	2015	2020	2021
生活消费支出	**9878.58**	**14191.33**	**16927.01**
食品烟酒	3626.70	4802.87	5473.47
衣　着	642.79	669.88	812.25
居　住	2073.18	3326.77	3811.50
生活用品及服务	564.12	835.36	1038.79
交通通信	1135.28	1765.19	2224.76
教育文化娱乐	1020.52	1586.72	2144.75
医疗保健	651.99	1018.94	1192.37
其他用品和服务	164.00	185.59	229.12

8—21　主要年份农村居民家庭平均每人生活消费支出构成

单位：%

项　　目	2015	2020	2021
生活消费支出			
食品烟酒	36.71	33.84	32.34
衣　着	6.51	4.72	4.80
居　住	20.99	23.44	22.52
生活用品及服务	5.71	5.89	6.14
交通通信	11.49	12.44	13.14
教育文化娱乐	10.33	11.18	12.67
医疗保健	6.60	7.18	7.04
其他用品和服务	1.66	1.31	1.35

8—22　主要年份农村居民家庭平均每人主要消费品消费量

品　　名		2015	2020	2021
粮食（原粮）	（公斤）	181.46	180.57	172.26
＃谷　物		169.08	163.63	157.57
蔬　　菜	（公斤）	102.20	125.73	122.46
食　　油	（公斤）	13.06	9.48	9.57
肉　　类	（公斤）	23.76	21.73	32.63
家　　禽	（公斤）	13.46	16.06	17.52
蛋及制品	（公斤）	10.12	13.13	15.51
水 产 品	（公斤）	10.62	11.38	12.79
食　　糖	（公斤）	0.92	0.99	0.84
酒	（公斤）	14.94	12.16	12.71

8—23　主要年份平均每百户农村居民家庭耐用消费品拥有量

品　　名		2015	2020	2021
生活用汽车	(辆)	6.66	23.11	27.04
摩 托 车	(辆)	22.48	13.50	11.27
助 力 车	(辆)	68.81	115.67	97.35
洗 衣 机	(台)	57.87	82.67	84.23
电 冰 箱	(台)	86.52	103.99	102.75
空 调 机	(台)	68.03	124.43	131.00
抽油烟机	(台)	15.45	32.27	38.66
电 话 机	(部)	44.64	17.60	4.76
移动电话	(部)	175.70	245.46	243.56
彩色电视机	(台)	107.46	121.54	123.64
照 相 机	(台)	6.11	1.78	2.75
家用计算机	(台)	20.46	29.02	29.54
热 水 器	(台)	63.51	94.26	89.74

8—24　各县市（区）居民家庭人均可支配收入（2021年）

单位：元

地　区	全体居民人均可支配收入	城镇居民人均可支配收入	农村居民人均可支配收入
瑶海区	54992	54992	
庐阳区	60746	60746	
蜀山区	61826	61826	
包河区	62736	62736	
高新区	49710	49710	
经开区	49850	49850	
新站区	46872	46872	
长丰县	33322	43043	25746
肥东县	35737	45082	28208
肥西县	37279	47595	28864
庐江县	32155	40334	25064
巢湖市	36283	42984	26394

主要统计指标解释

居民消费价格指数

是度量消费商品及服务项目价格水平随着时间而变动的相对数，反映居民家庭购买的消费品及服务价格水平的变动情况。它是宏观经济分析和决策、价格总水平监测和调控以及国民经济经济核算的重要指标。其按年度计算的变动率通常被用来作为反映通货膨胀（或紧缩）程度的指标。

工业生产者出厂价格指数

是反映各工业行业产品出厂价格总水平的变动趋势和程度的相对数。为国民经济核算、测算工业发展速度、宏观经济分析和调控、理顺价格体系提供依据。

工业生产者购进价格指数

是反映工业企业作为生产投入，而从物资交易市场和能源、原材料生产企业购买原材料、燃料和动力产品时，所支付的价格水平变动趋势和程度的统计指标，是扣除工业企业物质消耗成本中的价格变动影响的重要依据。

目前，我国编制的工业生产者购进价格指数所调查的产品包括燃料、动力类、黑色金属材料类、有色金属材料和电线类、化工原料类、木材及纸浆类、建筑材料类、其他工业原材料及半成品类、农副产品类、纺织原料类共九大类。

住宅销售价格指数

是反映一定时期内住宅销售价格变化趋势和程度的相对数。

居民收入

可支配收入：指调查户在调查期内获得的、可用于最终消费支出和储蓄的总和，即调查户可以用来自由支配的收入。可支配收入既包括现金，也包括实物收入。按照收入的来源，可支配收入包含五项，分别为：工资性收入、经营净收入、财产净收入、转移净收入和自有住房折算净租金。计算公式为：

可支配收入 = 工资性收入 + 经营净收入 + 财产净收入 + 转移净收入+ 自有住房折算净租金

其中：经营净收入 = 经营收入 - 经营费用 - 生产性固定资产折旧 - 生产税净额(生产税-生产补贴）

财产净收入 = 财产性收入 - 财产性支出

转移净收入 = 转移性收入 - 转移性支出

工资性收入

指就业人员通过各种途径得到的全部劳动报酬和各种福利，包括受雇于单位或个人、从事各种自由职业、兼职和零星劳动得到的全部劳动报酬和福利。

经营净收入

指住户或住户成员从事生产经营活动所获得的净收入，是全部经营收入中扣除经营费用、生产性固定资产折旧和生产税净额（生产税减去生产补贴）之后得到的净收入。

财产净收入

指住户或住户成员将其所拥有的金融资产和自然资源交由其他机构单位、住户或个人支配而获得的回报并扣除相关的费用之后得到的净收入。财产净收入包括利息净收入、红利收入、储蓄性保险净收益和转让承包土地经营权租金净收入等。

转移性收入

指国家、单位、社会团体对住户的各种经常性转移支付和住户之间的经常性收入转移。包括政府、非行政事业单位、社会团体对居民转移的养老金或退休金、社会救济和补助、政策性生活补贴、救灾款、经常性捐赠和赔偿以及报销医疗费等；住户之间的赡养收入、经常性捐赠和赔偿以及农村地区（村委会）在外（含国外）工作的本住户非常住成员寄回带回的收入等。

居民消费支出

指住户用于满足家庭日常生活消费需要的全部支出，包括用于消费品的支出和用于服务性消费的支出。根据用途不同，消费支出可划分为食品烟酒、衣着、居住、生活用品及服务、交通通信、教育文化娱乐、医疗保健、其他用品及服务八大类。根据来源不同，消费支出可划分为现金消费支出、实物消费支出（含自产自用、来自单位、来自政府和其他社会组织）。

第九篇

自然资源、环境保护和城市建设

简要说明

一、自然资源包括土地、气象、林木、水资源。城市建设包括市政公用事业情况等。

二、本篇资料分别来源于市林业和园林局、气象局、水务局、自然资源和规划局、生态环境局、城乡建设局等部门。

9—1 自然资源

项目		2020年	2021年
区 域			
土地总面积	（平方公里）	11445.06	11445.06
土地资源			
#造林面积		6.69	2.44
果园面积		10.10	10.28
茶园面积		5.60	8.31
主要矿产基础储量			
铁 矿	（矿石，亿吨）	9.83	9.78
铜 矿	（铜，万吨）	151.95	152.34
磷 矿	（矿石，亿吨）	0.20	0.20
水泥用灰岩	（矿石，亿吨）	10.86	11.34
水资源			
水资源总量	（亿立方米）	89.15	51.06
地表水		87.41	48.86
地下水		9.23	11.38
降水量	（毫米）	1639.90	1119.20

9—2 分月气象情况（2021年）

月份	平均气温（摄氏度）	降水量（毫米）	日照时数（小时）
全 年	**16.7**	**1151.2**	**2029.7**
1 月	3.3	20.8	159.1
2 月	9.2	38.7	166.5
3 月	11.3	90.0	121.2
4 月	15.5	40.1	140.9
5 月	21.6	104.4	181.6
6 月	26.0	93.1	177.6
7 月	27.5	486.4	157.0
8 月	26.8	79.9	153.5
9 月	25.4	36.1	201.0
10 月	17.1	127.5	150.8
11 月	11.1	26.9	211.4
12 月	5.2	7.3	209.1

9—3 土地利用情况

单位：公顷

年　份	土地调查面积	农用地		建设用地			
			耕地		城镇及工矿用地	交通用地	水利设施用地
2013	1144506	828238	561207	209946	173495	14092	22359
2014	1144506	827654	561706	210719	173863	14506	22350
2015	1144506	824355	560483	214410	176453	15482	22475
2016	1144506	820334	558033	218530	179146	16886	22498
2017	1144506	818313	557414	220695	180510	17649	22536
2018	1144506	818336	558840	220865	180249	18071	22545
2019			486326		175245	37015	230661
2020			480917		185479	36760	232186

注：由于用地分类变化，2019年、2020年“交通用地”为“交通运输用地”数据，“水利设施用地”为“水域及水利设施用地”数据。

9—4 地质灾害及防治情况

年　份	发生地质灾害起数(次)			直接经济损失(万元)	地质灾害防治项目(个)	地质灾害防治投资(万元)
		滑坡	崩塌			
2014	1		1		5	148
2015	4	3	1		7	164
2016	12	8	4	30	6	359
2017					8	1428
2018					10	1167
2019					6	284
2020	1	1		50	21	453
2021					5	469

注：2017年起地质灾害防治投资包括治理和监测部分，灾情不包括险情。

9—5 水资源情况

年 份	水资源总量（亿立方米）	地表水资源量	地下水资源量	地表水与地下水资源重复量	人均水资源量（立方米/人）	单位GDP用水量（立方米）	单位工业增加值用水量（立方米）
2005	23.39	23.33	5.67	5.61	513.28		
2010	30.12	30.02	4.89	4.79	608.55		
2011	28.33	28.13	4.86	4.66	401.20		
2012	30.99	30.77	5.32	5.10	409.27		
2013	29.44	27.42	5.17	2.02	386.81		
2014	49.69	47.94	8.30	6.55	645.66		
2015	49.76	47.89	8.19	6.32	638.77	53.80	23.70
2016	87.73	85.80	13.09	11.16	1114.88	50.70	21.30
2017	37.64	35.70	7.30	5.36	472.57	43.20	17.20
2018	54.31	52.38	8.68	6.75	671.57	38.90	17.80
2019	21.52	20.57	4.46	3.51	262.79	32.80	25.70
2020	89.15	87.41	9.23	7.49	951.44	30.81	22.15
2021	51.06	48.86	11.38	9.18	539.46	27.19	18.64

注：水资源总量=地表水资源量＋地下水资源量－地表水与地下水资源重复量。

9—6 各县（市）水资源情况（2021年）

地 区	水资源总量（亿立方米）	地表水资源量	地下水资源量	地表水与地下水资源重复量	人均水资源量（立方米/人）
全 市	**51.06**	**48.86**	**11.38**	**9.18**	**539.46**
#长丰县	5.51	5.14	1.55	1.18	695.71
肥东县	7.57	7.29	2.26	1.98	847.70
肥西县	7.70	7.14	1.57	1.01	787.32
庐江县	13.37	12.88	2.80	2.31	1503.94
巢湖市	11.21	11.00	2.07	1.86	1539.84

9—7 主要年份生态与环境

指　　标		2005	2010	2015	2020	2021
环境质量						
大气总悬浮微粒日平均值可吸入颗粒物	(毫克/立方米)	0.095	0.111	0.092	0.058	0.063
二氧化硫日平均值	(毫克/立方米)	0.018	0.020	0.016	0.007	0.007
二氧化氮日平均值	(毫克/立方米)	0.025	0.030	0.033	0.039	0.036
饮用水源水质达标率	(%)	100.0	100.0	100.0	100.0	100.0
区域环境噪声平均值	(分贝(A))	53.70	55.40	54.40	57.90	58.90
交通干线噪声平均值	(分贝(A))	68.00	69.30	67.70	69.10	67.00
污染控制						
工业固体废物综合利用率	(%)	99.05	98.90	91.65	78.46	81.49
危险废物处置率	(%)	98.67	100.00	99.66	100.00	100.00
环境建设						
城市污水处理厂集中处理率	(%)	77.79	91.36	92.12	95.39	95.70
环境污染						
二氧化硫排放量	(万吨)	2.65	3.33	4.49	0.47	0.52
COD排放量	(万吨)	3.58	3.18	11.40	4.41	2.53
氨氮排放总量	(万吨)	0.55	0.29	0.92	0.08	0.08
城镇生活污水排放量	(亿吨)	1.63	1.92	4.50	4.46	3.90
#生活污水中化学需氧量排放量	(万吨)	2.73	2.78	4.53	4.28	2.36
#生活污水中氨氮排放量	(万吨)	0.41	0.26	0.55	0.08	0.07
环境污染治理						
建设项目环评执行率	(%)	100	100	100	100	100

注：“三同时”是指防治污染设施必须与主体工程同时设计、同时施工、同时投产。饮用水源水质达标率自2008年起改变计算方法，与历史年份数据不可比。

9—8 环保系统机构、人员数

年份	机构总数（个）	人员总数（人）			
			科技人员		
				监测人员	监理人员
2010	23	398	218	119	141
2014	66	665	373	153	198
2015	66	664	375	163	198
2016	188	1007	828	187	591
2017	188	881	761	169	577
2018	192	804	676	140	523
2019	192	1101	728	138	621
2020	192	1393	857	68	1020
2021	191	1313	909	75	1216

注：2016年起数据包括乡镇、街道机构及工作人员。

9—9 生活污染物排放

年份	城镇生活污水排放量（万吨）	需氧量排放量（吨）	生活及其他二氧化硫排放量（吨）	生活及其他烟尘排放量（吨）
2005	16318	27279	2205	606
2010	19206	27823	1312	1110
2012	37547	49113	2465	6080
2013	42108	47131	2710	3188
2014	43809	45502	2790	3317
2015	45022	45297	4067	3409
2016	40258	68306	2166	1456
2017	40232	68819	2166	1771
2018	39371	71055	1760	1107
2019	43431	79230	226	49919
2020	44608	42796	599	6081
2021	36601	23638	599	484

注：2011年起，生活及其他二氧化硫排放量、生活及其他烟尘排放量仅含生活。2013年起，生活烟尘排放量核算体系发生变化，国家要求排放量按照产排污系数法核定。

9—10 主要年份工业污染治理情况

指　　标		2005	2010	2015	2020	2021
汇总工业企业数	(个)	**39**	**6**	**29**	**16**	**14**
施工项目本年完成投资额	(万元)	**3487.7**	**1151.5**	**22176.9**	**16627.1**	**14100.0**
治理废水		1992.9	165.6	1679.1	4143.9	
治理废气		1111.8	595.9	20472.6	10368.9	
治理固体废物		50.0				
治理噪声		33.0	30.0	12.0	7.0	
其　他		300.0	360.0	13.2	2107.3	
本年竣工项目新增设计处理能力						
治理废水	(吨/日)	45121	200	4320	7549	
治理废气	(万标立方米/时)	50	31	1136	142266	62

注：治理废水、废气含老工业治理，不含三同时项目。

9—11 主要年份工业污染排放及处理利用情况

指标		2005	2010	2015	2020	2021
企业基本情况						
汇总工业企业数	(个)	182	355	692	682	700
汇总企业工业总产值（现价）	(亿元)	568.9	1578.9	2580.6	4920.3	5799.9
工业锅炉	(台)	210	163	273	311	281
	(蒸吨)	4630.2	6495.9	10577.4	19852.2	20160.6
工业炉窑数	(座)	262	142	164	185	162
工业废水						
工业废水排放量	(万吨)	6462.1	3289.8	5335.0	5845.4	6676.1
工业废水中的污染物排放量						
#六价铬	(吨)	0.020	0.0043	0.0212	0.0008	0.0006
挥发酚	(吨)	8.11	0.0573	0.00002	0.0858	0.0210
铅	(吨)	0.19		0.0169	0.0023	0.0023
氰化物	(吨)	5.83	0.0298	0.0186	0.0799	0.0003
石油类	(吨)	134.66	12.20	36.83	0.004	0.004
化学需氧量	(吨)	8542.6	4008.7	6895.1	1289.0	1643.8
工业废气						
工业废气排放量	(亿标立方米)	566.4	701.5	2073.1	76462.6	3762.1
工业二氧化硫排放量	(吨)	24264.0	31988.0	40828.7	4742.1	4552.9
工业二氧化硫去除量	(吨)	1381.4	22370.2	78454.2	96079.8	109061.0
工业烟尘粉尘排放量	(吨)	16939.9	15789.4	85035.7	4518.9	4593.9
工业烟尘粉尘去除量	(吨)	799579	1564517	2800373	3310080	3786649
工业固体废物						
工业固体废物产生量	(万吨)	188.0	339.5	818.0	1120.5	1308.7
工业固体废物综合利用量	(万吨)	185.7	335.3	749.7	922.9	1154.2
工业固体废物贮存量	(万吨)	1.79	3.65	59.07	244.81	232.20

注：2014年烟粉尘排放量增加了烟粉尘无组织排放量，另外日常环境监察工作中发现违规并查处的废气排放企业烟粉尘按无处理计算。

9—12 主要年份城市煤气、天燃气、液化气情况

指　　标		2005	2010	2015	2020	2021
煤气、天然气						
天然气储气能力	(万立方米)	28.0	326.0	1031.0	2287.0	2287.0
煤气、天然气管道长度	(公里)	978.0	2259.3	5012.4	6665.4	7056.3
天然气供气总量	(万立方米)	3962.0	22410.8	52333.0	114772.0	123582.4
#家庭用量		1745.0	6806.4	20930.0	40993.0	43776.4
煤气、天然气用气户数	(万户)	25.0	64.7	144.6	214.6	227.8
#家庭用户	(万户)	25.0	64.5	144.0	213.7	226.9
煤气、天然气用气人数	(万人)	84.9	167.2	354.5	463.3	630.7
液化气						
储气能力	(吨)	4355	3398	1850	1850	1850
供气总量	(吨)	32790	65284	30000	39000	52341
#家庭用量		19190	27474	15000	10850	7850
用气户数	(万户)	20	28	10	8	5
#家庭用户		20	24	10	5	4
用气人口	(万人)	67	75	24	12	11

9—13 主要年份城市供水用水情况

指　　标		2005	2010	2015	2020	2021
水厂个数	(个)	4	7	7	8	8
综合生产能力	(万立方米/日)	87.5	112.0	175.0	233.0	233.0
供水总量	(万立方米)	20713	29453	43568	60317	64385
#生产经营用水		3991	4229	6697	10522	11644
居民家庭用水		10013	14282	20951	29684	32439
公共服务用水		7127	6651	8648	11333	12363
用水人口	(万人)	161.75	240.62	375.18	474.40	641.72
供水管道长度	(公里)	1167.90	2467.86	4591.79	7725.43	3613.09

9—14 主要年份城市市政工程和环境卫生

指　　标		2005	2010	2015	2020	2021
市政工程						
道路长度	(公里)	1466.70	2012.70	2206.47	3156.96	3188.26
道路面积	(万平方米)	2795.00	4323.30	6347.51	8912.53	9228.48
桥梁数	(座)	87	181	501	694	836
排水管道长度	(公里)	1605.00	7222.00	5934.69	8532.58	8762.97
路灯盏数	(盏)	48456	93691	189106	259634	274547
环境卫生						
实际清扫面积	(万平方米)	1242.3	3409.0	7310.0	8149.0	8900.8
生活垃圾清运总量	(万吨)	50.40	66.42	129.16	188.97	209.20
生活垃圾处理总量	(万吨)	50.40	66.40	129.16	188.97	209.20
粪便清运总量	(万吨)	1.20	1.80	2.79	2.03	3.09
公共厕所	(座)	197	219	234	251	366
环卫机械总数	(台)	128	331	1770	1800	1836
生活垃圾无害处理厂	(座)	1	1	2	4	4
生活垃圾无害处理能力	(吨/日)	1200	1870	4478	7478	8000
生活垃圾无害化处理	(万吨)	51.57	66.40	129.16	188.97	209.20

9—15 主要年份城市园林绿化情况

指　　标		2005	2010	2015	2020	2021
城区绿化覆盖面积	(公顷)	6768.0	12737.0	18813.6	23381.0	25195.0
建成区绿地面积	(公顷)	5973.0	11582.0	16760.5	19498.4	20281.6
#建成区公园绿地面积	(公顷)	1414.6	3269.0	4951.1	6036.6	6430.0
建成区公园绿地数量	(个)	10	43	51	210	304

注：1. 城市园林绿化指标数据仅包含市区，不包括四县一市。
　　2. 2018年及以后公园数量和面积统计口径调整，2000m²以上纳入统计。

主要统计指标解释

森林面积

指生长着乔木和竹林，郁闭度在 0.3 以上（不包括 0.3）的林地面积，即有林地面积。它是反映森林资源总面积的重要指标。森林面积包括天然林面积和人工林面积。但不包括灌木林地和疏林地面积。

森林覆盖率

通常是指森林面积以及四旁树木的覆盖面积与土地总面积之比。森林覆盖率，是反映一个国家或地区森林资源和绿化水平的重要指标。计算公式：

森林覆盖率（%）＝森林面积/土地总面积×100%

活立木总蓄积量

指全部土地上树木蓄积的总量。包括森林蓄积、疏林蓄积、散生木蓄积和四旁树蓄积。

降水量

指降水深度，即降水平铺在地域面积上的深度。

水资源总量

一定区域内的水资源总量指当地降水形成的地表和地下产水量，即地表径流量与降水入渗补给量之和，不包括过境水量。

地表水资源量

指河流、湖泊、冰川等地表水体中由当地降水形成的、可以逐年更新的动态水量，即天然河川径流量。

地下水资源量

指当地降水和地表水对饱水岩土层的补给量。

地表水与地下水资源重复量

指地表水和地下水相互转化的部分，即在河川径流量中包括一部分地下水排泄量，地下水补给量中包括一部分来源于地表水的入渗量。

供水总量

指各种水源工程为用户提供的包括输水损失在内的毛供水量。

工业废水排放量

指经过企业厂区所有排放口排到企业外部的工业废水量。包括生产废水、外排的直接冷却水、超标排放的矿井地下水和与工业废水混排的厂区生活污水，不包括外排的间接冷却水（清污不分流的间接冷却水应计算在内）。

城镇生活污水排放量

指城镇居民每年排放的生活污水。用人均系数法测算。测算公式为：

城镇生活污水排放量=城镇生活污水排放系数×市镇非农业人口×365

城镇生活污水中化学需氧量（COD）排放量

指城镇居民每年排放的生活污水中的COD的排放量。

化学需氧量（COD）

测量有机和无机物质化学所消耗氧的质量浓度的水污染指数。

工业废气排放量

指报告期内企业厂区内燃料燃烧和生产工艺过程中产生的各种排入大气的含有污染物的气体的总量，以标准状态（273K，101325Pa）计算。测算公式为：

工业废气排放量=燃料燃烧过程中废气排放量+生产工艺过程中废气排放量

生活及其他SO_2排放量

以生活及其他煤炭消费量和其含硫量为基础，

根据以下公式计算：

生活及其他SO_2排放量=生活及其他煤炭消费量×含硫量×0.8×2

工业SO_2排放量

指报告期内企业在燃料燃烧和生产工艺过程中排入大气的SO_2总量，计算公式为：

工业SO_2排放量=燃料燃烧过程中SO_2 排放量+生产工艺过程中SO_2 排放量

工业烟尘排放量

指企业厂区内燃料燃烧过程中产生的烟气中夹带的颗粒物排放量。

生活及其他烟尘排放量

指除工业生产活动以外的所有社会、经济活动及公共设施的经营活动中燃烧所排放的烟尘纯重量。以生活及其他煤炭消费量为基础进行测算。

工业粉尘排放量

指企业在生产工艺过程中排放的能在空气中悬浮一定时间的固体颗粒物排放量。如钢铁企业的耐火材料粉尘、焦化企业的筛焦系统粉尘、烧结机的粉尘、石灰窑的粉尘、建材企业的水泥粉尘等。不包括电厂排入大气的烟尘。

工业固体废物产生量

指报告期内企业在生产过程中产生的固体状、半固体状和高浓度液体状废弃物的总量，包括危险废物、冶炼废渣、粉煤灰、炉渣、煤矸石、尾矿、放射性废物和其他废物等；不包括矿山开采的剥离废石和掘进废石（煤矸石和呈酸性或碱性的废石除外）。酸性或碱性废石指采掘的废石其流经水、雨淋水的pH值小于4或pH值大于10.5者。

危险废物

指列入国家危险废物名录或根据国家规定的危险废物鉴别标准和鉴别方法认定的，具有爆炸性、易燃性、易氧化性、毒性、腐蚀性、易传染疾病等危险特性之一的废物。

危险废物处置率

危险废物综合利用量与危险废物处置量之和占危险废物产生量的百分比。

工业固体废物综合利用量

指报告期内企业通过回收、加工、循环、交换等方式，从固体废物中提取或者使其转化为可以利用的资源、能源和其他原材料的固体废物量（包括当年利用往年的工业固体废物贮存量），如用作农业肥料、生产建筑材料、筑路等。综合利用量由原产生固体废物的单位统计。

工业固体废物综合利用率

指工业固体废物综合利用量占工业固体废物产生量（包括综合利用往年贮存量）的百分率。计算公式为：

工业固体废物综合利用率=工业固体废物综合利用量/（工业固体废物产生量+综合利用往年贮存量）×100%

工业固体废物贮存量

指报告期内企业以综合利用或处置为目的，将固体废物暂时贮存或堆存在专设的贮存设施或专设的集中堆存场所内的数量。专设的固体废物贮存场所或贮存设施必须有防扩散、防流失、防渗漏、防止污染大气、水体的措施。

工业固体废物排放量

指报告期内企业将所产生的固体废物排到固体废物污染防治设施、场所以外的数量，不包括矿山开采的剥离废石和掘进废石（煤矸石和呈酸性或碱性的废石除外）。

工业污染治理施工项目本年完成投资

指从本年1月1日起至本年最后一天止完成的全部投资额。本年完成投资是反映本年的实际投资规模，计算有关投资效果，进行年度国民经济平衡分析的重要指标。

生活垃圾清运量

指报告期内收集和运送到垃圾处理厂（场）的生活垃圾数量。生活垃圾指城市日常生活或为城市日常生活提供服务的活动中产生的固体废物以及法律行政规定的视为城市生活垃圾的固体废物。包括：居民生活垃圾、商业垃圾、集市贸易市场垃圾、街道清扫垃圾、公共场所垃圾和机关、学校、厂矿等单位的生活垃圾。

土地调查面积

指行政区域内的土地调查总面积，包括农用地、建设用地和未利用地。

农用地

指直接用于农业生产的土地，包括耕地、园地、林地、牧草地及其他农用地。

第十篇

农　业

简要说明

一、本篇资料反映我市农业生产和农村经济的基本情况，内容主要包括乡村户数、人口与从业人员、耕地、农业机械拥有量、农林牧渔业产值、主要产品产量、水利设施与灌溉防涝等。

二、本篇资料来源于按照安徽省统计局的《安徽省农村统计调查报表制度》实施的农村统计调查；部分指标及林业生产情况、渔业生产情况等指标均取自同级业务部门的统计资料；农田水利建设和灌溉防涝情况、农业机械和农产品加工机械拥有量、林业资源情况等资料由市水务局、市农机局、市林业和园林局提供。

农村统计调查的统计范围包括各县（市）区的各种经济类型的全部农林牧渔业以及各非农行业附属的农林牧渔业生产单位。但不包括农业科学试验机构进行的农业生产。

农村统计调查由各县（市）区统计局收集、汇总报送，采取抽样调查、典型调查、重点调查和其他调查所取得的。

10—1　分县区农林牧渔业总产值及构成

(按当年价格计算)　　　　单位：万元

年　　份	全　市	市　区	长丰县	肥东县	肥西县	庐江县	巢湖市	构成(%) 农　业	林　业	牧　业	渔　业	农林牧渔专业及辅助性活动
1980	57602	4524	16687	20376	16015			81.9	1.3	15.9	0.9	
1985	136550	11094	40156	47134	38166			74.6	1.1	22.1	2.2	
1990	259565	24603	70841	88819	75302			66.1	1.6	29.5	2.8	
1995	527172	68651	140490	149728	168303			64.1	1.8	29.7	4.4	
1997	701631	81100	191000	239750	189781			55.1	1.9	35.5	7.5	
1998	645502	86077	187823	216769	154833			52.6	2.0	36.2	9.2	
1999	628764	78222	176509	208543	165490			52.0	2.2	35.6	10.2	
2000	644408	84689	182587	213580	163552			47.9	2.6	38.9	10.6	
2001	670345	87097	186098	225125	172025			48.7	2.2	38.9	10.2	
2002	704136	75268	202098	238517	188253			50.2	2.8	37.2	9.8	
2003	714200	74983	199350	248187	191680			45.1	3.5	39.5	10.4	1.5
2004	925677	82418	222699	354019	266541			50.9	2.2	36.9	8.7	1.2
2005	955877	81249	233214	347508	293907			49.3	2.3	37.7	9.4	1.3
2006	1135542	105813	281695	406355	341679			48.6	2.6	38.1	9.5	1.2
2007	1383515	119622	372237	476963	414692			48.8	2.5	37.4	9.0	2.4
2008	1800429	146201	531963	600728	521537			47.6	2.3	39.8	8.0	2.3
2009	1857859	138721	554080	617773	547285			47.5	2.2	39.3	8.8	2.1
2010	2276350	203193	624352	785920	662885			46.9	2.3	38.2	10.8	1.8
2011	3648662	200862	733173	907016	805120	622800	379691	47.4	2.6	34.5	13.5	2.0
2012	4011797	205885	831284	977464	884972	674297	437895	48.9	2.7	33.3	13.2	1.9
2013	4321854	200100	896064	1058053	959746	731379	476512	48.4	2.8	32.8	14.1	1.9
2014	4503240	319148	934971	1110938	844455	784759	508969	49.0	2.9	32.0	14.1	2.0
2015	4682357	321075	974987	1150357	883324	820006	532608	50.2	3.2	30.3	14.3	2.1
2016	4570902	340455	895766	1075883	891822	818451	548525	50.5	3.8	29.0	14.7	2.0
2017	4626475	312560	948685	1078366	875672	846396	564796	50.9	4.2	27.8	15.0	2.1
2018	4748227	250068	998892	1118007	899020	881199	601041	51.6	4.5	26.3	15.5	2.2
2019	4944925	201297	1078456	1128227	942102	947293	647550	52.0	4.6	25.6	15.5	2.3
2020	5242558	199013	1158321	1216303	987255	997533	684133	52.4	4.6	24.5	15.9	2.6
2021	5508640	159314	1214782	1285646	1049954	1078057	720887	53.0	4.7	22.5	17.2	2.6

注：2016—2017年数据根据第三次全国农业普查结果进行了修订。

10—2 农林牧渔业总产值指数

（上年=100）

年　份	农林牧渔业总产值	农业	林业	牧业	渔业	农林牧渔专业及辅助性活动
1980	101.5	96.3	138.1	120.0	148.7	
1985	110.3	104.8	111.8	126.9	137.4	
1990	107.0	105.5	135.1	110.0	103.8	
1995	108.8	109.2	89.0	103.4	147.1	
1997	117.5	108.2	125.3	132.1	124.3	
1998	99.0	91.5	105.3	106.4	110.4	
1999	107.7	107.8	110.3	105.8	112.9	
2000	100.4	90.5	120.6	111.6	103.5	
2001	102.1	103.0	86.7	102.5	99.9	
2002	105.9	111.4	119.3	100.0	103.7	
2003	97.6	80.7	109.4	111.2	114.2	113.7
2004	124.4	144.0	70.1	114.7	111.3	105.8
2005	100.8	94.4	103.4	106.2	104.2	108.6
2006	111.4	107.7	132.2	114.3	112.7	105.6
2007	109.2	113.9	115.9	103.9	113.3	104.0
2008	107.5	103.9	108.0	111.0	113.2	104.1
2009	106.5	103.5	101.7	109.7	113.4	93.6
2010	104.0	102.5	106.1	104.8	108.2	102.9
2011	103.5	103.9	117.9	100.0	108.4	102.6
2012	105.4	106.7	105.8	104.0	105.1	98.9
2013	103.2	102.7	107.6	101.2	108.4	106.6
2014	104.8	105.9	108.6	102.6	104.7	106.8
2015	104.4	105.4	111.0	102.0	104.8	104.8
2016	102.1	101.1	109.6	100.4	106.6	109.4
2017	103.7	104.0	110.2	101.6	104.4	106.6
2018	101.6	102.7	107.2	97.6	103.4	106.0
2019	101.5	104.0	105.1	94.1	103.5	108.8
2020	101.5	103.8	105.6	94.6	102.8	109.6
2021	106.3	105.6	104.4	108.1	106.2	105.7

10—3　主要农产品产量

单位：万吨

年　份	粮　食	油　料	棉　花	肉　类	水产品	牛　奶
1980	106.71	6.40	0.45	3.15	0.39	0.16
1985	155.30	20.53	0.62	5.64	1.29	0.44
1990	167.68	17.72	0.81	10.07	1.80	0.57
1995	147.98	21.36	1.82	12.77	4.01	0.61
1997	178.61	23.82	1.53	20.25	8.18	0.82
1998	178.63	15.69	1.74	20.12	9.05	0.83
1999	184.22	26.27	1.04	21.21	10.19	1.03
2000	142.98	27.07	1.22	22.90	10.27	1.18
2001	133.30	31.83	1.46	23.90	10.33	1.50
2002	161.36	26.62	1.44	24.71	10.62	1.46
2003	104.47	24.07	1.27	26.32	11.30	1.90
2004	166.55	35.24	1.62	29.70	11.21	2.27
2005	153.93	33.86	1.34	31.34	11.63	2.38
2006	179.60	32.01	1.68	36.61	13.21	3.39
2007	173.06	22.75	1.65	30.41	9.88	3.72
2008	186.63	31.39	1.87	33.91	10.97	4.31
2009	190.40	31.73	1.89	36.82	11.27	6.25
2010	193.52	25.85	1.85	38.02	12.29	9.20
2011	264.94	24.62	3.55	44.74	20.30	10.47
2012	278.10	33.47	3.36	47.21	21.57	11.17
2013	265.56	32.13	3.25	47.50	22.70	11.38
2014	292.50	31.84	3.16	48.26	23.50	11.16
2015	306.51	31.10	2.93	49.12	24.02	11.54
2016	293.40	16.80	0.97	44.96	21.84	7.89
2017	297.62	15.10	0.75	44.78	22.23	7.42
2018	301.35	14.88	0.83	43.60	22.94	7.46
2019	301.19	15.09	0.90	38.35	22.48	9.47
2020	288.95	15.71	0.51	32.79	22.56	6.66
2021	294.13	16.61	0.25	34.06	22.89	8.83

注：2011—2017年粮食产量及2016—2017年油料、棉花、肉类、水产品、牛奶产量根据第三次全国农业普查结果进行了修订。

10—4 主要年份农村基本情况

指标		2005	2010	2015	2016	2017	2018	2019	2020	2021
农村基层组织情况										
乡政府	(个)	42	19	19	18	17	16	16	14	13
镇政府	(个)	35	36	64	66	65	65	65	67	68
乡村户数、人口										
乡村户数	(万户)	70.34	71.76	125.02	122.03	119.59	118.11	117.00	116.22	115.03
乡村人口数	(万人)	282.05	273.76	447.39	430.30	426.61	424.33	421.36	412.54	409.14
乡村从业人员数	(万人)	168.21	167.52	258.76	249.58	246.29	240.67	234.06	231.92	227.49

10—5 各县（市）区农村基本情况（2021年）

指标		全市	瑶海区	庐阳区	蜀山区	包河区	长丰县	肥东县	肥西县	庐江县	巢湖市
农村基层组织情况											
乡镇个数	(个)	81	1	2	3	2	14	18	12	17	12
#镇个数		68	1	1	3	2	12	12	8	17	12
农村基础设施											
自来水受益村数	(个)	913		14	21	21	150	216	139	180	116
通有线电视村数	(个)	862		14	13	21	144	203	122	180	117
通宽带村数	(个)	914		14	21	21	150	216	139	180	117
乡村人口与从业人员											
乡村户数	(万户)	115.03	0.54	0.58	2.01	2.56	16.00	23.22	19.54	27.64	20.67
乡村人口数	(万人)	409.14	2.23	1.81	6.42	8.43	61.42	77.23	71.89	104.11	66.89
乡村劳动力资源数	(万人)	262.30	1.60	1.08	4.22	4.62	41.33	49.67	49.54	65.48	38.83
乡村从业人员数	(万人)	227.49	1.49	0.72	3.34	4.32	35.11	43.72	45.77	56.02	32.28
男		124.02	0.84	0.38	1.78	2.22	19.75	23.47	25.46	29.80	17.49
女		103.47	0.64	0.33	1.56	2.10	15.35	20.24	20.30	26.22	14.79

10—6　各县（市）区水利建设基本情况（2021年）

地　区	水库总数（座）	大型水库	中型水库	小型水库
全　市	**704**	**2**	**21**	**681**
瑶海区	1			1
庐阳区	2	1		1
蜀山区	16	1		15
包河区				
长丰县	187		10	177
肥东县	241		5	236
肥西县	78		1	77
庐江县	110		1	109
巢湖市	63		1	62
其　他	6		3	3

地　区	供水工程总供水量（万立方米）	耕地灌溉面积（千公顷）	实际耕地灌溉面积	旱涝保收面积（千公顷）
全　市	**310330.10**	**462.63**	**334.08**	**63.00**
瑶海区	15172.19	2.15	2.00	
庐阳区	11005.73	3.14	2.67	
蜀山区	22577.47	3.35	1.50	
包河区	15055.69	4.33		
长丰县	31748.56	67.66	49.58	
肥东县	46324.83	122.85	74.44	
肥西县	40712.00	102.54	67.15	63.00
庐江县	64821.51	97.78	89.94	
巢湖市	40103.46	57.63	46.80	
其　他	22808.66	1.20		

10—7 各县（市）区农业机械拥有量（2021年）

指　　标		全　市	市　直	长丰县	肥东县	肥西县	庐江县	巢湖市
农业机械总动力	（万千瓦）	508.98	26.52	109.47	80.12	63.72	166.92	62.22
柴油发动机动力		427.86	21.98	104.47	69.87	53.01	127.36	51.17
汽油发动机动力		9.69	1.23	1.65	3.17	0.36	2.92	0.36
电动机动力		71.39	3.31	3.34	7.06	10.35	36.64	10.69
耕作机械								
大、中型拖拉机	（台）	16911	669	4741	2918	2265	4291	2027
小型拖拉机	（台）	183645	13003	54056	33250	21000	56088	6248
大、中型拖拉机配套农具	（部）	392448	26123	108051	57770	73727	109968	16809
水稻插秧机	（台）	2347	50	267	450	290	975	315
水稻直播机	（台）	405		162		4	169	70
谷物烘干机	（台）	1662	17	150	260	234	694	307
保鲜储藏设备	（台）	518	27	174	90	90	82	55
农产品初加工作业机械	（台）	20541	927	1663	3671	3479	6893	3908
#粮食加工机械		13437	734	1251	2750	2546	3444	2712
棉花加工机械		1846	62	80	380	263	721	340
油料加工机械		2599	131	332	520	670	608	338
畜牧机械	（台）	4550	513	422	1100	745	1378	392

10—8　各县（市）区农业现代化情况（2021年）

指　　标		全　市	瑶海区	庐阳区	蜀山区	包河区
农业机械化情况						
机耕面积	（千公顷）	626.07				
机播面积	（千公顷）	350.85				
机械植保面积	（千公顷）	252.93				
机械收割面积	（千公顷）	516.81				
农村主要物资消耗情况						
农村用电量	（万千瓦时）	200719	460	511	1132	3392
农用化肥施用量（折纯）	（吨）	214194	85	2	1421	404
氮　肥		65067	15		287	38
磷　肥		27320	18		299	20
钾　肥		24976	22		96	50
复合肥		96831	30	2	739	296
农用塑料薄膜使用量	（吨）	14632		38	40	535
地膜使用量	（吨）	3486		21	17	39
地膜覆盖面积	（公顷）	28116		56	87	450
农用柴油使用量	（吨）	69970		29	97	23
农药使用量	（吨）	3332			9	1
农田水利建设情况						
耕地灌溉面积	（千公顷）	462.63	2.15	3.14	3.35	4.33

指　　标		长丰县	肥东县	肥西县	庐江县	巢湖市
农业机械化情况						
机耕面积	（千公顷）	143.50	157.39	72.50	138.15	90.23
机播面积	（千公顷）	67.02	79.30	62.40	85.35	45.54
机械植保面积	（千公顷）	24.40	41.20	22.80	130.00	27.97
机械收割面积	（千公顷）	114.52	115.03	64.61	129.40	73.88
农村主要物资消耗情况						
农村用电量	（万千瓦时）	21517	38833	27224	45989	61202
农用化肥施用量（折纯）	（吨）	53531	43516	29808	58106	24202
氮　肥		19544	10875	14610	9470	9339
磷　肥		12296	4363	4902	4336	715
钾　肥		6013	1869	2738	12723	1225
复合肥		15678	26409	7558	31577	12923
农用塑料薄膜使用量	（吨）	9227	2092	1615	396	631
地膜使用量	（吨）	1982	459	623	61	265
地膜覆盖面积	（公顷）	13011	4658	6857	836	1269
农用柴油使用量	（吨）	18560	6335	18362	20313	5056
农药使用量	（吨）	484	476	1258	669	396
农田水利建设情况						
耕地灌溉面积	（千公顷）	67.66	122.85	102.54	97.78	57.63

注：市区农业机械化情况为四城区合计数。

10—9 各县（市）区农林牧渔业总产值（2021年）

指 标	全 市	瑶海区	庐阳区
农林牧渔业总产值（按现行价计算）	**5508640**	**2498**	**19553**
农业总产值	**2918659**	**1441**	**10231**
谷物及其他作物	903652		
谷 物	730319		
薯 类	6181		
油 料	99116		
豆 类	12073		
棉 花	4822		
糖 料	2854		
其他农作物	48211		
蔬菜、食用菌及花卉盆景园艺产品	1484454	1441	7146
蔬菜（含菜用瓜）	1207473	1441	7095
食用菌	26272		51
花 卉	6383		
盆景园艺	244326		
水果、坚果、茶、饮料和香料	515232		
#水果（含果用瓜）	478791		
茶及饮料原料	14861		
林业总产值	**259730**	**965**	**8788**
林木的培育和种植	232254	965	8788
竹木采运	22526		
林产品	4950		
牧业总产值	**1239644**		
牲畜饲养	85892		
#牛	19640		
羊	16301		
奶产品	49951		
猪的饲养	379710		
家禽饲养	646351		
肉 禽	440937		
禽 蛋	205414		
其他畜牧业	127691		
渔业总产值	**947046**		**4**
内陆水域产品	947046		4
#养 殖	696483		
农林牧渔专业及辅助性活动总产值	**143561**	**92**	**530**

单位：万元

蜀山区	包河区	长丰县	肥东县	肥西县	庐江县	巢湖市
33193	**68684**	**1214782**	**1285646**	**1049954**	**1078057**	**720887**
19137	**61103**	**651975**	**637713**	**483194**	**617615**	**403790**
8476		193877	213541	124941	215783	133484
8117		167390	153250	107926	182331	98493
		1808	1639	385	2118	231
292		11804	43452	11957	12688	18299
57		2912	3952	2020	2234	784
10		163	1757	927	1337	628
		138	541	467	1289	419
		9662	8950	1259	13786	14554
4144	36606	208447	344056	304304	328272	234507
4144	35242	174697	299584	185329	268221	216682
	304	4501	8775	5469	6117	562
	1060	2655	607	1920	134	7
		26594	35090	111586	53800	17256
6517	24497	249651	80116	53949	62995	31043
6500	24497	230570	79735	53714	50774	26537
			70	74	11200	3517
5162	**4966**	**44504**	**64170**	**56070**	**51065**	**23291**
5162	4966	33106	59555	53944	42714	22305
		11398	4615	2126	3401	986
					4950	
8894	**214**	**300181**	**338682**	**341035**	**123828**	**125144**
1915	75	27230	43287	4044	4290	4980
1839		4420	7426	2473	2173	1264
76	75	7152	1568	1571	2117	3716
		15658	34293			
821		106152	104972	116150	28730	22842
6158	139	139279	145573	199952	75764	77934
2879	113	95936	87320	147438	50309	56071
3279	26	43343	58253	52514	25455	21863
		27520	44850	20889	15044	19388
	288	**189587**	**213441**	**140423**	**253593**	**149710**
	288	189587	213441	140423	253593	149710
	288	128154	186137	114798	161448	105658
	2113	**28535**	**31640**	**29232**	**31956**	**18952**

10—10 各县（市）区农作物播种面积和产量（2021年）

指标		全市	瑶海区	庐阳区
农作物总播种面积	**（公顷）**	**696104**	**111**	**544**
粮食作物播种面积	**（公顷）**	**527147**		**7**
产　量	**（吨）**	**2941300**		**11**
#夏收粮食面积	（公顷）			
产　量	（吨）			
#谷物播种面积	（公顷）			
产　量	（吨）			
稻谷播种面积	（公顷）	359293		
产　量	（吨）	2204300		
早稻播种面积	（公顷）			
产　量	（吨）			
中稻和一季晚稻播种面积	（公顷）			
产　量	（吨）			
双季晚稻播种面积	（公顷）			
产　量	（吨）			
小麦播种面积	（公顷）	129227		
产　量	（吨）	596600		
玉米播种面积	（公顷）	19440		
产　量	（吨）	101500		
其他谷物播种面积	（公顷）			
产　量	（吨）			
豆类播种面积	（公顷）	13647		
产　量	（吨）	19800		
薯类播种面积（按折粮类算）	（公顷）	4487		
产　量	（吨）	13500		

蜀山区	包河区	长丰县	肥东县	肥西县	庐江县	巢湖市
7943	**3203**	**141058**	**161479**	**98298**	**163111**	**100787**
7260	**7**	**115193**	**111233**	**74433**	**131713**	**75433**
33500	**10**	**651800**	**624800**	**440500**	**742700**	**395600**
5480		72040	76360	53867	91173	50880
25700		452400	481100	346100	573400	284000
1613		34407	24107	16940	31473	18607
7200		166700	104600	86600	137400	85000
120		3227	5187	780	5240	4727
600		17600	29900	3500	24400	24400
47		2873	4473	2600	2560	947
100		5000	6200	3600	3400	1300
		1600	1100	247	1260	273
		4600	3200	700	4200	900

10—10 续表

指标		全市	瑶海区	庐阳区
经济作物播种面积	**(公顷)**	**168957**	**111**	**537**
油料播种面积	(公顷)	56074		
产量	(吨)	166143		
#花生播种面积	(公顷)	13434		
产量	(吨)	49348		
油菜籽播种面积	(公顷)	41625		
产量	(吨)	115069		
芝麻播种面积	(公顷)	952		
产量	(吨)	1523		
棉花播种面积	(公顷)	3533		
产量	(吨)	2549		
糖料播种面积	(公顷)	190		
产量	(吨)	7523		
蔬菜播种面积	(公顷)	93734	111	434
产量	(吨)	2416862	2822	13328
瓜果类播种面积	(公顷)	10231		103
产量	(吨)	270552		2201
#西瓜播种面积	(公顷)	4392		61
产量	(吨)	135948		1204
草莓播种面积	(公顷)	5042		42
产量	(吨)	116621		997
其他作物播种面积	(公顷)	3288		

蜀山区	包河区	长丰县	肥东县	肥西县	庐江县	巢湖市
683	**3196**	**26291**	**50374**	**24016**	**34268**	**27165**
222		6872	24024	5979	7490	11093
559		19760	72167	19667	22031	30864
4		1403	5479	1999	1944	2560
8		5516	22030	8552	5856	7263
216		5300	18479	3912	5352	8019
549		13916	49943	10978	15823	22893
2		169	12	60	194	513
2		328	20	108	352	708
5		125	1242	737	1032	393
4		90	901	506	708	340
		9	32	36	82	31
		371	1360	1256	3423	1113
390	3105	13416	23682	15657	22121	13165
7315	71516	348394	609251	375822	541637	413265
66	91	5452	1298	1492	755	703
2074	1825	133797	44935	39685	19743	19581
19	2	875	1192	1173	495	385
380	56	28523	42627	31352	14107	13009
46	58	4271	52	138	140	242
1653	1281	99304	1175	2882	3021	4885
		157	97	44	1938	1052

10—11 各县（市）区茶叶、水果生产情况（2021年）

指 标		全 市	瑶海区	庐阳区	蜀山区	包河区
茶叶产量	（吨）	2417				
#绿毛茶		2391				
园林水果	（吨）	242791		1918	8728	28294
苹 果		131			80	
梨		22842		44	4570	
柑橘类		233				
其他园林水果		219585		1874	4078	28294
#桃		103985		1278	1480	558
葡 萄		82093		211	319	18496
柿 子		11433				
年末实有茶园面积	（公顷）	8308				
#本年采摘面积		5974				
年末果园面积	（公顷）	10281		108	212	651
#梨 园		813		3	121	
桃 园		4922		71	42	21
葡萄园		2943		12	15	567

指 标		长丰县	肥东县	肥西县	庐江县	巢湖市
茶叶产量	（吨）		11	12	1836	558
#绿毛茶			11	12	1836	532
园林水果	（吨）	47930	64176	35627	41287	12814
苹 果			35			16
梨		8644	5530	2567	1021	366
柑橘类						233
其他园林水果		39286	58611	33060	40266	12199
#桃		28214	45590	18156	2315	5244
葡 萄		5828	3470	12365	37239	3623
柿 子		3619	5240	1838	205	311
年末实有茶园面积	（公顷）		41	51	6475	1741
#本年采摘面积			35	11	4455	1474
年末果园面积	（公顷）	2046	2426	796	3027	894
#梨 园		314	205	59	65	31
桃 园		1354	1909	367	822	256
葡萄园		247	145	353	1416	165

10—12　造林面积

单位：公顷

年　份	营造林面积	人工造林	人工造林按用途分 用材林	经济林	防护林	特种用途林
2005	1731			148	1521	
2010	3276	3276	356	239	2670	
2015	11208	11207	5527	1452	3577	651
2017	4776	2302	577	393	1332	
2018	21424	4053	1556	2256	241	
2019	20669	6705	3544	2880	281	
2020	18537	6691	2414	3000	1277	
2021	20070	2436	1122	224	1089	

10—13　各县（市）区造林面积（2021年）

单位：公顷

地　区	营造林面积	人工造林	人工造林按用途分 用材林	经济林	防护林	特种用途林
全　市	**20070**	**2436**	**1122**	**224**	**1089**	
瑶海区	214	32	14		18	
庐阳区	341	140		6	134	
蜀山区	601	110			110	
包河区	1119	254			254	
长丰县	3149	380		30	350	
肥东县	3684	703	703			
肥西县	3285	285	85	11	189	
庐江县	3913	324	167	150	7	
巢湖市	3764	206	152	28	26	

10—14 各县（市）区畜牧业生产情况（2021年）

指　　标		全　市	瑶海区	庐阳区
出栏数				
大牲畜	（头）	1806615		
#牛		23333		
猪	（头）	1580000		
羊	（只）	203282		
#山　羊		154499		
家　禽	（万只）	11128.7		
#鸡		9421.0		
年末存栏数				
大牲畜	（头）	987033		
#牛		40322		
#肉　牛		9720		
奶　牛		28604		
役用牛		1998		
猪	（头）	848000		
#能繁殖母畜		84000		
羊	（只）	98711		
#山　羊		64604		
家　禽	（万只）	3539		
肉类总产量	（吨）	340586		
牛		3572		
猪		131346		
羊		2847		
家　禽		202821		
蜂蜜产量	（吨）			
奶类产量	（吨）	88307		
蚕茧产量	（吨）			
禽蛋产量	（吨）	207340		

注：全市包括高新区、经开区、新站区数据。

蜀山区	包河区	长丰县	肥东县	肥西县	庐江县	巢湖市
7471	686	569771	477891	481524	136581	132038
2306		4823	9038	3034	2556	1514
4064		481407	446119	454365	110501	83365
1101	686	83541	22734	24125	23524	47159
667	686	71045	22621	24125	16439	18504
78.5	3.3	2452.2	2214.0	3853.8	1273.6	1228.6
73.7	3.0	1886.0	1806.3	3661.9	871.5	1098.4
6328	1005	362580	283092	151157	88630	93473
339		12102	22830	732	2379	1865
339		2763	2874	732	1886	1056
		8939	19665			
		400	291		493	809
4785		322000	245000	144740	70132	61220
402		28314	22313	21119	7020	4824
1204	1005	28478	15262	5685	16119	30388
1197	1005	25402	15262	5685	8222	7261
0	4	610	983	1030	464	431
1945	65	93185	80662	106678	31912	25873
124		785	1402	433	543	271
400		41684	39314	35390	8341	6202
93	13	1037	301	275	386	734
1328	52	49679	39645	70580	22642	18666
		20787	67520			
3147	29	46754	52492	54725	25974	23463

10—15 各县（市）区渔业生产情况（2021年）

指　　标		全　市	瑶海区	庐阳区	蜀山区	包河区
水产品产量	**（吨）**	**228876**		**10**	**460**	**189**
内陆水域捕捞		7252				
鱼　类		4231				
虾蟹类		2634				
贝　类		112				
其　他		275				
内陆水域养殖		221624		10	460	189
鱼　类		111780		10	460	189
虾蟹类		106239				
贝　类		783				
其　他		2822				
内陆水域养殖面积	**（公顷）**	**30123**		**14**	**275**	**35**
池塘养殖面积		20523		14	275	35
湖泊养殖面积						
河沟养殖面积		1923				
水库养殖面积		7227				
其他养殖		450				

指　　标		长丰县	肥东县	肥西县	庐江县	巢湖市
水产品产量	**（吨）**	**44028**	**49445**	**37905**	**54540**	**42299**
内陆水域捕捞		1707	1175	1188	2850	332
鱼　类		1483	610	1028	980	130
虾蟹类		8	500	160	1854	112
贝　类		42	62			8
其　他		174	3		16	82
内陆水域养殖		42321	48270	36717	51690	41967
鱼　类		11659	32348	22709	27630	16775
虾蟹类		30077	15297	12729	23970	24166
贝　类		45	622	53		63
其　他		540	3	1226	90	963
内陆水域养殖面积	**（公顷）**	**4854**	**6678**	**7037**	**7100**	**4130**
池塘养殖面积		3657	2697	4558	5900	3387
湖泊养殖面积						
河沟养殖面积			1012	451	460	
水库养殖面积		1170	2955	1712	650	740
其他养殖		27	14	316	90	3

主要统计指标解释

农林牧渔业总产值

农林牧渔业总产值是以货币表现的农林牧渔业的全部产品总量和对农林牧渔业生产活动进行的各种支持性服务活动的价值。它反映一定时期内农林牧渔业生产总规模和总成果，是观察农林牧渔业生产水平和发展速度，研究农林牧渔业内部比例关系、农林牧渔业与工业、农林牧渔业与国家建设、人民生活比例关系的重要指标，同时也是计算农林牧渔业劳动生产率和农林牧渔业增加值的基础资料。1957 年以前的农业总产值中包括了厩肥和农民自给性手工业（如农民自制衣服、鞋、袜，自己从事粮食初步加工等）。1958 年及以后的农业总产值，林业中增加了村及村以下竹木采伐产值；牧业中取消了厩肥产值；副业中取消了农民自给性手工业产值，增加了村及村以下办的工业产值；渔业中增加了海洋捕捞水产品产值。1980 年及以后的农业总产值，在副业中增加了农民家庭兼营工业商品部分的产值。从 1984 年起村及村以下工业产值划归工业。从 1993 年起取消副业，将野生动物的捕猎划入牧业，野生植物采集和农民家庭兼营商品性工业划归农业。2003 年起，取消农业中的农民家庭兼营商品性工业，增加了农林牧渔专业及辅助性活动。

粮食产量

指全社会的产量。包括国有经济经营的、集体统一经营的和农民家庭经营的粮食产量，还包括工矿企业办的农场和其他生产单位的产量。粮食除包括稻谷、小麦、玉米、高粱、谷子及其他杂粮外，还包括薯类和豆类。其产量计算方法，豆类按去豆荚后的干豆计算；薯类（包括甘薯和马铃薯，不包括芋头和木薯）1963 年以前按每 4 公斤鲜薯折 1 公斤粮食计算，从 1964 年开始改为按 5 公斤鲜薯折 1 公斤粮食计算。城市郊区作为蔬菜的薯类（如马铃薯等）按鲜品计算，并且不作粮食统计。其他粮食一律按脱粒后的原粮计算。

油料产量

指全部油料作物的生产量。包括花生、油菜籽、芝麻、向日葵籽、胡麻籽（亚麻籽）和其他油料。不包括大豆、木本油料和野生油料。花生以带壳干花生计算。

水产品产量

指人工养殖的水产品和天然生长的水产品的捕捞量。包括海水的鱼类、虾蟹类、贝类和藻类以及内陆水域的鱼类、虾蟹类和贝类，不包括淡水生植物。

猪、牛、羊肉产量

指当年出栏并已屠宰、除去头蹄下水后带骨肉（即胴体重）的重量。

期初（末）畜禽存栏头（只）数

指报告期初（末）农村各种合作经济组织和国营农场、农民个人、机关、团体、学校、工矿企业、部队等单位以及城镇居民饲养的大牲畜、猪、羊、家禽等畜禽的存栏数。

农作物播种面积

指实际播种或移植有农作物的面积。凡是实际种植有农作物的面积，不论种植在耕地上还是种植在非耕地上，均包括在农作物播种面积中。在播种季节基本结束后，因遭灾而重新改种和补种的农作物面积，也包括在内。

农用化肥施用量

指本年内实际用于农业生产的化肥数量，包括氮肥、磷肥、钾肥和复合肥。化肥施用量要求按折纯量计算数量。折纯量是指把氮肥、磷肥、钾肥分别按含氮、含五氧化二磷、含氧化钾的百分之一百成份进行折算后的数量。复合肥按其所含主要成分折算。

农业机械总动力

指主要用于农、林、牧、渔业的各种动力机械的动力总和。包括耕作机械、排灌机械、收获机械、农用运输机械、植物保护机械、牧业机械、林业机械、渔业机械和其他农业机械〔内燃机按引擎马力折成瓦（特）计算、电动机按功率折成瓦（特）计算〕。不包括专门用于乡、镇、村、组办工业、基本建设、非农业运输、科学试验和教学等非农业生产方面用的动力机械与作业机械。

第十一篇

工　业

简要说明

一、本篇主要包括以下几部分汇总资料：

1. 全部规模以上工业企业按地区和行业分组的主要经济指标和经济效益指标，主要包括资产总计、流动资产、固定资产合计、流动负债、所有者权益、营业收入、营业税金及附加、利润总额、利税总额、总资产贡献率、资产负债率、流动资产周转次数和成本费用利润率等指标。

2．国有控股工业企业的主要经济指标。

3．外商投资和港澳台投资工业企业主要经济指标。

4. 大中型工业企业的主要经济指标。

5．民营规模以上工业企业主要经济指标。

6. 主要工业产品产量。

7．主要工业产品生产能力。

8. 工业企业总产值和营业收入20强。

二、2011年开始，规模以上工业统计范围调整为年主营业务收入2000万元及以上工业企业。

三、资料来源：由市统计局工交处根据国家统计局和安徽省统计局工业统计报表制度收集、汇总、整理。

11—1　规模以上工业企业主要经济效益指标

年　　份	总资产贡献率(%)	资产负债率(%)	流动资产周转率(次/年)	成本费用利润率(%)	产品销售率(%)
2010	20.94	59.64	2.17	12.27	97.16
2011	16.59	57.75	2.55	8.07	96.87
2012	18.84	58.32	2.82	8.41	96.96
2013	17.06	57.86	2.72	7.52	96.92
2014	13.04	57.23	2.59	6.12	96.71
2015	12.49	57.23	2.43	5.99	97.00
2016	11.78	56.93	2.21	6.00	97.46
2017	9.86	55.39	1.92	5.96	97.83
2018	7.60	57.17	1.50	5.10	98.54
2019	6.58	59.25	1.32	4.72	98.98
2020	6.64	60.75	1.26	4.96	98.99
2021	7.43	60.62	1.27	6.13	99.50

注：产品销售率为快报数据。

11—2 按组成分主要经济效益指标（2021年）

项目	总资产贡献率(%)	资产负债率(%)	流动资产周转率(次/年)	成本费用利润率(%)
总计	**7.43**	**60.62**	**1.27**	**6.13**
#国有控股企业	8.52	50.87	1.71	6.90
按登记注册类型分				
内资企业	7.86	55.24	1.40	6.68
国有企业	29.60	44.32	0.96	11.19
集体企业	4.69	12.16	1.24	2.69
有限责任公司	8.84	52.45	1.48	10.07
股份有限公司	5.13	52.24	1.23	5.32
私营企业	6.61	64.48	1.49	3.62
港、澳、台商投资企业	3.98	87.31	0.91	1.94
外商投资企业	10.47	54.01	1.21	9.60
按轻重工业分				
轻工业	13.80	53.37	1.40	9.94
重工业	5.82	62.45	1.23	4.99
按企业规模分				
大型企业	7.25	64.87	1.24	5.51
中型企业	7.13	51.32	1.23	7.87
小型企业	8.24	57.70	1.38	6.38

11—3　分行业规模以上工业企业主要经济效益指标（2021年）

行　业	总资产贡献率(%)	资产负债率(%)	流动资产周转率(次/年)	成本费用利润率(%)
总　计	**7.43**	**60.62**	**1.27**	**6.13**
黑色金属矿采选业	38.98	38.10	2.29	126.42
有色金属矿采选业	16.98	66.80	13.16	34.90
非金属矿采选业	21.98	69.00	1.94	30.14
农副食品加工业	9.63	52.59	1.63	6.97
食品制造业	11.96	44.68	2.30	6.25
酒、饮料和精制茶制造业	22.71	57.00	4.10	9.92
烟草制品业	98.46	28.80	1.88	14.00
纺织业	14.67	48.87	2.02	11.18
纺织服装、服饰业	6.33	68.61	0.99	4.54
皮革、毛皮、羽毛及其制品和制鞋业	7.47	64.41	1.61	3.25
木材加工及木、竹、藤、棕、草制品业	3.84	76.58	1.85	1.72
家具制造业	10.56	53.76	1.47	7.85
造纸及纸制品业	5.67	57.30	2.04	2.01
印刷和记录媒介复制业	13.00	40.39	1.32	11.47
文教、工美、体育和娱乐用品制造业	6.51	61.24	1.69	1.97
石油加工、炼焦及核燃料加工业	-1.87	93.50	1.70	-3.02
化学原料及化学制品制造业	8.63	54.93	1.55	8.03
医药制造业	44.77	32.89	1.54	92.43
化学纤维制造业	20.84	25.15	2.66	20.29
橡胶和塑料制品业	9.88	45.17	1.68	6.99
非金属矿物制品业	11.70	70.11	1.34	8.85
黑色金属冶炼及压延加工业	6.97	50.55	6.00	1.78
有色金属冶炼及压延加工业	7.32	45.43	1.26	6.09
金属制品业	6.62	59.54	1.73	3.81
通用设备制造业	9.12	51.14	1.30	8.61
专用设备制造业	9.18	44.81	0.79	14.21
汽车制造业	4.17	67.15	1.82	1.12
铁路、船舶、航空航天和其他运输设备制造业	7.83	53.97	0.98	7.54
电气机械和器材制造业	5.43	62.19	1.16	4.23
计算机、通信和其他电子设备制造业	4.79	67.46	0.96	4.72
仪器仪表制造业	6.69	40.00	0.65	9.36
其他制造业	2.07	49.32	0.53	3.76
废弃资源综合利用业	13.94	54.62	1.54	10.68
金属制品、机械和设备修理业	8.61	36.45	0.71	22.38
电力、热力生产和供应业	2.00	63.38	5.02	-1.33
燃气生产和供应业	6.29	62.41	2.41	7.35
水的生产和供应业	1.52	40.49	0.80	3.78

11—4 规模以上工业企业主要经济指标（2021年）

项　　目	企业单位数（个）	#亏损企业	资产总计	#流动资产合　计	#应收账款
总　　计	**2374**	**389**	**130152059**	**79969541**	**34028757**
总计中					
内资企业	2187	351	96141817	53451068	17217773
国有企业	13	1	3017455	2121442	414660
集体企业	1		20056	10976	1503
有限责任公司	547	117	40929614	20288499	7252992
股份有限公司	75	7	27337619	13760594	3297528
私营企业	1550	226	24833850	17266650	6249018
港、澳、台商投资企业	59	13	22299679	18469585	14950304
合资经营企业(港或澳、台资)	26	5	4202451	1728511	234371
合作经营企业(港或澳、台资)	1		7927	6172	149
港澳台商独资经营企业	28	8	16465939	15711670	14533056
港澳台商投资股份有限公司	4		1623363	1023233	182729
外商投资企业	128	25	11710563	8048887	1860680
中外合资经营企业	43	9	3098592	2574987	646803
外资企业	78	15	6377032	3563680	990145
外商投资股份有限公司	7	1	2234939	1910220	223732
总计中					
国有控股企业	203	33	39084569	16370560	4420446
总计中					
轻工业	778	133	26231779	17747436	4450958
重工业	1596	256	103920280	62222104	29577799
总计中					
大型企业	75	11	76758939	47971985	23385260
中型企业	251	35	26634957	14391781	3974931
小型企业	2048	343	26758164	17605774	6668566

单位：万元

#存 货	#产成品	固定资产原 价	累计折旧	负债合计	流动负债合 计
12481007	**4574839**	**48584838**	**21700808**	**78902179**	**66989247**
10104367	3899778	39694635	17477140	53106717	42998536
834308	36936	998325	484151	1337248	1192322
2795	2003	10062	2208	2439	2393
3512558	1502185	19419586	8245406	21468400	15994228
1777871	518827	12586748	6169425	14281520	11680042
3976803	1839795	6679618	2575670	16014057	14126499
1235018	150728	3495520	1473190	19470538	18354156
227944	50334	2068514	726329	2768055	1744638
1417	538	3404	1949	4519	4519
943161	67188	1128511	610520	15823021	15760431
62496	32667	295091	134392	874944	844567
1141622	524332	5394684	2750478	6324924	5636555
393118	198957	1051001	648306	1872279	1841800
614758	267332	4065967	1951243	2968858	2446369
133746	58043	277716	150929	1483787	1348387
3101178	965980	27511386	13053093	19883104	15102256
3246661	1570833	7503273	3292709	13998821	12938829
9234346	3004006	41081565	18408098	64903358	54050418
6009927	2049813	29549155	14333117	49795313	43553937
2714280	1136487	9612283	3785567	13668301	10280660
3756800	1388539	9423401	3582124	15438565	13154650

11—4 续表1

项目	所有者权益合计	#实收资本	国家资本	集体资本	法人资本
总计	**51249855**	**39273757**	**3683040**	**270646**	**15752188**
总计中					
内资企业	43035076	35151978	3451970	268747	14895263
国有企业	1680207	224850	185757		38757
集体企业	17618				
有限责任公司	19461208	26257527	2924537	76015	9095557
股份有限公司	13056098	4881362	285955	146943	3736282
私营企业	8819775	3788210	55721	45789	2024668
港、澳、台商投资企业	2829140	1064894	149009	400	385333
合资经营企业(港或澳、台资)	1434396	457336	117314	400	236665
合作经营企业(港或澳、台资)	3408	2000	1200		300
港澳台商独资经营企业	642918	457357			107629
港澳台商投资股份有限公司	748419	148201	30495		40739
外商投资企业	5385639	3056886	82061	1499	471591
中外合资经营企业	1226313	659468	82061	1499	321602
外资企业	3408174	2316816			89765
外商投资股份有限公司	751152	80602			60224
总计中					
国有控股企业	19201464	11008949	2030952	100273	8547991
总计中					
轻工业	12232951	4096563	350505	31720	1786667
重工业	39016904	35177195	3332535	238926	13965521
总计中					
大型企业	26963626	13516944	403787	81746	11147728
中型企业	12966654	6451877	2494245	105729	2057104
小型企业	11319575	19304937	785007	83172	2547356

单位：万元

个人资本	港澳台资本	外商资本	营业收入	营业成本	税金及附加	销售费用
16600069	**456685**	**2510127**	**101287728**	**85601309**	**1148996**	**2966416**
16493374	6305	35317	74716650	62179127	1071070	2081078
336			2042231	1057844	647756	26167
			13609	9704	136	89
14150202	3634	7582	30018245	24722368	152229	602494
687829	2639	21715	16928318	14450000	85245	609074
1654978	32	6020	25706736	21932198	185693	843239
63272	423215	43665	16842815	15861427	31206	255701
10092	74837	18027	2007272	1649896	8182	35882
	500		9496	7922	81	330
	340378	9351	13544347	13075008	15999	146670
53180	7500	16286	1281699	1128602	6944	72819
43423	27166	2431146	9728264	7560755	46720	629637
32839	9790	211677	2895142	2444885	11616	229722
835	11352	2214864	5166669	3698520	29491	317869
9750	6024	4604	1666453	1417350	5613	82046
243669	3092	82972	28030313	23529242	796655	464331
1015406	199385	712879	24791003	19075391	759540	1399200
15584663	257300	1797248	76496726	66525918	389455	1567215
661082	222694	999907	59261790	50949256	931853	1540320
681261	59444	1054094	17733923	14475776	101813	635570
15257726	174548	456126	24292015	20176278	115330	790526

11—4 续表2

项目	管理费用	研发费用	财务费用	#利息费用	营业利润	投资收益
总计	**3219325**	**3262392**	**514938**	**647704**	**5745084**	**448757**
总计中						
内资企业	2551149	2736205	523732	579172	4593801	344120
国有企业	155506	30099	-5625	-2219	140945	7809
集体企业	2918	516	-9		335	79
有限责任公司	790315	1119969	221245	226802	2735302	77228
股份有限公司	657507	567129	162597	204540	871833	226519
私营企业	944470	1018492	145515	150040	845356	32486
港、澳、台商投资企业	159416	258827	22550	38410	303936	29249
合资经营企业(港或澳、台资)	57599	60323	21236	29351	194208	4285
合作经营企业(港或澳、台资)	325	387	32		519	
港澳台商独资经营企业	67382	161086	3460	1659	91103	15735
港澳台商投资股份有限公司	34109	37032	-2178	7400	18107	9229
外商投资企业	508761	267360	-31344	30122	847346	75389
中外合资经营企业	62971	88368	-28189	5151	85347	3114
外资企业	414545	108205	-2454	18918	614839	4344
外商投资股份有限公司	31245	70787	-702	6053	147160	67931
总计中						
国有控股企业	873494	733479	232545	282702	1769225	155125
总计中						
轻工业	904792	698983	28600	95689	2146459	157569
重工业	2314533	2563408	486338	552015	3598624	291189
总计中						
大型企业	1376268	1776921	250553	396078	3090641	312665
中型企业	765719	733864	83630	107713	1281927	86472
小型企业	1077339	751606	180754	143912	1372515	49620

单位：万元

营业外收入	利润总额	所得税费用	亏损企业亏损总额	利税总额	本年应付职工薪酬	本年应交增值税	平均用工人数（人）
259516	**5860595**	**707070**	**1022519**	**9167114**	**7026287**	**2157524**	**525490**
212436	4681490	569961	880706	7128103	5567550	1375543	426518
1261	141484	26661	392	894232	276211	104992	9667
21	356	89		940	3651	449	171
55184	2763669	347373	303050	3435194	1932363	519296	144511
37762	875756	63667	66253	1269719	1417483	308717	78274
118207	900195	132168	511012	1527912	1937690	442023	193870
19971	321025	18617	79829	863112	667036	510881	44461
6069	199193	-1932	74630	223473	168833	16097	9331
0.2	519	103		823	1176	224	200
13438	103263	23977	5198	585967	403585	466706	27681
464	18051	-3530		52848	93441	27854	7249
27109	858079	118493	61984	1175899	791701	271100	54511
4454	80341	17427	37739	118247	175014	26290	13350
19073	627897	94725	23100	816475	473707	159087	29684
3582	149841	6341	1145	241177	142981	85723	11477
42117	1781193	200056	268165	3116638	2034761	538790	114826
74318	2198425	291749	105770	3538810	1820651	580845	160459
185197	3662169	415322	916749	5628304	5205636	1576679	365031
69411	3080523	351874	572728	5272439	3544326	1260063	207954
56998	1313651	187854	254471	1815154	1650268	399690	131694
133107	1466421	167343	195319	2079522	1831693	497771	185842

11—5 分行业规模以上工业企业主要经济指标（2021年）

行业	企业单位数（个）	#亏损企业	资产总计	#流动资产合计	#应收账款
总计	**2374**	**389**	**130152059**	**79969541**	**34028757**
黑色金属矿采选业	3	1	609635	151709	6053
有色金属矿采选业	2	1	261282	8077	916
非金属矿采选业	5	0	87512	27325	1417
农副食品加工业	97	12	1950288	1365154	280278
食品制造业	57	9	755234	414192	128976
酒、饮料和精制茶制造业	8	1	224377	98696	30402
烟草制品业	2		819395	605878	8081
纺织业	38	4	260802	139444	20787
纺织服装、服饰业	32	9	349846	251344	118075
皮革、毛皮、羽毛及其制品和制鞋业	24	1	83550	67026	30363
木材加工和木、竹、藤、棕、草制品业	8	1	64661	41876	16852
家具制造业	39	4	938107	649845	70649
造纸和纸制品业	36	11	351796	181194	75312
印刷和记录媒介复制业	41	4	611956	441235	123798
文教、工美、体育和娱乐用品制造业	16	5	88287	61429	23536
石油加工、炼焦和核燃料加工业	2	1	10006	5060	895
化学原料和化学制品制造业	103	14	4725455	2443850	436544
医药制造业	42	10	2017078	1124736	202572
化学纤维制造业	4	2	134213	56737	1094
橡胶和塑料制品业	178	28	4133670	2448785	929091
非金属矿物制品业	232	28	4491898	3096087	1847455
黑色金属冶炼和压延加工业	11		569923	287212	83975
有色金属冶炼和压延加工业	14	1	397509	260124	102250
金属制品业	161	25	4136950	2997047	1000410
通用设备制造业	204	29	7248161	4774775	1431313
专用设备制造业	174	24	5040604	3555243	929888
汽车制造业	181	41	8348796	4810280	1442905
铁路、船舶、航空航天和其他运输设备制造业	14	2	390812	307763	130633
电气机械和器材制造业	287	51	22216161	15926814	4540666
计算机、通信和其他电子设备制造业	220	52	47079690	29973330	19191553
仪器仪表制造业	54	5	1315793	1098313	324201
其他制造业	11	3	431477	274936	34108
废弃资源综合利用业	10		120134	74956	4047
金属制品、机械和设备修理业	2		169588	112722	12216
电力、热力生产和供应业	33	7	6568270	884943	381136
燃气生产和供应业	15		1440946	473787	51121
水的生产和供应业	14	3	1708200	477615	15190

单位：万元

#存 货	#产成品	固定资产原 价	累计折旧	负债合计	流动负债合 计
12481007	**4574839**	**48584838**	**21700808**	**78902179**	**66989247**
16986	10371	359663	97855	232253	173244
3815	1382	213417	35979	174537	130943
2490	1460	81863	31522	60382	60149
362670	159135	483929	172299	1025639	839955
99580	29091	488086	214335	337472	314875
35403	20693	228175	104660	127897	119007
355571	21726	332667	190650	236004	232530
37653	12874	137798	63549	127444	110075
34987	21074	104722	58373	240024	209141
17473	7039	17153	7520	53813	47997
8613	6323	26440	6913	49516	43840
66522	15003	292801	70070	504312	488148
46507	14576	187206	61165	201572	164632
63262	27205	286006	149113	247148	221102
22796	11956	35041	14167	54071	47183
2556	761	7627	3594	9356	8989
308250	134008	2203760	956982	2595651	2163826
211975	67630	471491	210453	663334	613310
25646	10875	163474	94910	33754	29855
489023	220999	2357234	1265423	1866995	1684637
358653	138817	1522853	630319	3149412	2875517
113175	44817	441912	185171	288113	282520
46364	29307	109296	39572	180606	145711
737688	280209	1108898	461425	2463319	2081105
1087959	392902	1980327	856832	3706605	3164542
735743	237080	1073403	536850	2258511	1911248
695247	306831	3494170	1768424	5606486	4615611
63115	44210	82549	36999	210924	187168
2631028	1355416	4068324	1857219	13815228	12456753
3327259	833593	14343358	6184816	31761247	26930892
167457	40159	145304	55512	526312	500794
50921	16105	52366	21393	212808	167902
14546	3960	47574	14889	65612	52593
24076	7137	49925	28648	61820	50466
69315	30091	9544271	4453527	4163174	2900070
24375	12056	918619	304989	899244	576950
122307	7968	1123142	454692	691590	385970

11—5 续表1

行　　业	所有者权益合　　计	#实收资本	国家资本	集体资本	法人资本
总　　计	**51249855**	**39273757**	**3683040**	**270646**	**15752188**
黑色金属矿采选业	377382	138897			107911
有色金属矿采选业	86745	70518			70000
非金属矿采选业	27130	26860	16800		8200
农副食品加工业	924649	287342	2510		163040
食品制造业	417761	277083	2334		166322
酒、饮料和精制茶制造业	96479	37411			3764
烟草制品业	583391	66742	66742		
纺织业	133358	74753	297	30	32007
纺织服装、服饰业	109822	36963	6600		13506
皮革、毛皮、羽毛及其制品和制鞋业	29736	14541			4673
木材加工和木、竹、藤、棕、草制品业	15144	18984		8500	7680
家具制造业	433795	131919	5451		71873
造纸和纸制品业	150224	120354			34295
印刷和记录媒介复制业	364808	102995	3444	2000	48268
文教、工美、体育和娱乐用品制造业	34216	19363			6087
石油加工、炼焦和核燃料加工业	650	5840	2160		
化学原料和化学制品制造业	2129804	912450	112912	20	417501
医药制造业	1353744	426107	11231	150	163917
化学纤维制造业	100459	61844	26464		
橡胶和塑料制品业	2266673	1329820	63152	4177	428194
非金属矿物制品业	1342484	742857	360811	26174	136061
黑色金属冶炼和压延加工业	281810	278231	214796		50025
有色金属冶炼和压延加工业	216903	82875			74056
金属制品业	1673629	676042	77297	1530	349845
通用设备制造业	3541553	1253143	74218	15370	463142
专用设备制造业	2782091	14593140	60016	52061	291651
汽车制造业	2742309	1197523	111564	75007	694537
铁路、船舶、航空航天和其他运输设备制造业	179888	74388	12493		29526
电气机械和器材制造业	8400930	2353695	70049	40021	1598520
计算机、通信和其他电子设备制造业	15318440	11087786	1655004	24991	8485018
仪器仪表制造业	789481	153961	11605	1782	66457
其他制造业	218670	74235	9252	9650	33205
废弃资源综合利用业	54521	21875	2900		10386
金属制品、机械和设备修理业	107768	17571	9989		
电力、热力生产和供应业	2405096	2100930	512997	6416	1522841
燃气生产和供应业	541702	144891	92426	2769	27380
水的生产和供应业	1016610	259830	87527		172303

单位：万元

个人资本	港澳台资本	外商资本	营业收入	营业成本	税金及附加	销售费用	管理费用
16600069	**456685**	**2510127**	**101287728**	**85601309**	**1148996**	**2966416**	**3219325**
30986			347901	109446	11757	9255	23162
518			106277	58994	4782	9	9051
1860			53134	33110	996	570	3887
59460	35581	26750	2223376	1956886	7085	96745	59683
23089	41492	43846	954255	795670	5766	57432	43578
14452	16327	2868	404999	279122	2522	76100	11276
			1137527	314463	646559	16991	86667
13826		28593	281311	236358	1477	8375	13222
6358	10500		250010	186593	2067	7577	44732
9868			107824	99740	396	1407	2524
2804			77509	67547	248	1649	2824
54595			955206	731679	5117	76320	37078
25362	127	60570	368808	326494	1766	9279	16152
32875	7357	9051	583362	457753	3724	21903	30424
8026		5250	103772	87746	673	5165	6135
3680			8597	7434	56	206	766
87935	1192	292890	3788561	2915412	18825	232191	236185
222411	12387	16012	1726530	452154	10263	290904	57709
8917	26464		150899	117827	1259	1629	4496
147273	13753	673271	4107102	3375854	21778	185467	134503
206783	8514	4513	4160827	3481526	27461	119765	131308
5550	7860		1723981	1651664	3248	5490	11531
7575		1244	326514	279678	2088	4546	10742
195715		51655	5172077	4720406	14185	65900	106397
444031	2088	254295	6212644	5157911	28110	128366	217935
13866803	10343	312266	2801946	2056803	17742	129009	180484
149301	13681	152434	8765413	7934913	128177	210716	312428
12873	19497		302280	242285	2082	10598	18316
536736	28104	80265	18397651	15932404	65245	673385	381437
315463	201419	405891	28665514	25112569	79453	393375	869029
71570		2548	709307	504836	4078	60059	41082
21124		1005	146710	103152	764	14761	14178
2015		6574	115607	95568	776	1949	4992
		7582	80192	52282	140	1905	7370
1836		56840	4446183	4315668	20937	3474	50929
8400		13916	1141206	1028285	3430	27950	15373
			382719	321081	3963	15995	21742

11—5 续表2

行　　业	研发费用	财务费用	#利息费用	营业利润	投资收益
总　　计	**3262392**	**514938**	**647704**	**5745084**	**448757**
黑色金属矿采选业	8619	1840	2036	192555	4850
有色金属矿采选业	1950	6613	6620	26702	
非金属矿采选业		1979	1970	12544	
农副食品加工业	17369	6349	13408	145292	55689
食品制造业	6441	2530	2947	51767	3216
酒、饮料和精制茶制造业	1233	-32	233	35217	126
烟草制品业	5209	-4812	-4815	58916	1504
纺织业	6359	1573	1082	27594	12645
纺织服装、服饰业	4194	-1202	380	8332	307
皮革、毛皮、羽毛及其制品和制鞋业		486	185	3271	
木材加工和木、竹、藤、棕、草制品业	3682	406	235	1074	
家具制造业	36525	843	3083	68211	658
造纸和纸制品业	6329	3060	2653	7498	28
印刷和记录媒介复制业	16657	1884	2294	59057	615
文教、工美、体育和娱乐用品制造业	1677	1476	658	923	24
石油加工、炼焦和核燃料加工业	413	128		-406	0
化学原料和化学制品制造业	86376	39865	51382	286301	29941
医药制造业	107454	-1515	3621	831197	18596
化学纤维制造业	1146	-89	18	23649	-1037
橡胶和塑料制品业	128364	18832	25300	263555	3453
非金属矿物制品业	53198	29643	24764	322500	-1105
黑色金属冶炼和压延加工业	27363	2495	2408	30054	5220
有色金属冶炼和压延加工业	9358	2999	2065	15536	
金属制品业	97888	23081	32853	183119	22906
通用设备制造业	241899	17914	20593	481791	22221
专用设备制造业	127516	13690	19417	342612	34836
汽车制造业	300106	41305	52933	82239	32909
铁路、船舶、航空航天和其他运输设备制造业	11599	-566	377	19889	
电气机械和器材制造业	658516	58681	87192	772272	122153
计算机、通信和其他电子设备制造业	1182092	136814	185058	1276907	53435
仪器仪表制造业	62393	801	2489	54522	3495
其他制造业	8759	806	3229	6088	6629
废弃资源综合利用业	1402	-128	794	10925	
金属制品、机械和设备修理业	3706	-281		14095	
电力、热力生产和供应业	33159	101525	88898	-62923	3539
燃气生产和供应业	443	269	3371	78741	9374
水的生产和供应业	3000	5676	7972	13470	2531

单位：万元

营业外收入	利润总额	所得税费用	亏损企业亏损总额	利税总额	本年应付职工薪酬	本年应交增值税	平均用工人数（人）
259516	**5860595**	**707070**	**1022519**	**9167114**	**7026287**	**2157524**	**525490**
193	192561	38519	961	236006	23704	31689	1491
76	26736	6702	72	37753	9105	6235	644
37	11921	896		17251	4717	4333	719
5638	148919	6787	3640	183147	105054	27143	11037
5490	56569	13961	1029	85174	86876	22840	10741
1545	36478	9369	54	51034	51370	12034	3526
100	58583	23402		806751	100728	101610	1564
2710	29729	2716	425	37551	33458	6346	4538
3618	10984	2337	3812	22604	61211	9554	6636
123	3389	22	11	6056	6391	2271	1226
252	1309	62	43	2262	8310	706	818
1758	69302	5475	851	99112	92277	24692	9372
1611	7271	1013	5859	17453	23491	8416	3033
2113	60612	7731	1338	76836	59727	12500	6107
1104	2011	406	1048	5156	13668	2472	2411
136	-271		275	-187	843	28	98
9816	281734	34965	21171	381210	244981	80651	16570
9620	838086	116054	9039	906016	129258	57668	9661
1722	25366	6662	1346	28254	10186	1629	702
9458	268778	33074	16247	375895	383954	85340	34922
19573	337838	62801	6197	503372	196474	138073	21432
280	30281	3753		37694	20155	4164	1591
3441	18714	1626	264	27107	16567	6305	1784
11230	190920	24556	7495	257035	266329	51930	25452
17350	496022	51992	21021	647801	505866	123668	40525
16740	356326	40551	18776	448195	359599	74127	28007
20906	98278	21529	70820	314315	662204	87860	51303
1777	21273	1304	1044	31400	21976	8045	2057
35088	748360	58996	117327	1129660	1066659	316055	87582
43994	1306188	102408	534004	2116353	1908111	730711	110909
8809	62636	3680	2588	86543	97780	19829	6942
747	5330	811	10812	7473	23308	1379	1469
388	11079	1021		15980	5380	4124	606
651	14545	2009		14865	21410	180	1246
19119	-59994	-2649	161197	44880	296239	83936	11823
776	78854	19356		88969	52372	6685	3345
1530	13880	3179	3751	20141	56550	2299	3601

11—6　国有控股工业企业主要经济指标（2021年）

项　　目	企业单位数（个）	#亏损企业	资产总计	#流动资产合计	#应收账款
总　　计	**203**	**33**	**39084569**	**16370560**	**4420446**
按轻重工业分					
轻工业	39	5	2656223	1696584	211346
重工业	164	28	36428346	14673976	4209100
按企业规模分					
大型企业	20	5	26016388	9483212	2601072
中型企业	50	11	6734774	3366634	842008
小型企业	133	17	6333407	3520714	977365
按行业分					
黑色金属矿采选业	1		289853	95425	147
有色金属矿采选业	1		253874	4166	0
非金属矿采选业	1		57631	5080	2
农副食品加工业	7		243415	174007	34225
食品制造业	2		14197	10719	867
烟草制品业	1		799339	594903	6578
纺织服装、服饰业	6	2	133840	74998	2749
木材加工和木、竹、藤、棕、草制品业	1		21206	7058	1204
家具制造业	1		55184	48026	18994
印刷和记录媒介复制业	4		76884	52524	5125
化学原料和化学制品制造业	13	1	2719595	1109166	72832
医药制造业	2		49581	30214	7350
橡胶和塑料制品业	7	1	750527	326436	72794
非金属矿物制品业	18		1484773	634560	234851
黑色金属冶炼和压延加工业	3		404775	164024	42856
有色金属冶炼和压延加工业	1		45651	17691	5108
金属制品业	12	1	858129	637574	200285
通用设备制造业	14	2	1343046	950151	154843
专用设备制造业	15		1752772	1155802	229130
汽车制造业	13	6	4650582	2385600	339866
铁路、船舶、航空航天和其他运输设备制造业	3		265878	209818	71480
电气机械和器材制造业	9	4	159883	121787	49872
计算机、通信和其他电子设备制造业	22	6	13401115	5814543	2483021
其他制造业	2	1	68475	40162	7588
废弃资源综合利用业	1		8313	2268	31
金属制品、机械和设备修理业	1		159955	107100	10557
电力、热力生产和供应业	22	6	6220242	745799	310167
燃气生产和供应业	11		1309502	438569	48968
水的生产和供应业	9	3	1486352	412390	8960

单位：万元

#存 货	#产成品	固定资产原价	累计折旧	负债合计	流动负债合计
3101178	**965980**	**27511386**	**13053093**	**19883104**	**15102256**
585173	141900	1087840	501085	1020029	918917
2516005	824080	26423546	12552008	18863075	14183339
1519741	505471	20811620	10215004	12610637	9180525
662457	278462	3874293	1893790	3590580	2838073
918981	182048	2825473	944299	3681886	3083658
7022	5543	154060	48381	74391	71863
3689	1259	212774	35705	173474	129889
1462	444	70116	24359	48979	48979
81582	65476	87225	35146	144963	140191
5122	4114	5474	2653	8025	7861
352777	19724	322606	188442	233565	230137
7121	5701	52531	30140	69070	62452
2099	1084	13621	871	18477	13936
1006	52	8727	7104	47819	43921
9681	5810	42412	25119	19136	18002
149076	61948	1458704	597348	1551196	1176738
6967	2393	21919	15063	20596	8442
67100	25223	399540	131911	248334	204818
84076	53955	841275	303561	893366	798730
58228	11090	375345	151894	194705	189243
4696	2855	6719		14868	1220
166957	86633	290448	145177	416152	383037
168080	73471	308550	176703	643442	593909
206086	28382	203876	92753	1013110	829835
220145	121610	1864625	1035707	3136495	2344512
50293	38380	62796	32054	143356	123451
27650	12099	55385	28182	135333	133169
1155387	310556	9429612	4815837	5246677	3836881
26384	1591	16895	7210	34908	34801
930	501	6962	1716	4746	1056
23989	7051	42058	24458	59769	48481
68489		9284839	4394576	3924662	2795181
23016	11067	830137	287137	806124	483856
122072	7968	1042156	413886	557368	347666

11—6 续表1

项　　目	所有者权益合　　计	#实收资本	国家资本	集体资本	法人资本
总　　计	**19201464**	**11008949**	**2030952**	**100273**	**8547991**
按轻重工业分					
轻工业	1636194	468384	258716		184835
重工业	17565270	10540565	1772235	100273	8363156
按企业规模分					
大型企业	13405751	8126239	368004	44999	7557323
中型企业	3144193	1658574	1022273	39769	458938
小型企业	2651520	1224136	640675	15506	531730
按行业分					
黑色金属矿采选业	215462	92968			61982
有色金属矿采选业	80400	70000			70000
非金属矿采选业	8652	24000	16800		7200
农副食品加工业	98452	34595	1510		26451
食品制造业	6172	4100	2334		1266
烟草制品业	565774	66742	66742		
纺织服装、服饰业	64770	9975	6600		3375
木材加工和木、竹、藤、棕、草制品业	2730	7000			7000
家具制造业	7365	5451	5451		
印刷和记录媒介复制业	57748	16065	3444		10609
化学原料和化学制品制造业	1168399	400490	107817		290973
医药制造业	28985	12750	11231		1519
橡胶和塑料制品业	502193	220642	38884		169526
非金属矿物制品业	591407	383320	357512	1300	20960
黑色金属冶炼和压延加工业	210070	234796	214796		20000
有色金属冶炼和压延加工业	30783	30400			30400
金属制品业	441977	181011	77297		103714
通用设备制造业	699603	176136	71173	8831	42530
专用设备制造业	739662	184275	51900	39480	86444
汽车制造业	1514087	399756	97356	45734	234301
铁路、船舶、航空航天和其他运输设备制造业	122522	36593	12493		22500
电气机械和器材制造业	24550	50491	34789		12315
计算机、通信和其他电子设备制造业	8154438	5978915	189342		5677359
其他制造业	33567	12000			12000
废弃资源综合利用业	3567	2900	2900		
金属制品、机械和设备修理业	100187	9989	9989		
电力、热力生产和供应业	2295581	2034769	512997	4160	1460435
燃气生产和供应业	503378	132600	89126	769	27380
水的生产和供应业	928984	196222	48469		147753

单位：万元

个人资本	营业收入	营业成本	税金及附加	销售费用	管理费用	研发费用
243669	**28030313**	**23529242**	**796655**	**464331**	**873494**	**733479**
21398	2344944	1249394	653720	82857	170635	42083
222271	25685369	22279848	142935	381474	702859	691396
155913	18168536	15111481	739965	281948	511631	458347
52030	5544553	4751451	36634	118955	169024	172209
35726	4317224	3666309	20056	63428	192839	102923
30986	162328	48904	5438	4891	8361	8417
	104271	57263	4693	9	8791	1950
	29849	17336	328	57	1762	
3700	372663	318588	1195	31431	9603	1101
	14723	12627	110	388	476	597
	1123918	304760	646423	16902	83749	4693
	65229	33634	735	1085	29377	2044
	11182	8881	80	700	707	509
	54004	48414	224	142	1669	2727
2012	46104	36043	424	556	8345	1144
1700	1491588	1253842	7076	31959	59289	44815
	47734	18927	631	15968	2338	3784
12232	387941	327300	2038	14848	14063	14394
3548	1095139	789998	11546	13456	29166	21080
	892114	852034	1768	1170	5748	23069
	5713	4983	56	252	1057	
	728989	648014	2540	11121	22801	23796
53603	1855582	1655125	6943	25182	41086	69390
6452	715076	541177	3338	18384	43010	34183
3500	4159908	3885701	34496	134538	152797	131504
1600	212607	169805	1509	7116	14966	8376
3388	190819	170082	1133	6170	7699	8058
112214	8396456	6735070	36854	84093	234254	287313
	19388	18714	90	1807	1753	820
	4139	2771	82	196	615	
	73177	47941	63	1353	7181	3112
336	4387058	4278422	20710	3250	49043	33159
8400	1045988	945375	3056	21608	14893	443
	336627	297514	3076	15701	18895	3000

11—6　续表2

项　　目	财务费用	#利息费用	营业利润	投资收益	营业外收入
总　　计	**232545**	**282702**	**1769225**	**155125**	**42117**
按轻重工业分					
轻工业	-8231	838	159426	3839	5774
重工业	240776	281864	1609799	151286	36343
按企业规模分					
大型企业	165620	206531	1142841	92503	28470
中型企业	33768	44661	342500	47832	6094
小型企业	33157	31510	283885	14790	7554
按行业分					
黑色金属矿采选业	162	416	90037		96
有色金属矿采选业	6613	6620	26775		75
非金属矿采选业	1969	1969	8350		4
农副食品加工业	211	700	12466	-27	198
食品制造业	74	41	644		39
烟草制品业	-4804	-4815	58581	1426	79
纺织服装、服饰业	-1561	140	1504	42	2875
木材加工和木、竹、藤、棕、草制品业	27		373		2
家具制造业	75	3	859		9
印刷和记录媒介复制业	-429	43	857	365	43
化学原料和化学制品制造业	33674	44490	81484	29449	142
医药制造业	-10	12	6119		1753
橡胶和塑料制品业	1986	3909	29668	2349	62
非金属矿物制品业	9031	10453	222742	-906	2221
黑色金属冶炼和压延加工业	-462	152	16271	5176	29
有色金属冶炼和压延加工业	-58		503		
金属制品业	37	2532	48800	22683	868
通用设备制造业	-4004	3487	83722	17767	2238
专用设备制造业	9502	13485	91782	13463	1416
汽车制造业	23543	38625	7719	31777	5416
铁路、船舶、航空航天和其他运输设备制造业	-1387	5	14147		313
电气机械和器材制造业	1518	913	-8887	59	205
计算机、通信和其他电子设备制造业	63766	71622	977913	16632	2465
其他制造业		102	-10201		1
废弃资源综合利用业	135	157	316		4
金属制品、机械和设备修理业	-249		12801		627
电力、热力生产和供应业	94234	83524	-80444	3539	18758
燃气生产和供应业	-1441	1654	74774	8800	688
水的生产和供应业	393	2464	-449	2531	1494

单位：万元

利润总额	所得税费用	亏损企业亏损总额	利税总额	本年应付职工薪酬	本年应交增值税	平均用工人数（人）
1781193	**200056**	**268165**	**3116638**	**2034761**	**538790**	**114826**
163474	33675	14809	947114	239847	129921	12246
1617720	166381	253356	2169524	1794913	408869	102580
1152390	100924	68693	2263120	1246419	370764	65593
342486	58059	153574	475491	420102	96371	27680
286317	41072	45898	378028	368240	71654	21553
90090	13817		108689	11907	13161	561
26808	6702		37609	8520	6108	530
8023			10591	1327	2240	170
12580	845		17338	14429	3563	1315
682	114		1601	1296	809	216
58227	23313		805811	97077	101161	1393
3638	754	2919	9439	28464	5066	1427
374			317	1549	-138	155
868	47		2461	3466	1369	150
867	81		2108	11414	817	942
76100	4922	18068	112466	114277	29290	7904
7871	329		11872	7528	3370	721
29468	2037	7942	30712	38436	-793	3523
224682	50511		281762	60435	45535	4719
16296	1954		19922	12304	1858	920
503			1302	350	743	15
48517	5427	392	58049	56210	6992	3777
85682	4962	1600	123864	128911	31238	6765
92863	10124		111560	90009	15359	5373
11499	7976	35991	84367	336842	38372	22371
14270	772		21700	15843	5921	1219
-8760	44	12316	-4652	17668	2976	1683
979783	48645	14812	1145951	557259	129315	29813
-10252	7	10274	-9943	3814	219	235
320	-7		919	717	517	43
13286	2009		13451	20083	103	1098
-77867	-5152	160100	25181	294295	82337	11647
74841	18424		83662	47327	5765	2877
-65	1401	3751	8532	53005	5521	3264

11—7　外商投资和港澳台投资工业企业主要经济指标（2021年）

项　　目	企　业 单位数 (个)	#亏损企业	资产总计	#流动资产合　计	#应收账款
总　　计	**187**	**38**	**34010243**	**26518473**	**16810984**
按轻重工业分					
轻工业	75	13	8602611	6507543	1270249
重工业	112	25	25407632	20010929	15540734
按企业规模分					
大型企业	14		26372250	22339665	15513167
中型企业	45	10	4817576	2556932	766966
小型企业	128	28	2820416	1621876	530851
按行业分					
农副食品加工业	9		1096691	770637	120560
食品制造业	9	1	237274	144529	15820
酒、饮料和精制茶制造业	4		196429	84833	29060
纺织业	3	1	31495	10596	540
纺织服装、服饰业	2	1	125310	110565	95297
家具制造业	2	1	449567	301185	9222
造纸和纸制品业	4	1	138797	46318	26074
印刷和记录媒介复制业	3		142276	118685	20968
文教、工美、体育和娱乐用品制造业	1		14972	11686	4784
化学原料和化学制品制造业	12	3	1131438	797951	190350
医药制造业	8	3	225413	146505	32089
化学纤维制造业	1		109055	43726	251
橡胶和塑料制品业	17	3	1509014	963199	388094
非金属矿物制品业	5		101711	75265	34111
黑色金属冶炼和压延加工业	2		69282	45711	10823
有色金属冶炼和压延加工业	1		3165	2511	457
金属制品业	4		206162	129972	23487
通用设备制造业	13	3	915830	371277	84697
专用设备制造业	12	1	718437	509146	89839
汽车制造业	20	6	775155	424908	155105
铁路、船舶、航空航天和其他运输设备制造业	1	1	43808	40704	33908
电气机械和器材制造业	18	3	4978818	4181598	827149
计算机、通信和其他电子设备制造业	27	8	20285777	17011603	14575730
仪器仪表制造业	2		19244	12838	1811
其他制造业	1		19060	9689	3807
废弃资源综合利用业	1		14864	5860	1267
电力、热力生产和供应业	2	2	400611	122668	30762
燃气生产和供应业	2		29261	16583	493
水的生产和供应业	1		21327	7728	4430

单位：万元

#存　　货	#产成品	固定资产原　　价	累计折旧	负债合计	流动负债合　　计
2376640	**675060**	**8890203**	**4223668**	**25795462**	**23990711**
649477	343839	2403288	1245048	4860287	4575111
1727163	331221	6486916	2978620	20935175	19415600
1477284	340522	4096976	2038201	21934990	20847756
506135	175608	3106734	1475612	2613903	2131513
393221	158930	1686494	709854	1246569	1011442
174782	70583	209432	81052	561168	423566
21443	8485	180722	104134	92518	89687
28907	17784	211898	98077	117935	109068
6401	1767	54707	37099	9662	4188
5452	2024	30325	19181	116798	95974
23119	1640	51251	19192	248509	247414
6007	1777	116779	38383	48621	20621
9181	3975	58887	39626	48841	48240
4387	1022	4595	1645	7681	7681
31405	21607	468453	252059	617944	605380
45042	8594	131296	67662	94178	89052
19093	8436	150399	90367	11084	8613
202906	93671	1287648	840650	641830	563592
15802	12339	36913	16077	82918	81297
27352	10430	42928	24749	21522	21522
858	53	711	161	1703	1703
26948	12312	177044	72645	45826	31282
66889	20060	378437	109810	479088	476115
159605	67830	389861	262860	119831	110063
85574	40026	472450	223193	433512	388780
3126	1361	1968	53	25293	25293
375405	218418	647146	333551	3331282	3239192
1001517	48708	2867094	860866	18333937	17139041
1195	14	6356	4230	4320	2794
2507	816	13645	5553	5658	5366
442	342	10355	2746	9642	2438
30286		853878	607668	257119	129337
989	989	14925	3877	15907	15880
22		20102	6503	11136	7536

11—7 续表1

项目	所有者权益合计	#实收资本	国家资本	集体资本	法人资本	个人资本
总计	**8214779**	**4121779**	**231070**	**1899**	**856925**	**106695**
按轻重工业分						
轻工业	3742323	1351592	59659		297581	84757
重工业	4472456	2770188	171411	1899	559344	21938
按企业规模分						
大型企业	4437261	1648330	30495		346743	51130
中型企业	2203673	1524932	159433		249788	27484
小型企业	1573845	948518	41142	1899	260394	28081
按行业分						
农副食品加工业	535522	125193			62551	310
食品制造业	144756	99328	1200		12789	
酒、饮料和精制茶制造业	78494	33523			2756	11572
纺织业	21833	28890	297			
纺织服装、服饰业	8512	10500				
家具制造业	201058	35219			31231	3988
造纸和纸制品业	90176	82287			21590	
印刷和记录媒介复制业	93435	22251			5843	
文教、工美、体育和娱乐用品制造业	7291	5250				
化学原料和化学制品制造业	513494	301668			7028	1300
医药制造业	131236	45058			3540	13120
化学纤维制造业	97972	52927	26464			
橡胶和塑料制品业	867183	702991	1203		9608	7825
非金属矿物制品业	18793	23202	2099		5883	2192
黑色金属冶炼和压延加工业	47760	21510			11600	2050
有色金属冶炼和压延加工业	1462	1244				
金属制品业	160336	52268			614	
通用设备制造业	436742	286300			28417	1500
专用设备制造业	598606	375387			48531	4247
汽车制造业	341643	252504	20802	782	62448	4950
铁路、船舶、航空航天和其他运输设备制造业	18515	19497				
电气机械和器材制造业	1647535	331679	30495	1117	144414	52284
计算机、通信和其他电子设备制造业	1951840	983603	5350		384850	1200
仪器仪表制造业	14924	2822			117	158
其他制造业	13402	5866			5866	
废弃资源综合利用业	5222	6574				
电力、热力生产和供应业	143491	200000	143160			
燃气生产和供应业	13354	6991				
水的生产和供应业	10192	7250			7250	

单位：万元

		营业收入	营业成本	税金及附加	销售费用	管理费用
港澳台资本	外商资本					
450381	**2474810**	**26571078**	**23422182**	**77926**	**885338**	**668176**
196731	712864	8217257	6556495	39097	706285	293570
253650	1761946	18353822	16865687	38829	179053	374606
220055	999907	19864962	17963661	46268	629071	293091
56852	1031374	3511778	2815893	15401	181251	257579
173474	443529	3194339	2642628	16257	75016	117507
35581	26750	1063149	934437	4226	60100	30390
41492	43846	262907	201110	2407	27727	10443
16327	2868	368623	253217	2366	74464	10051
	28593	47462	43669	279	678	1559
10500		37573	31754	455	1246	4457
		430412	328675	2169	60000	17327
127	60570	53135	46418	499	1259	4073
7357	9051	113053	78476	747	3271	4819
	5250	21008	18385	145	570.4	655
450	292890	1273687	805705	7967	166718	134180
12387	16012	258441	154185	1524	57724	14067
26464		124060	95350	1188	300	2985
11099	673255	1381721	1025418	10307	97095	40444
8514	4513	63158	51616	513	3874	2332
7860		517275	496825	1096	1067	4387
	1244	10421	9871	6	12	214
	51655	198235	148539	1037	11382	8890
2088	254295	405508	286419	1242	7931	40534
10343	312266	547407	444443	4152	11940	39673
11089	152434	722670	611369	3726	18061	33575
19497		38006	38431	47	33	217
28104	75265	4378083	3795584	14797	252934	53133
201102	391101	13861170	13082946	14250	21448	201227
	2548	5875	3311	34	491	1163
		26856	20595	228	1834	1671
	6574	9034	5478	89	824	800
	56840	314130	378581	2308	1702	4317
	6991	31120	28397	72	652	479
		6903	2980	51		118

11—7 续表2

项目	研发费用	财务费用	#利息费用	营业利润	投资收益
总计	**526187**	**-8794**	**68532**	**1151282**	**104638**
按轻重工业分					
轻工业	214428	-36862	20950	563028	80385
重工业	311760	28067	47582	588255	24253
按企业规模分					
大型企业	364094	-26665	43961	730360	98129
中型企业	89216	4494	9763	154628	3768
小型企业	72877	13377	14808	266295	2741
按行业分					
农副食品加工业	5364	-1325	6650	92097	55702
食品制造业	1364	-372	411	24035	3154
酒、饮料和精制茶制造业	668	-172	87	28467	126
纺织业	35	114	102	939	
纺织服装、服饰业	527	-523	1	-139	
家具制造业	16760	-902	1433	5541	-33
造纸和纸制品业	227	366	563	355	
印刷和记录媒介复制业	3185	-213	53	22087	43
文教、工美、体育和娱乐用品制造业		24		1229	
化学原料和化学制品制造业	9093	59	2936	154513	724
医药制造业	28518	247	479	2417	-37
化学纤维制造业		-375	0	24612	
橡胶和塑料制品业	44962	-2008	7801	167035	
非金属矿物制品业	1286	116	281	3310	
黑色金属冶炼和压延加工业		2064	1627	11985	25
有色金属冶炼和压延加工业	471	8		-22	
金属制品业	6612	-88	667	22424	244
通用设备制造业	7748	108	802	61904	72
专用设备制造业	7948	-3243	144	48719	133
汽车制造业	16961	2542	3006	33078	442
铁路、船舶、航空航天和其他运输设备制造业	60	201		-982	
电气机械和器材制造业	155901	-26074	11854	176573	25607
计算机、通信和其他电子设备制造业	215005	17055	23732	339449	18529
仪器仪表制造业	1018	-21	30	629	-91
其他制造业	744	-21	27	2091	
废弃资源综合利用业		-927	152	2770	
电力、热力生产和供应业	1733	4031	5104	-78565	
燃气生产和供应业		157	209	1358	
水的生产和供应业		380	380	3375	

单位：万元

营业外收入	利润总额	所得税费用	亏损企业亏损总额	利税总额	本年应付职工薪酬	本年应交增值税	平均用工人数（人）
47080	**1179104**	**137109**	**141813**	**2039011**	**1458737**	**781981**	**98972**
19094	575976	76872	9472	827334	575218	212262	44084
27986	603129	60238	132341	1211677	883518	569719	54888
18805	744874	69102		1439930	914064	648788	56344
11333	154927	24198	118731	240802	331908	70474	25095
16941	279303	43810	23082	358279	212764	62719	17533
1316	92636	3633		114317	55476	17455	4595
514	24174	7974	103	34821	24867	8240	3139
1203	29386	7621		42930	48518	11178	3071
699	1638	298	41	2782	6253	865	938
52	-138	62	385	351	7423	34	1036
160	5307	-1533	236	19342	37690	11866	3054
70	404	-5	4143	2143	4177	1241	447
628	22690	3568		26123	10778	2686	805
55	1281	386		1581	3336	156	682
5106	157671	25717	1802	204149	71453	38512	2748
2646	4619	821	1298	10813	29862	4670	2452
1688	26297	6616		28699	6356	1214	236
1287	167779	25080	1956	226769	171537	48683	12139
734	3983	490		5827	5807	1332	559
30	11990	1477		14856	5097	1770	342
24	3	1		9	350		39
1357	23680	2833		28450	21288	3732	1192
1598	63402	2385	172	72701	34094	8057	2551
1401	49251	9269	2564	69866	68698	16463	4519
3250	35924	5723	6453	56028	71094	16378	5652
	-982		982	-876	405	60	75
5483	170666	15661	10713	296602	265215	111139	20459
17339	355581	35891	32505	847211	475632	477380	26841
197	824	188		895	1843	37	117
59	2045	329		2349	4716	76	303
5	2720			2935	1264	126	83
134	-78461	-18243	78461	-77884	24290	-1731	746
43	1358	358		1718	934	287	118
2	3377	513		3505	285	77	34

11—8 大中型工业企业主要经济指标（2021年）

项目	企业单位数（个）	#亏损企业	资产总计	#流动资产合计	#应收账款
总计	**326**	**46**	**103393896**	**62363767**	**27360191**
#国有控股企业	70	16	32751162	12849846	3443080
按轻重工业分					
轻工业	99	5	20003189	13662623	3181027
重工业	227	41	83390707	48701144	24179165
按企业规模分					
大型企业	75	11	76758939	47971985	23385260
中型企业	251	35	26634957	14391781	3974931
按行业分					
黑色金属矿采选业	2		450505	140847	6053
有色金属矿采选业	1		253874	4166	
农副食品加工业	6		991344	727612	130048
食品制造业	7		399948	199271	63766
酒、饮料和精制茶制造业	2		150921	55161	5099
烟草制品业	1		799339	594903	6578
纺织业	4		124720	65137	4929
纺织服装、服饰业	4	2	144128	127709	104349
家具制造业	5		722270	500793	25528
造纸和纸制品业	1		45464	20101	11790
印刷和记录媒介复制业	4		199506	142366	38919
文教、工美、体育和娱乐用品制造业	2		22031	13742	5127
化学原料和化学制品制造业	8	1	3410567	1722304	197516
医药制造业	9	1	1563761	894739	141952
化学纤维制造业	1		11086	5741	769
橡胶和塑料制品业	18	1	2957707	1684231	583973
非金属矿物制品业	9		1295389	605172	177255
黑色金属冶炼和压延加工业	1		332855	111815	41205
有色金属冶炼和压延加工业	2		227475	150433	39038
金属制品业	18	3	2883867	2083700	616054
通用设备制造业	31	1	5471922	3720960	1140301
专用设备制造业	25	1	3176973	2090510	534288
汽车制造业	30	9	6882159	3832014	1034191
铁路、船舶、航空航天和其他运输设备制造业	1		131005	113407	27198
电气机械和器材制造业	52	6	19957688	14236241	3798393
计算机、通信和其他电子设备制造业	63	16	42400877	26549153	18239629
仪器仪表制造业	6		714578	605454	166466
其他制造业	2		301531	183510	8941
金属制品、机械和设备修理业	1		159955	107100	10557
电力、热力生产和供应业	5	4	4960164	457589	166975
燃气生产和供应业	3		1113653	356057	26821
水的生产和供应业	2	1	1136637	261830	6487

单位：万元

#存　货	#产成品	固定资产原　价	累计折旧	负债合计	流动负债合　计
8724207	**3186300**	**39161438**	**18118684**	**63463613**	**53834597**
2182198	783933	24685913	12108794	16201217	12018598
2222083	1142028	5072139	2303582	10668830	9922237
6502124	2044272	34089299	15815102	52794783	43912360
6009927	2049813	29549155	14333117	49795313	43553937
2714280	1136487	9612283	3785567	13668301	10280660
14980	10025	254580	94100	123361	120832
3689	1259	212774	35705	173474	129889
130480	52322	129211	59219	489895	358585
40131	9095	311834	143289	138755	130160
23953	17068	163625	86908	107811	99141
352777	19724	322606	188442	233565	230137
19251	5235	84450	42851	50621	39414
8374	2268	35021	22042	128970	107723
45105	5721	219936	43003	383365	376048
4913	779	19084	5891	39285	37946
24659	11699	74515	37788	67627	63132
4857	1211	10706	3260	11731	11731
163915	71452	1592263	716887	1875851	1521561
161931	47940	280395	130429	437412	401931
3844	312	6824	2384	10036	10036
344673	148236	1887964	1069308	1250812	1111843
74653	35410	732925	249414	704261	604624
40996	5552	337913	128902	166711	161570
19304	16678	82063	30965	81024	75230
544965	198558	643843	277258	1770189	1467824
832129	295864	1423712	637746	2533659	2345132
360470	111244	615598	318890	1270235	1088740
495079	211846	2836519	1445576	4693737	3756579
28829	21738	31631	21570	57902	51137
2236978	1203472	3507060	1631222	12385904	11123240
2468504	633121	13323565	5812124	29598372	25073189
99516	23195	60907	19482	291281	274593
13720	10126	30077	13004	150832	106454
23989	7051	42058	24458	59769	48481
55435		8257952	4193813	3147027	2347949
19764	8100	711545	252450	666660	353539
62344		918285	380305	363480	206207

11—8　续表1

项　　目	所有者权益合计	#实收资本				
			国家资本	集体资本	法人资本	个人资本
总　　计	**39930280**	**19968821**	**2898033**	**187474**	**13204832**	**1342343**
#国有控股企业	16549944	9784813	1390277	84767	8016261	207944
按轻重工业分						
轻工业	9334358	2534800	256899		1105867	562267
重工业	30595922	17434020	2641133	187474	12098964	780077
按企业规模分						
大型企业	26963626	13516944	403787	81746	11147728	661082
中型企业	12966654	6451877	2494245	105729	2057104	681261
按行业分						
黑色金属矿采选业	327144	101368			70382	30986
有色金属矿采选业	80400	70000			70000	
农副食品加工业	501449	68885			57607	2320
食品制造业	261193	185320			110150	2200
酒、饮料和精制茶制造业	43109	16327				
烟草制品业	565774	66742	66742			
纺织业	74098	50740			22209	490
纺织服装、服饰业	15159	13972			3375	97
家具制造业	338905	54231			49431	4800
造纸和纸制品业	6178	6000			6000	
印刷和记录媒介复制业	131879	25071			15332	7662
文教、工美、体育和娱乐用品制造业	10300	7750			2500	
化学原料和化学制品制造业	1534716	589589	71107		272474	9188
医药制造业	1126349	294529	1581		90953	196760
化学纤维制造业	1049	703				703
橡胶和塑料制品业	1706895	981713	40521		258033	53461
非金属矿物制品业	591128	323412	314412		9000	
黑色金属冶炼和压延加工业	166144	200000	200000			
有色金属冶炼和压延加工业	146452	36749			31641	5108
金属制品业	1113678	367241	39629		222073	70215
通用设备制造业	2938262	796458	51876		325612	185127
专用设备制造业	1906738	670605	50021	49000	126320	134045
汽车制造业	2188422	867919	67883	67239	544929	68074
铁路、船舶、航空航天和其他运输设备制造业	73102	10828	10828			
电气机械和器材制造业	7571784	1800775	33055	36747	1376567	295243
计算机、通信和其他电子设备制造业	12802504	10380414	1584263	24389	8055026	220587
仪器仪表制造业	423298	58508	250		31363	26896
其他制造业	150699	51276	9252	9332	11707	19981
金属制品、机械和设备修理业	100187	9989	9989			
电力、热力生产和供应业	1813137	1660054	274819		1328396	
燃气生产和供应业	446993	87900	71806	769		8400
水的生产和供应业	773157	113753			113753	

单位：万元

港澳台资本	外商资本	营业收入	营业成本	税金及附加	销售费用	管理费用
282138	**2054001**	**76995713**	**65425032**	**1033666**	**2175890**	**2141986**
2592	82972	23713090	19862933	776598	400903	680655
82575	527192	18141009	13522114	728923	1138553	597219
199562	1526810	58854704	51902917	304743	1037337	1544767
222694	999907	59261790	50949256	931853	1540320	1376268
59444	1054094	17733923	14475776	101813	635570	765719
		332463	98710	11659	9249	18117
		104271	57263	4693	9	8791
6024	2935	689909	565554	3014	59892	25193
39773	33197	602064	498832	4074	42871	23859
16327		311070	210985	1866	73116	8502
		1123918	304760	646423	16902	83749
	28041	140197	117140	708	3614	6484
10500		59848	43428	699	1498	6304
		774432	584090	4020	67814	24992
		62952	57018	315	1798	1706
2077		233094	183240	1221	12241	9025
	5250	32853	28509	248	1353	1121
	236820	2448084	1796951	13156	190656	180853
5236		1437636	300196	7336	222769	36536
		19390	14868	62	1170	741
2639	627058	2599759	2069950	15223	137150	76020
		881651	625220	8083	14056	24150
		672185	641021	1062	272	4531
		166447	133050	1716	2776	6351
	35325	3730529	3469957	8522	35524	42963
	233843	5047429	4246143	21667	78074	141766
5007	306213	1518434	1115719	10573	69069	95902
2592	117202	7286219	6690606	120558	174674	233578
		72237	53635	631	3160	11441
4104	55058	15913241	13897959	53988	586100	273742
187860	308289	25495346	22676970	66723	290728	696318
		290729	190775	2070	31547	17478
	1005	78866	49170	421	9478	9435
		73177	47941	63	1353	7181
	56840	4035254	3996984	18217	3081	40175
	6925	544070	465793	2223	21317	11995
		217959	192597	2433	12581	12990

11—8 续表2

项　　目	研发费用	财务费用	#利息费用	营业利润	投资收益
总　　计	**2510786**	**334183**	**503792**	**4372568**	**399137**
#国有控股企业	630555	199388	251192	1485340	140335
按轻重工业分					
轻工业	543438	-8658	67871	1801844	142267
重工业	1967348	342841	435921	2570725	256871
按企业规模分					
大型企业	1776921	250553	396078	3090641	312665
中型企业	733864	83630	107713	1281927	86472
按行业分					
黑色金属矿采选业	8619	1353	1548	193488	4850
有色金属矿采选业	1950	6613	6620	26775	0
农副食品加工业	7355	-1035	6926	94982	57676
食品制造业	1903	509	1764	34143	622
酒、饮料和精制茶制造业	668	-173	87	16496	126
烟草制品业	4693	-4804	-4815	58581	1426
纺织业	2648	620	489	11103	1160
纺织服装、服饰业	1864	-511	42	7175	42
家具制造业	30356	-464	2004	63255	-4
造纸和纸制品业		26	29	2177	-4
印刷和记录媒介复制业	7575	268	469	19837	365
文教、工美、体育和娱乐用品制造业	486	44	23	1091	0
化学原料和化学制品制造业	43782	26862	41241	215387	28980
医药制造业	84846	-3265	2026	808737	19112
化学纤维制造业	1146	6	6	416	-1037
橡胶和塑料制品业	89288	7610	18836	220801	1379
非金属矿物制品业	22784	6515	8053	183056	-499
黑色金属冶炼和压延加工业	23027	-380	152	8548	5176
有色金属冶炼和压延加工业	5893	2246	1751	11679	
金属制品业	62242	9976	22939	139086	22642
通用设备制造业	178676	8300	13766	424006	20598
专用设备制造业	56731	8144	14864	210488	26713
汽车制造业	246922	30079	45774	26039	31533
铁路、船舶、航空航天和其他运输设备制造业	2283	-1103		4023	
电气机械和器材制造业	556446	37953	74762	646530	124351
计算机、通信和其他电子设备制造业	1001746	130615	168972	956991	28893
仪器仪表制造业	24987	919	1713	32262	3040
其他制造业	4611	982	3051	11652	6629
金属制品、机械和设备修理业	3112	-249		12801	
电力、热力生产和供应业	30862	69602	68678	-124011	3463
燃气生产和供应业	286	-1381	2019	57315	9374
水的生产和供应业	3000	-1693		-2341	2531

单位：万元

营业外收入	利润总额	所得税费用	亏损企业亏损总额	利税总额	本年应付职工薪酬	本年应交增值税	平均用工人数（人）
126409	**4394174**	**539727**	**827200**	**7087592**	**5194594**	**1659753**	**339648**
34564	1494876	158983	222267	2738611	1666521	467136	93273
42270	1831574	246099	48193	3015878	1306030	455381	99984
84139	2562599	293629	779007	4071714	3888564	1204372	239664
69411	3080523	351874	572728	5272439	3544326	1260063	207954
56998	1313651	187854	254471	1815154	1650268	399690	131694
165	193522	38493		235225	21035	30045	1190
75	26808	6702		37609	8520	6108	530
1493	95647	3171		109615	52985	10954	5045
1231	35218	11272		54422	55834	15130	6098
1186	17400	4624		28266	44829	9000	2748
79	58227	23313		805811	97077	101161	1393
1789	12548	2051		16004	16844	2747	1952
2595	9716	1582	521	12705	16839	2290	2174
710	63494	4973		89088	72357	21574	6650
18	1605	477		3188	4734	1268	461
663	20338	2658		25625	24096	4067	2220
370	1449	386		2314	5749	617	1048
4289	213548	27788	18068	284075	159940	57371	8965
6252	813503	112604	324	862892	93495	42053	6027
	416	46		750	2802	273	291
4605	223220	29531	7942	298271	274942	59828	20126
3155	186031	39015		232157	64511	38043	5276
	8545			9607	9244		716
2408	13844	1390		19613	11266	4053	1143
3613	141302	20319	3049	177806	148932	27982	12495
7986	431173	43988	1548	545605	364197	92765	26305
5707	214442	25007	1687	265824	196460	40809	13443
12589	35782	11171	53465	210545	526872	54205	36190
128	4013			8246	10761	3602	974
19009	611296	45412	92391	934509	884487	269225	66386
23722	969003	76468	494469	1707441	1587271	671715	89278
4247	36335	3522		48225	49473	9820	3292
59	10362	329		11300	12752	518	622
627	13286	2009		13451	20083	103	1098
15970	-123959	-12453	152042	-32518	274667	73224	10756
652	57425	12994		63370	42417	3722	2533
1016	-1363	886	1697	6549	39124	5480	2223

11—9 民营规模以上工业企业主要经济指标（2021年）

项目	企业单位数（个）	#亏损企业	资产总计	#流动资产合计	#应收账款
总计	**2020**	**326**	**63569068**	**40893433**	**13470374**
按轻重工业分					
轻工业	679	117	17307239	11546839	3257220
重工业	1341	209	46261829	29346594	10213154
按企业规模分					
大型企业	44	6	29320675	18949489	5595274
中型企业	167	19	16280718	9211500	2625407
小型企业	1809	301	17967675	12732444	5249692
按行业分					
黑色金属矿采选业	2	1	319782	56284	5907
有色金属矿采选业	1	1	7408	3912	916
非金属矿采选业	4		29881	22245	1415
农副食品加工业	84	12	782841	550141	154799
食品制造业	48	8	534222	286720	114863
酒、饮料和精制茶制造业	4	1	27948	13864	1342
烟草制品业	1		20056	10976	1503
纺织业	35	3	229307	128848	20247
纺织服装、服饰业	24	6	90697	65782	20029
皮革、毛皮、羽毛及其制品和制鞋业	24	1	83550	67026	30363
木材加工和木、竹、藤、棕、草制品业	7	1	43454	34818	15648
家具制造业	38	4	882924	601819	51655
造纸和纸制品业	32	10	212999	134876	49237
印刷和记录媒介复制业	34	4	392796	270027	97706
文教、工美、体育和娱乐用品制造业	15	5	73315	49743	18752
石油、煤炭及其他燃料加工业	2	1	10006	5060	895
化学原料和化学制品制造业	81	10	924908	575021	198480
医药制造业	36	8	1847557	1005703	178247
化学纤维制造业	3	2	25158	13011	843
橡胶和塑料制品业	156	24	1909276	1179707	479228
非金属矿物制品业	212	28	2970730	2444827	1609802
黑色金属冶炼和压延加工业	6		95867	77477	30296
有色金属冶炼和压延加工业	12	1	348693	239922	96686
金属制品业	145	24	3072659	2229502	776638
通用设备制造业	180	25	5005766	3465947	1195424
专用设备制造业	149	23	2657336	1948379	622825
汽车制造业	152	30	3059546	2097555	986044
铁路、船舶、航空航天和其他运输设备制造业	10	1	81126	57241	25245
电气机械和器材制造业	261	45	18906090	13380698	4018394
计算机、通信和其他电子设备制造业	175	39	16514491	8271551	2241852
仪器仪表制造业	53	5	1307418	1091942	323541
其他制造业	8	2	343943	225086	22713
废弃资源综合利用业	8		96957	66828	2749
金属制品、机械和设备修理业	1		9633	5622	1658
电力、热力生产和供应业	11	1	348027	139144	70969
燃气生产和供应业	2		102183	18635	1660
水的生产和供应业	4		200521	57497	1800

单位：万元

#存　货	#产成品	固定资产原价	累计折旧	负债合计	流动负债合计
7499025	**3133839**	**14752138**	**5531798**	**37564893**	**31248795**
2247743	1229486	4286855	1680149	9566378	8885189
5251283	1904353	10465282	3851649	27998515	22363607
3230226	1300537	6037079	2427940	18632337	16065635
1763523	748631	3683548	1118577	8235454	5939891
2505277	1084672	5031511	1985281	10697102	9243269
9963	4828	205603	49474	157862	101382
126	123	642	274	1063	1053
1028	1016	11746	7162	11403	11170
162194	66333	238100	78232	420182	375427
75329	17152	306900	110186	259477	239807
6497	2908	16277	6583	9962	9939
2795	2003	10062	2208	2439	2393
31252	11107	83091	26451	117781	105887
22414	13349	21866	9053	54156	50716
17473	7039	17153	7520	53813	47997
6515	5239	12819	6041	31040	29905
65517	14952	284074	62966	456493	444227
40500	12799	70428	22782	152951	144011
44400	17419	184706	84368	179171	154861
18410	10935	30446	12522	46390	39502
2556	761	7627	3594	9356	8989
133478	53648	294325	117862	446381	401511
179284	57672	379992	158433	601621	566006
6553	2440	13076	4544	22670	21242
224474	105635	689283	303303	1001019	938536
272231	84212	660552	321325	2228630	2049482
27596	23298	23638	8527	71887	71756
40811	26399	101866	39412	164035	142788
543783	181264	641407	243603	2001341	1666786
855281	300453	1298644	573262	2592737	2101995
381634	144925	489076	183996	1137295	982400
403074	153566	1224637	549625	2102123	1947962
9697	4470	17785	4892	42275	38424
2461647	1244573	3469886	1553413	11634518	10369544
1249472	476173	3352505	797753	10364897	7291327
166343	40159	140107	51960	525599	500081
22031	13698	21826	8630	172242	127735
13175	3117	30256	10427	51225	49099
86	86	7866	4190	2051	1985
826	30091	259432	58951	238512	104889
371		73557	13976	77213	77213
214		60883	34303	123087	30769

11—9 续表1

项目	所有者权益合计	#实收资本	国家资本	集体资本	法人资本	个人资本
总计	**26004152**	**24820484**	**1582682**	**168474**	**6729544**	**16283064**
按轻重工业分						
轻工业	7740855	2470194	33330	31720	1465105	931306
重工业	18263297	22350291	1549352	136753	5264439	15351758
按企业规模分						
大型企业	10688338	4021053	5288	36747	3522341	454039
中型企业	8045262	3596418	1471973	65960	1403103	624731
小型企业	7270552	17203012	105421	65767	1804100	15204294
按行业分						
黑色金属矿采选业	161920	45929			45929	
有色金属矿采选业	6345	518				518
非金属矿采选业	18478	2860			1000	1860
农副食品加工业	362659	148874	1000		91913	55760
食品制造业	274744	183781			160692	23089
酒、饮料和精制茶制造业	17985	3888			1008	2880
烟草制品业	17618					
纺织业	111525	45864		30	32007	13826
纺织服装、服饰业	36540	16488			10131	6358
皮革、毛皮、羽毛及其制品和制鞋业	29736	14541			4673	9868
木材加工和木、竹、藤、棕、草制品业	12415	11984		8500	680	2804
家具制造业	426430	126468			71873	54595
造纸和纸制品业	60048	38067			12705	25362
印刷和记录媒介复制业	213625	64679		2000	31816	30863
文教、工美、体育和娱乐用品制造业	26925	14113			6087	8026
石油、煤炭及其他燃料加工业	650	5840	2160			3680
化学原料和化学制品制造业	478526	213653	5096	20	120946	86235
医药制造业	1245936	389275		150	162398	222411
化学纤维制造业	2488	8917				8917
橡胶和塑料制品业	908254	414832	23065	4177	249880	135042
非金属矿物制品业	742098	346004	2230	24874	113551	203235
黑色金属冶炼和压延加工业	23980	21925			18425	3500
有色金属冶炼和压延加工业	184658	51231			43656	7575
金属制品业	1071316	442764		1530	245518	195715
通用设备制造业	2413027	799361	3046	6539	397369	388929
专用设备制造业	1520039	14046072	8116	12582	164777	13859517
汽车制造业	957422	583636	9679	28491	403286	140851
铁路、船舶、航空航天和其他运输设备制造业	38851	18299			7026	11273
电气机械和器材制造业	7271569	2069566	4765	38904	1538778	482119
计算机、通信和其他电子设备制造业	6149592	4335230	1460312	24991	2621534	202049
仪器仪表制造业	781819	151655	11605	1782	66457	71570
其他制造业	171701	56369	9252	9650	15338	21124
废弃资源综合利用业	45732	12401			10386	2015
金属制品、机械和设备修理业	7582	7582				
电力、热力生产和供应业	109515	66162		2256	62406	1500
燃气生产和供应业	24970	5300	3300	2000		
水的生产和供应业	77434	56358	39058		17300	

单位：万元

港澳台资本	外商资本	营业收入	营业成本	税金及附加	销售费用	管理费用
15463	**40256**	**50513873**	**41749758**	**288979**	**1919926**	**1768921**
6691	2041	16532159	13113693	74938	878878	487334
8772	38215	33981714	28636065	214041	1041048	1281588
2639		23597907	19660495	153306	849564	620175
10928	19724	9763010	7924881	54826	396367	367646
1897	20532	17152956	14164382	80846	673996	781101
		185573	60542	6319	4365	14801.1
		2006	1731	88		260
		23285	15774	669	513	2126
	200	1052110	921617	2606	32646	25962
		696883	598023	3384	30090	33423
		36377	25905	157	1635	1225
		13609	9704	136	89	2918
		233850	192690	1198	7696	11663
		147209	121206	877	5245	10898
		107824	99740	396	1407	2524
		66327	58666	168	949	2117
		901202	683265	4894	76178	35409
		315673	280076	1268	8020	12079
		424205	343233	2553	18077	17261
		82764	69361	529	4595	5480
		8597	7434	56	206	766
742	614	1077943	897161	4077	36876	45640
4037	280	1553390	375304	9062	234685	49013
		26839	22476	70	1329	1511
2654	16	2371170	2050270	9630	75828	81667
326	1788	3047442	2678698	15677	104271	100970
		314592	302805	385	3253	1396
		310380	264824	2025	4282	9471
		4244853	3923853	10608	43397	74707
	3479	3971735	3233114	19965	95583	137955
	1082	1589597	1090904	10501	104679	104369
	330	4031222	3567227	90587	61849	131217
		51667	34050	526	3449	3133
	5000	15499335	13363724	53632	588105	330033
7704	18640	7049436	5686843	30400	292078	459542
	243	704453	501692	4046	59742	40253
	1005	100466	63844	447	11120	10755
		102433	87320	606	929	3576
	7582	7015	4341	77	552	189
		59125	37246	227	224	1886
		64099	54514	302	5690	
		39189	20587	836	294	2730

11—9 续表2

项　　目	研发费用	财务费用	#利息费用	营业利润	投资收益
总　　计	**2143308**	**280549**	**328877**	**3029260**	**193004**
按轻重工业分					
轻工业	516607	44082	79044	1523567	75413
重工业	1626701	236467	249833	1505693	117591
按企业规模分					
大型企业	1057121	93593	170974	1452300	125533
中型企业	502936	51535	59490	724623	35082
小型企业	583250	135421	98413	852338	32389
按行业分					
黑色金属矿采选业	202	1677	1620	102518	4850
有色金属矿采选业				-73	
非金属矿采选业		10		4193	
农副食品加工业	11775	7595	6266	51997	-20
食品制造业	4866	2817	2495	29308	62
酒、饮料和精制茶制造业	565	140	146	6750	
烟草制品业	516	-9		335	79
纺织业	6324	1459	980	26655	12645
纺织服装、服饰业	1624	882	240	6967	265
皮革、毛皮、羽毛及其制品和制鞋业		486	185	3271	
木材加工和木、竹、藤、棕、草制品业	3173	379	235	702	
家具制造业	33797	768	3080	67352	658
造纸和纸制品业	6102	2694	2090	7143	28
印刷和记录媒介复制业	12329	2526	2198	36113	208
文教、工美、体育和娱乐用品制造业	1677	1452	658	-306	24
石油、煤炭及其他燃料加工业	413	128		-406	0
化学原料和化学制品制造业	33477	6399	4221	55807	-232
医药制造业	82724	-1331	3274	825641	18596
化学纤维制造业	1146	287	18	-963	-1037
橡胶和塑料制品业	70607	19624	13910	66910	1104
非金属矿物制品业	31521	20662	14151	98401	-199
黑色金属冶炼和压延加工业	4294	893	628	1798	18
有色金属冶炼和压延加工业	8887	3049	2065	15055	
金属制品业	67479	23133	29654	111896	-22
通用设备制造业	165399	21957	16463	336731	4383
专用设备制造业	87336	7432	5789	222915	21240
汽车制造业	155148	15519	11477	46104	1082
铁路、船舶、航空航天和其他运输设备制造业	3163	621	372	6724	
电气机械和器材制造业	554835	54330	77922	659993	98930
计算机、通信和其他电子设备制造业	722345	68948	110686	131753	19644
仪器仪表制造业	62393	816	2460	53975	3495
其他制造业	7195	827	3100	14198	6629
废弃资源综合利用业	1402	663	485	7839	
金属制品、机械和设备修理业	594	-32		1294	
电力、热力生产和供应业		7292	5375	17521	
燃气生产和供应业		1554	1508	2609	574
水的生产和供应业		4903	5129	10543	

单位：万元

营业外收入	利润总额	所得税费用	亏损企业亏损总额	利税总额	本年应付职工薪酬	本年应交增值税	平均用工人数（人）
176413	**3100561**	**363885**	**705237**	**4259292**	**3814235**	**869752**	**328482**
52154	1560296	191837	81780	1903243	1127822	268008	113840
124259	1540265	172048	623457	2356049	2686413	601744	214642
23859	1418725	187921	504035	1830516	1556443	258485	94617
41682	749008	90551	74538	1043203	980206	239369	84628
110872	932828	85413	126664	1385573	1277587	371898	149237
97	102471	24702	961	127317	11797	18528	930
1	-72		72	144	585	128	114
33	3899	896		6661	3390	2093	549
4291	55059	2905	3640	67109	46275	9444	6112
5057	33980	5975	927	51756	63042	14392	7694
342	7092	1748	54	8105	2852	856	455
21	356	89		940	3651	449	171
2011	28091	2418	385	34769	27205	5481	3600
691	7484	1521	508	12815	25325	4455	4173
123	3389	22	11	6056	6391	2271	1226
250	935	62	43	1946	6762	843	663
1749	68434	5427	851	96651	88811	23323	9222
1541	6867	1018	1716	15310	19313	7175	2586
1442	37054	4082	1338	48605	37534	8997	4360
1049	730	20	1048	3575	10333	2316	1729
136	-271		275	-187	843	28	98
4943	53733	5193	1302	72429	62464	14618	6167
6717	830062	115360	7797	890956	106983	51833	7912
34	-931	46	1346	-445	3830	415	466
8410	71876	5957	6349	120137	180109	38631	19975
17299	111770	12120	6197	219624	132938	92176	16484
221	1995	322		2916	2755	536	329
3417	18209	1625	264	25797	15867	5563	1730
9005	118722	16296	7104	170536	188831	41206	20483
13577	347557	44670	19281	452162	346215	84640	31548
13927	234862	24561	16212	291714	206079	46351	18436
13113	56216	8089	31733	181119	270966	34315	24673
1464	7985	532	62	10576	5729	2065	763
30206	633750	50898	103965	896010	843567	208628	69403
25105	143436	17994	487575	298455	968178	124620	57172
8612	61892	3492	2588	85740	96798	19801	6871
687	13536	475	538	15067	14778	1085	931
378	8039	1028		12125	3399	3481	480
25	1259			1414	1327	77	148
361	17873	2502	1097	19699	1944	1599	176
45	2654	574		3589	4111	633	350
34	10568	1265		8104	3259	-3299	303

11—10 各县（市）区规模以上工业企业主要经济指标（2021年）

指　　标	全　市	瑶海区	庐阳区	蜀山区	包河区	高新区
企业单位数　（个）	2374	24	63	58	100	376
#亏损企业	389	7	11	8	24	50
资产合计	130152059	1291758	1719500	3348880	6857949	26986563
流动资产合计	79969541	430319	1146246	1774315	2902667	18476449
应收账款	34028757	108505	297074	605799	792856	5187337
产成品存货	4574839	9938	84002	91470	154500	1063018
固定资产原价	48584838	955469	741692	1626984	6012280	5443282
负债合计	78902179	466059	1023733	2133680	4181269	13221024
所有者权益合计	51249855	825699	695767	1215199	2676679	13765535
实收资本	39273757	136530	321089	715175	1544142	4891227
#国家资本	3683040	297	181829	56754	191932	367791
外商资本	2510127	552		228092	31657	366750
营业收入	101287728	429046	1781237	2734140	5270404	19886195
营业成本	85601309	371418	1563317	2340653	4733160	14560511
销售费用	2966416	20890	94609	96318	110045	1020058
税金及附加	1148996	3326	9619	49508	23238	753986
管理费用	3219325	22847	55372	80769	133049	825768
财务费用	514938	-364	10263	10898	56256	31783
#利息费用	647704	1234	11088	19537	57104	87973
利润总额	5860595	6534	-173	116277	140766	2113244
亏损企业亏损额	1022519	2714	47859	46961	45086	125894
利税总额	9167114	21833	59578	197875	244446	3300331
本年应交增值税	2157524	11973	50132	32089	80442	433101
平均用工人数　（人）	525490	3926	11110	13124	24912	89084

单位：万元

经开区	新站区	安　巢 经开区	长丰县	肥东县	肥西县	庐江县	巢湖市
310	137	55	330	263	318	180	160
63	25	15	60	41	46	23	16
26071188	17329218	725034	14502014	5262751	17778152	4129926	4149128
19632184	7227169	519575	7176438	2854663	14055961	1779578	1993978
10426158	2512692	258838	2531594	994339	9118476	646767	548323
992901	416038	53270	453208	184304	744937	136006	191249
6340872	8243817	180128	6977994	3174824	4203513	2278710	2405274
19214508	9115643	496903	7744243	3195988	13655174	2266124	2187830
6856679	8213573	228131	6757767	2066759	4122973	1863798	1961295
2989602	5627178	153744	4499979	1245771	15240987	949363	958970
174663	927506	30339	794762	371332	173618	72572	339646
1092192	424515	9101	156334	100284	68995	17182	14475
24150365	8199546	664675	10669355	4765594	16257237	2960918	3519017
21651272	6455514	572042	9037746	4138516	14775273	2339382	3062507
681183	151078	17469	196367	125700	334789	48924	68987
93945	41028	3576	42951	20159	59753	29332	18574
623948	326346	25889	370013	165559	354573	130764	104427
59111	96776	4637	66821	59544	50175	38088	30950
106876	99150	3826	80316	63959	61615	25378	29649
585868	883393	25304	764652	179704	495535	337844	211648
456471	51274	6311	48090	48603	34702	25862	82694
1238896	1080273	39913	1016363	286508	938345	447977	294775
559084	155852	11034	208760	86646	383057	80801	64554
115134	42301	7476	61699	29889	83244	22913	20679

11—11 主要工业产品产量（2021年）

产品名称		产量	产品名称		产量
饲料	万吨	126	钢材	万吨	161
精制食用植物油	万吨	45	叉车	万台	12
乳制品	万吨	40	泵	万台	455
饮料酒	千升	40335	挖掘机	台	5241
卷烟	亿支	297	医疗仪器设备及器械	台	601206
纱	吨	13392	工业机器人	套	1476
布	万米	1993	汽车	万辆	64
口罩	万个（只）	26154	#轿车	万辆	6
服装	万件	3223	客车	辆	4090
人造板	立方米	79532	载货汽车	万辆	17
家具	万件	255	变压器	万千伏安	2255
#木质家具	万件	98	电力电缆	万千米	45
软体家具	万件	18	光缆	万芯千米	65
机制纸及纸板（外购原纸	吨	113266	太阳能电池	万千瓦	2229
硫酸（折100%）	吨	286774	家用电冰箱	万台	1811
烧碱（折100%）	万吨	15	房间空气调节器	万台	1004
纯碱（碳酸钠）	万吨	31	微波炉	万台	19
合成氨（无水氨）	万吨	35	家用洗衣机	万台	2388
农用氮、磷、钾化学肥料	万吨	24	微型计算机设备	万台	3673
#氮肥（折含氮100%）	万吨	24	彩色电视机	万台	779
初级形态塑料	万吨	21	#智能电视	万台	299
合成洗涤剂	万吨	52	半导体分立器件	亿只	17
中成药	吨	2451	集成电路	万块	123208
橡胶轮胎外胎	万条	2828	液晶显示屏	万片	25740
#子午线轮胎外胎	万条	1376	智能手环	万台	1908
塑料制品	万吨	75	智能手表	万个	734
水泥	万吨	1597	电子元件	万只	79880
砖	万块	104014	工业自动调节仪表与控制系统	台（套）	109203

11—12　主要年份主要工业产品生产能力

产品名称		2010	2015	2020	2021
家用电冰箱	(万台)	2360	3278	3155	3186
房间空气调节器	(万台)	995	1400	1557	1492
彩色电视机	(万台)	603	979	2160	2160
卷　烟	(亿支)	369	409	288	292
农用氮磷钾化学肥料总计	(吨)	354566	330630	385100	385100
发电设备容量总计	(万千瓦)	152	363	519	541
汽　车	(万辆)	73	88	98	105
#乘用车				66	73
商用车				32	32
微型计算机	(万台)	10	4368	4799	5019
太阳能电池	(万千瓦)		413	1941	2431
钢　材	(万吨)	305	399	216	229
水　泥	(万吨)	810	3163	2217	2410

11—13　工业企业总产值20强（2021年）

企业名称	位次
联宝（合肥）电子科技有限公司	1
安徽江淮汽车集团股份有限公司	2
国网安徽省电力有限公司（合肥供电公司）	3
合肥鑫晟光电科技有限公司	4
合肥长安汽车有限公司	5
合肥京东方显示技术有限公司	6
合肥晶澳太阳能科技有限公司	7
格力电器（合肥）有限公司	8
合肥美的洗衣机有限公司	9
合肥华凌股份有限公司	10
阳光电源股份有限公司	11
合肥京东方光电科技有限公司	12
安徽中烟工业有限责任公司合肥卷烟厂	13
联合利华（中国）有限公司	14
合肥海尔电冰箱有限公司	15
科大讯飞股份有限公司	16
安徽合力股份有限公司	17
安徽智飞龙科马生物制药有限公司	18
合肥京东方视讯科技有限公司	19
马钢(合肥)板材有限责任公司	20

11—14　工业企业营业收入20强（2021年）

企业名称	位次
联宝（合肥）电子科技有限公司	1
安徽江淮汽车集团股份有限公司	2
国网安徽省电力有限公司（合肥供电公司）	3
合肥鑫晟光电科技有限公司	4
合肥长安汽车有限公司	5
合肥京东方显示技术有限公司	6
合肥晶澳太阳能科技有限公司	7
合肥美的洗衣机有限公司	8
安徽合力股份有限公司	9
合肥华凌股份有限公司	10
安徽鸿翔建材有限公司	11
阳光新能源开发有限公司	12
阳光电源股份有限公司	13
联合利华（中国）有限公司	14
安徽中烟工业有限责任公司合肥卷烟厂	15
合肥京东方光电科技有限公司	16
格力电器（合肥）有限公司	17
科大讯飞股份有限公司	18
合肥国轩高科动力能源有限公司	19
合肥海尔电冰箱有限公司	20

主要统计指标解释

工业

指从事自然资源的开采，对采掘品和农产品进行加工和再加工的物质生产部门。具体包括：(1)对自然资源的开采，如采矿、晒盐等(但不包括禽兽捕猎和水产捕捞)；(2)对农副产品的加工、再加工，如粮油加工、食品加工、缫丝、纺织、制革等；(3)对采掘品的加工、再加工，如炼铁、炼钢、化工生产、石油加工、机器制造、木材加工等，以及电力、自来水、煤气的生产和供应等。

工业统计调查单位为独立核算法人工业企业。

独立核算法人工业企业指从事工业生产经营活动的单位。独立核算法人工业企业应同时具备以下条件：①依法成立，有自己的名称、组织机构和场所，能够承担民事责任；②独立拥有和使用资产，承担负债，有权与其他单位签订合同；③独立核算盈亏，并能够编制资产负债表。

国有控股企业

指在企业的全部资本中，国家资本股本占较高比例，并且由国家实际控制的企业。包括：（1）在企业的全部实收资本中，国有经济成分的出资人拥有的实收资本（股本）所占企业全部实收资本（股本）的比例大于50%的国有绝对控股。（2）在企业的全部实收资本中，国有经济成分的出资人拥有的实收资本（股本）所占比例虽未大于50%，但相对大于其他任何一方经济成分的出资人所占比例的国有相对控股；或者虽不大于其他经济成分，但根据协议规定拥有企业实际控制权的国有协议控股。（3）投资双方各占50%，且未明确由谁绝对控股的企业，若其中一方为国有经济成分的，一律按国有控股处理。

轻工业

指主要提供生活消费品和制作手工工具的工业。按其所使用的原料不同，可分为两大类：(1)以农产品为原料的轻工业，是指直接或间接以农产品为基本原料的轻工业。主要包括食品制造、饮料制造、烟草加工、纺织、缝纫、皮革和毛皮制作、造纸以及印刷等工业；(2)以非农产品为原料的轻工业，是指以工业品为原料的轻工业。主要包括文教体育用品、化学药品制造、合成纤维制造、日用化学制品、日用玻璃制品、日用金属制品、手工工具制造、医疗器械制造、文化和办公用机械制造等工业。

重工业

指为国民经济各部门提供物质技术基础的主要生产资料的工业。按其生产性质和产品用途，可以分为下列三类：(1)采掘(伐)工业，是指对自然资源的开采，包括石油开采、煤炭开采、金属矿开采、非金属矿开采等工业；(2)原材料工业，指向国民经济各部门提供基本材料、动力和燃料的工业。包括金属冶炼及加工、炼焦及焦炭、化学、化工原料、水泥、人造板以及电力、石油和煤炭加工等工业；(3)加工工业，是指对工业原材料进行再加工制造的工业。包括装备国民经济各部门的机械设备制造工业、金属结构、水泥制品等工业，以及为农业提供的生产资料如化肥、农药等工业。

工业总产值

(1)定义：

工业总产值是工业企业在一定时期内生产的以货币形式表现的工业最终产品或提供工业性劳务活动的总价值量。它反映一定时间内工业生产的总规模和总水平。

(2)计算原则：

工业生产的原则，即凡是企业在报告期生产的经检验合格的产品，不管是否在报告期销售，均包括在内。

最终产品的原则，即凡是计入工业总产值的产品，必须是本企业生产的经检验合格的，不需要再进行任何加工的最终产品。如果企业有中间产品(半成品)对外销售，则对外销售的中间产品应视为企业的最终产品。

工厂法原则，即工业总产值是以工业企业作为基本计算(核算)单位，即按企业的最终产品计算工业总产值。按这种方法计算的工业总产值，不允许同一产品价值在企业内部重复计算，不能把企业内部各个车间(分厂)生产的成果相加，但允许企业间的重复计算。

(3)内容及计算方法：

工业总产值(新规定)包括三项内容：即本期生产成品价值、对外加工费收入、在制品半成品期末期初差额价值三部分。

本期生产成品价值：指企业本期生产，并在报告期内不再进行加工，经检验、包装入库的全部工业成品(半成品)价值合计，包括企业生产的自制设备及提供给本企业在建工程、其他非工业部门和福利部门等单位使用的成品价值。本期生产成品价值为按自备原材料生产的产品的数量乘以本期不含增值税(销项税额)的产品实际销售平均单价计算；会计核算中按成本价格转帐的自制设备和自产自用的成品，按成本价格计算生产成品价值。生产成品价值中不包括用订货者来料加工的成品(半成品)价值。

对外加工费收入：指企业在报告期内完成的对外承接的工业品加工(包括用订货者来料加工产品)的加工费收入和对外工业修理作业所取得的加工费收入。对外加工费收入按不含增值税(销项税额)的价格计算，可根据会计“产品销售收入”科目的有关资料取得。

对于本企业对内非工业部门提供的加工修理、设备安装的劳务收入，如果企业会计核算基础较好，能取得这部分资料，而且这部分价值所占比重较大，应包括在对外加工费收入中。

自制半成品在制品期末期初差额价值：指企业报告期在制品期末减期初的差额价值，本指标一般可以从会计核算资料中取得。如果会计产品成本核算中不计算半成品、在制品的成本，则总产值中也不包括这部分价值，反之则包括。

工业增加值

指工业企业在报告期内以货币表现的工业生产活动的最终成果。

工业增加值有两种计算方法：一是生产法，即工业总产出减去工业中间投入加上应交增值税；二是收入法，即从收入的角度出发，根据生产要素在生产过程中应得到的收入份额计算，具体构成项目有固定资产折旧、劳动者报酬、生产税净额、营业盈余，这种方法也称要素分配法。

资产总计

指企业拥有或控制的能以货币计量的经济资源，包括各种财产、债权和其他权利。资产按流动性分为流动资产、长期投资、固定资产、无形资产、递延资产和其他资产。该指标根据企业会计“资产负债表”中“资产总计”项目的期末数增列。

流动资产

指企业可以在一年内或者超过一年的一个生产周期内变现或者耗用的资产，包括现金及各种存款、短期投资，应收及预付款项、存货等。

固定资产原价

指企业在建造、购置、安装、改建、扩建、技术改造某项固定资产时所支出的全部货币总额。它一般包括买价、包装费、运杂费和安装费等。

负债合计

指企业所承担的能以货币计量，将以资产或劳务偿付的债务，偿还形式包括货币、资产或提供劳务。负债一般按偿还期长短分为流动负债和长期负债。根据会计“资产负债表”中“负债合计”的年末数填列。

所有者权益合计

指企业投资人对企业净资产的所有权。企业净资产为企业全部资产与企业全部负债的差额，包括实收资本、资本公积、盈余公积、未分配利润等。根据会计“资产负债表”中“所有者权益”项的期末数填列。

营业收入

指企业从事销售商品、提供劳务和让渡资产使用权等生产经营活动形成的经济利益流入。包括“主营业务收入”和“其他业务收入”。根据会计“利润表”中“营业收入”项目的本年累计数填报。

营业成本

指企业从事销售商品、提供劳务和让渡资产使用权等生产经营活动发生的实际成本。“营业成本”应当与“营业收入”进行配比。包括“主营业务成本”和“其他业务成本”。根据会计“利润表”中“营业成本”项目的本年累计数填报。

税金及附加

指企业因从事生产经营活动按税法规定应缴纳的消费税、城市维护建设税、资源税、环境保护税、教育费附加、房产税、城镇土地使用税、车船税、印花税等相关税费。根据会计“利润表”中“税金及附加”项目的本年累计数填报。

利润总额

指企业在生产经营过程中各种收入扣除各种耗费后的盈余，反映企业在报告期内实现的盈亏总额，包括营业利润、补贴收入、投资净收益和营业外收支净额。根据会计“利润表”中的对应指标的本期累计数填列。

本年应交增值税

指企业按税法规定，从事货物销售或提供加工、修理修配劳务等增加货物价值的活动本期应交纳的税金。指企业在报告期应交增值税额。计算公式为：

本年应交增值税=销项税额-（进项税额-进项税额转出）-出口抵减内销产品应纳税额-减免税款+出口退税

本年进项税额指工业企业在报告期内购入货物或接受应税劳务而支付的、准予从销项税额中抵扣的增值税额。

本年销项税额指工业企业在报告期内销售货物或提供应税劳务应收取的增值税额。

所得税费用

所得税费用由两部分组成：当期所得税和递延所得税。当期所得税是指企业按照税法规定计算确定的针对当期发生的交易和事项，应交纳给税务部门的所得税金额，即应交所得税。递延所得税是指按照所得税准则规定应予确认的递延所得税资产和递延所得税负债应有的金额相对于原已确认金额之间的差异。执行《企业会计准则》或《小企业会计准则》的企业，根据会计“利润表”中“所得税费用”项目的本期金额数填报；执行其他企业会计制度的企业，根据会计“利润表”中 “所得税”项目的本期金额数填报。

平均用工人数（人）

是指报告期企业平均实际拥有的、参与本企业生产经营活动的人员数。其计算公式为：

月平均人数=报告月内每天实有人数之和/报告月日历日数

季平均人数=季内各月平均人数之和/3

年平均人数=年内各月平均人数之和/12

总资产贡献率

反映企业全部资产的获利能力，是企业经营业绩和管理水平的集中体现，是评价和考核企业盈利能力的核心指标。计算公式为：

总资产贡献率（%）=（利润总额+税金总额+利息支出）/平均资金总额×100%

税金总额为产品销售税金及附加与应交增值税之和；平均资产总额为期初期末资产之和的算术平均值。

资产负债率

该指标既反映企业经营风险的大小，也反映企业利用债权人提供的资金从事经营活动的能力。计算公式为：

资产负债率（%）=负债总额/资产总额×100%

资产与负债均为报告期期末数。

流动资产周转次数

指一定时期内流动资产完成的周转次数，反映投入工业企业流动资金的周转速度。计算公式为：

流动资产周转次数产品销售收入/全部流动资产平均余额

全部流动资产平均余额为期初和期末的流动资产之和的算术平均值。

成本费用利润率

反映企业投入的生产成本及费用的经济效益，同时也反映企业降低成本所取得的经济效益。计算公式为：

成本费用利润率（%）=利润总额/成本费用总额×100%

成本费用总额为产品销售成本、销售费用、管理费用、财务费用之和。

产品销售率

该指标反映工业产品已实现销售的程度，是分析工业产销衔接情况，研究工业产品满足社会需求的指标。计算公式为：

产品销售率（%）=工业销售产值/工业总产值（现价）×100%

第十二篇

建筑业

简要说明

一、本篇资料反映我市建筑业概况和发展情况，主要包括建筑业企业生产经营情况，指标有企业个数、从业人员数、建筑业总产值、房屋建筑面积、机械设备、资产负债、利润税金、劳动生产率、技术装备等。

二、建筑业企业资料由市统计局固定资产投资统计处提供。资料来源于依据国家统计局制定的《建筑业统计报表制度》收集的有关年报资料。

12—1 建筑业企业概况

指　　标	总　计	国有经济	集体经济
企业单位数　　（个）			
2005年	487	84	21
2010年	703	75	20
2011年	803	85	11
2012年	835	84	12
2013年	840	79	7
2014年	856	76	6
2015年	867	76	4
2016年	901	76	3
2017年	953	74	3
2018年	1364	73	13
2019年	1423	71	11
2020年	1622	67	6
2021年	1843	74	6
年末从业人员　　（万人）			
2005年	24.43	5.71	1.03
2010年	58.90	23.05	1.05
2011年	75.19	28.42	0.15
2012年	72.34	24.60	0.38
2013年	81.31	27.64	0.32
2014年	74.69	25.80	0.33
2015年	74.87	23.00	0.28
2016年	72.15	23.05	0.24
2017年	71.74	22.64	0.24
2018年	80.04	26.86	1.70
2019年	84.31	27.79	1.51
2020年	84.21	28.83	1.82
2021年	80.93	27.94	2.10
总 产 值　　（万元）			
2005年	3097388	1006327	79664
2010年	13595612	7393799	194459
2011年	17783245	9045122	19389
2012年	21453448	10780257	76422
2013年	25352143	12849414	58832
2014年	28760610	14321786	56559
2015年	30065964	14517864	47500
2016年	31523631	15147503	46105
2017年	34622450	17149502	43285
2018年	39192700	20182407	606761
2019年	40799710	19878161	766538
2020年	44659565	22598241	886552
2021年	50815439	26641371	737384

注：统计口径为总承包和专业承包建筑业。

12—2 主要年份建筑业企业主要经济指标

指标		2005	2010	2015	2020	2021
企业单位数	(个)	487	703	867	1622	1843
年末从业人数	(万人)	24.43	58.90	74.87	84.21	80.93
自有固定资产原价	(万元)	579479	1636977	2730797	3083325	3174974
自有固定资产净值	(万元)	419591	1070320	1929989	1664468	1707763
自有机械设备净值	(万元)	198947	659840	755525	468200	563589
自有机械设备总台数	(台)	99798	120052	166199	89911	75892
自有机械设备总功率	(万千瓦)	120.52	228.53	374.08	181.96	229.26
建筑业总产值	(万元)	3097388	13595612	30065964	44659565	50815439
建筑工程		2656816	11916633	26039048	38759701	43966131
安装工程		335596	1121492	2515456	3814463	4103808
其他		104976	557487	1511461	2085401	2745500
固定资产本年折旧	(万元)	30796	147126	187549	220469	213580
应付职工薪酬	(万元)			3907108	6652997	6713191
主营业务收入	(万元)	2822829	12798111	26086688	38289076	44238224
主营业务税金及附加	(万元)	94899	540660	854110	188105	179336
利润总额	(万元)	60201	498995	870173	1179456	1127110
利税总额	(万元)	160525	1084002	1751991	2220372	2106961
劳动生产率（按总产值计算）	(元/人)	120286	203436	415873	531104	618488
房屋建筑施工面积	(万平方米)	3053	9008	22429	24904	23745
房屋建筑竣工面积	(万平方米)	1274	3290	6412	5592	5420
技术装备率	(元/人)	8144	11203	10091	5568	6860
动力装备率	(千瓦/人)	4.93	3.88	5.00	2.16	2.79
房屋建筑面积竣工率	(%)	41.74	36.53	28.59	22.45	22.83
产值利润率	(%)	1.94	3.67	2.89	2.64	2.22
产值利税率	(%)	5.18	7.97	5.83	4.97	4.15

注：应付职工薪酬包含应付工资和福利费。

12—3 主要年份国有建筑业企业主要经济指标

指 标		2005	2010	2015	2020	2021
企业单位数	(个)	84	75	76	67	74
年末从业人数	(万人)	5.71	23.05	23.00	28.83	27.94
自有固定资产原价	(万元)	200879	847702	1351925	1550414	1580658
自有固定资产净值	(万元)	141437	522805	765778	790444	810771
自有机械设备净值	(万元)	63234	417507	289108	221378	359532
自有机械设备总台数	(台)	16833	40045	40273	18328	18276
自有机械设备总功率	(万千瓦)	29.88	112.20	131.94	86.86	139.52
建筑业总产值	(万元)	1006327	7393799	14517865	22656568	26641371
建筑工程		878804	6742691	13249327	20848545	24381870
安装工程		85090	425619	884638	1331877	1471078
其 他		42433	225489	383900	476146	788423
固定资产本年折旧	(万元)	12644	98369	108787	98246	96733
应付职工薪酬	(万元)			1566092	3084446	2990364
主营业务收入	(万元)	927569	7005711	13308223	20196974	23814039
主营业务税金及附加	(万元)	32065	315004	413222	53153	60169
利润总额	(万元)	9166	240383	303138	622961	672481
利税总额	(万元)	42629	586036	726000	1050299	1055226
劳动生产率（按总产值计算）	(元/人)	141338	250129	616732	797323	933593
房屋建筑施工面积	(万平方米)	961	3353	12439	13395	12436
房屋建筑竣工面积	(万平方米)	386	773	1880	2114	1809
技术装备率	(元/人)	11074	18113	12570	7791	12599
动力装备率	(千瓦/人)	5.23	4.87	5.74	3.06	4.89
房屋建筑面积竣工率	(%)	40.19	23.06	15.12	15.78	14.54
产值利润率	(%)	0.91	3.25	2.09	2.75	2.57
产值利税率	(%)	4.24	7.93	5.00	4.64	4.03

12—4 建筑业企业主要生产指标（2021年）

指标		合计	总承包	专业承包
企业单位个数	（个）	1843	1164	679
签订的合同额	（万元）	114598845	106971986	7626859
上年结转建筑合同额		45535562	43152771	2382791
本年新签建筑合同额		69063283	63819215	5244068
直接从建设单位承揽工程完成的产值	（万元）	48134508	43265551	4868957
自行完成施工产值		47531646	42719311	4812334
分包出去工程产值		602862	546240	56623
从建设单位以外承揽工程完成的产值	（万元）	3283793	2593325	690468
建筑业总产值	（万元）	50815439	45312637	5502802
#装配式建筑工程产值		601793	555372	46422
#装饰装修产值		1543661	799728	743933
#在外省完成产值		16086992	14987768	1099225
#建筑工程		43966131	40590397	3375734
安装工程		4103808	2826350	1277458
其　他		2745500	1895889	849610
竣工产值	（万元）	17722977	16046079	1676898
房屋建筑施工面积	（万平方米）	23745	23238	507
#本年新开工		6670	6406	264
房屋建筑竣工面积	（万平方米）	5420	5078	343
房屋竣工价值	（万元）	9371459	9161048	210411
从事建筑业活动的平均人数	（人）	821607	699123	122484
年末从业人员	（人）	809268	686349	122919
#工程技术人员		107685	88866	18819
#现场施工人员		331424	292972	38452

内资企业	#私营	港澳台商投资企业	外商投资企业	国有及国有控股企业	房屋建筑业	土木工程建筑业	建筑安装业	建筑装饰和其他建筑业
1840	1410	2	1	74	593	659	226	365
114529524	30313361	69321		77309975	48137371	59731417	3606628	3123430
45485372	12503048	50190		31161956	22435429	20817584	1308827	973722
69044152	17810313	19131		46148019	25701942	38913834	2297801	2149707
48106643	16619251	27865		26019844	22507612	21253806	2349945	2023145
47503781	16519281	27865		25530609	22472677	20721331	2332436	2005202
602862	99970			489235	34935	532476	17509	17943
3283793	1706274			1110762	763896	1750203	572613	197081
50787574	18225555	27865		26641371	23236573	22471533	2905049	2202283
601793	116589			203057	461978	120780	1296	17740
1522520	1110705	21141		212137	663177	86871	112445	681169
16066756	3448356	20236		12601054	5797399	9511033	460931	317629
43960355	14821337	5776		24381870	20740769	20065083	1592255	1568024
4082167	1883623	21641		1471078	1694984	1150622	1070620	187583
2745052	1520596	448		788423	800821	1255828	242175	446676
17722977	6583244			9236873	9209314	6811415	1087683	614564
23745	7982	1		12436	22316	1018	207	204
6669	2351	1		3302	6126	419	58	67
5420	2781			1809	4886	414	71	49
9371459	4247483			3478817	8512155	690533	118428	50343
821402	389464	205		285364	444896	272589	51245	52877
809056	381448	203	9	279422	453674	254342	51012	50240
107606	47790	79		38733	48309	41617	9857	7902
331424	142936			149625	191140	109820	16451	14013

12—5 建筑业企业主要财务指标（2021年）

项　　目	企业数（个）	流动资产合计	存货	固定资产原价	累计折旧	本年折旧
总　　计	**1843**	**38909929**	**2897687**	**3174974**	**1467211**	**213580**
#国有及国有控股企业	74	22413886	809549	1580658	769886	96733
按登记注册类型分						
内资企业	1840	38886520	2894553	3173503	1466383	213509
国有企业	5	326847	7189	31504	9234	1633
集体企业	1	3184		1840	405	17
股份合作企业	2	2625	351	2061	717	31
有限责任公司	400	25449014	1399113	1809185	903182	118550
股份有限公司	22	2953108	113139	265024	76605	11709
私营企业	1410	10151743	1374761	1063888	476240	81569
港澳台商投资企业	2	23084	3025	1432	791	71
港澳台商独资经营企业	2	23084	3025	1432	791	71
外商投资企业	1	325	108	40	38	
中外合资经营企业	1	325	108	40	38	
按国民经济行业分						
房屋建筑业	593	17180805	1312468	1096728	434383	54537
土木工程建筑业	659	17400448	1030337	1670141	861964	125366
#铁路道路隧道和桥梁工程建筑业	458	13055645	575052	1246913	640665	97085
建筑安装业	226	2682037	367280	226538	103835	20092
建筑装饰和其他建筑业	365	1646640	187601	181568	67029	13585
#建筑装饰业	301	1151015	157706	121265	43718	9698
按资质等级分						
施工总承包	1164	34308598	2292620	2704474	1257411	175656
特　级	21	18558990	445526	1286555	551819	74565
一　级	109	8978823	795550	700738	388973	40732
二　级	249	3375342	588959	363866	165633	24311
三级及以下	785	3395444	462585	353314	150987	36049
专业承包	679	4601331	605066	470500	209800	37924
一　级	170	2333938	326514	170893	64349	14457
二　级	307	1416575	162613	159802	72808	13506
三级及以下	202	850818	115940	139805	72643	9961

单位：万元

资产总计	负债合计	所有者权益	实收资本	个人资本	营业收入	主营业务收入	营业成本
48940710	**37319016**	**11621869**	**5532922**	**992200**	**44643892**	**44238224**	**41389585**
29446608	24185822	5260962	2593374	10741	23984921	23814093	22433265
48913870	37307469	11606401	5522106	992200	44616611	44210943	41367046
366863	300664	66199	49790		203089	192454	189601
4619	3166	1453	1453		28205	28205	26743
4125	1932	2193	1128		11502	11502	10916
32285189	25387595	6897595	3322826	254651	27495597	27276733	25467762
4525777	3488930	1036847	263240	22734	2177370	2167334	1976511
11727297	8125183	3602114	1883669	714816	14700849	14534716	13695513
23763	11495	12269	7616		27281	27281	22538
23763	11495	12269	7616		27281	27281	22538
3076	52	3200	3200				
3076	52	3200	3200				
19948691	16144713	3803977	1707554	478440	19222002	19096538	18008231
23883251	17831036	6052390	3111360	319259	19891751	19701359	18479101
18286861	13789113	4497923	2279142	202622	14168707	14045889	13176640
3133805	2147043	986762	378813	70039	3095628	3033197	2698210
1974963	1196223	778740	335195	124462	2434512	2407130	2204042
1369664	818466	551198	250066	102994	1800960	1774496	1619947
43391362	33644545	9746817	4772999	786337	38443367	38141221	35882603
25284386	20250003	5034383	2491641	43580	19704672	19568708	18437998
10330535	7996377	2334158	1014838	321798	10598034	10564757	9925131
3802335	2637032	1165303	612746	218103	3574805	3547806	3320544
3974106	2761133	1212973	653774	202856	4565855	4459951	4198930
5549348	3674471	1875052	759923	205864	6200525	6097002	5506982
2782932	1997771	785162	294380	76764	2648035	2634852	2328227
1723513	1036468	687045	280430	97057	2208041	2159158	1970143
1042903	640233	402845	185113	32043	1344450	1302993	1208612

12—5 续表

项目	主营业务成本	营业税金及附加	主营业务税金及附加	其他业务利润	销售费用	管理费用
总计	**40800436**	**185912**	**179336**	**71297**	**187886**	**1199168**
#国有及国有控股企业	22143070	61127	60169	59242	18997	396836
按登记注册类型分						
内资企业	40777898	185800	179265	71297	187886	1196724
国有企业	182261	490	489	329	2073	5810
集体企业	26743	1039	1039			331
股份合作企业	10916	56	56		16	245
有限责任公司	25171291	99740	97665	60161	110304	569771
股份有限公司	1906533	5742	5742	59	16720	57722
私营企业	13480154	78735	74275	10748	58772	562845
港澳台商投资企业	22538	112	71			2213
港澳台商独资经营企业	22538	112	71			2213
外商投资企业						231
中外合资经营企业						231
按国民经济行业分						
房屋建筑业	17771810	94916	91755	2847	25753	388844
土木工程建筑业	18273840	63660	61855	60518	47010	534097
#铁路道路隧道和桥梁工程建筑业	13078951	43523	42587	53786	21013	346434
建筑安装业	2621201	12361	11316	1710	88858	151197
建筑装饰和其他建筑业	2133585	14974	14409	6222	26264	125030
#建筑装饰业	1557383	12127	11665	6057	19438	96516
按资质等级分						
施工总承包	35444267	153808	62075	59246	874812	654262
特　级	18209379	70995	54581	14246	365941	473151
一　级	9870333	35541	5353	13963	167722	147769
二　级	3287666	20845	565	12044	108554	24024
三级及以下	4076889	26427	1576	18993	232596	9319
专业承包	5356169	32104	9222	128639	324356	73474
一　级	2282731	11768	942	87053	110319	38545
二　级	1912216	13742	7998	28677	143389	15932
三级及以下	1161222	6594	282	12910	70647	18997

单位：万元

研发费用	财务费用	营业利润	利润总额	所得税费用	应付职工薪酬（本年贷方累计发生额）	应交增值税	建筑业企业在境外完成的营业收入
727736	**288852**	**1118280**	**1127110**	**168561**	**6713191**	**800515**	**1194272**
556316	179832	665731	672481	99967	2990364	322577	1131353
727736	288905	1116039	1124851	167944	6710847	800068	1194272
1684	-309	4870	4549	569	55492	3194	
	10	82	82	2	7783	943	
	31	237	237	23	867	514	
586374	167237	844850	847473	119060	3625338	414696	1133381
52727	43581	30012	31125	6595	302748	18763	4101
86952	78355	235989	241386	41695	2718618	361959	56791
	-4	2422	2440	618	2178	505	
	-4	2422	2440	618	2178	505	
	-50	-182	-182		166	-58	
	-50	-182	-182		166	-58	
276133	196263	394628	400525	82183	3191999	396117	248845
380312	73583	556518	560018	76833	2711275	298456	889495
276740	49805	435447	439283	59210	1796540	202537	597641
57278	9305	110785	112271	1910	427630	48259	55323
14013	9701	56348	54295	7636	382286	57683	608
10309	7240	46076	43608	5987	275282	41569	608
268937	973386	983390	160780	5796574	679626	1135093	
183878	517191	519574	65504	2681669	232466	695441	
43752	290176	293243	65196	1809350	241469	420598	
19696	75733	76474	13875	494975	82364	3189	
21610	90285	94097	16205	810580	123328	15865	
19915	144894	143720	7782	916617	120889	59179	
8120	35259	34488	-8594	341557	45720	32273	
5956	72746	71404	11023	355012	45681	23932	
5839	36889	37828	5353	220048	29487	2975	

12—6　建筑业企业房屋建筑完成情况（2021年）

项　　目	房屋建筑竣工面积(万平方米)	国有及国有控股企业	竣工房屋价值(万元)	国有及国有控股企业
合　计	**5420.42**	**1808.70**	**9371459**	**3659512**
住宅房屋	3578.79	1240.47	5950335	2032272
商业及服务用房屋	309.18	82.38	559564	106902
商厦房屋(批发和零售用房)	155.08	46.60	223335	67621
宾馆用房屋(住宿用房)	8.86		10670	
餐饮用房屋(餐饮用房)	0.54		1201	
商务会展用房屋	1.51	1.03	2676	1533
其他商业及服务用房屋(居民服务业用房)	143.18	34.75	321683	37748
办公用房屋	142.65	30.97	290706	85016
科研、教育、医疗用房屋	298.77	131.55	563710	344466
科学研究用房屋	4.52		9033	
教育用房屋	234.61	113.27	501920	307952
医疗用房屋(卫生医疗用房)	59.64	18.28	52757	36514
文化、体育、娱乐用房屋	48.58	39.45	108187	89394
厂房及建筑物	792.56	180.60	1158627	375663
厂　房	436.70	129.36	660822	270784
仓　库	9.19		16938	
其他未列明的房屋建筑物	240.70	103.27	723393	625800

12—7　各县（市）区建筑业企业房屋建筑完成情况（2021年）

地　　区	房屋建筑竣工面积(万平方米)	住　宅	竣工房屋价值(万元)	住　宅
总　计	**5420.42**	**3578.79**	**9371459**	**5950335**
瑶海区	940.84	636.47	1597813	998990
庐阳区	433.40	222.92	671037	428807
蜀山区	449.51	284.36	1111595	379177
包河区	1048.83	841.09	1662895	1325801
高新区	679.36	553.80	1287338	979945
经开区	313.61	137.03	764364	390975
新站区	41.49	22.08	52950	30038
安巢经开区	2.56		2474	
长丰县	353.50	197.33	430370	293071
肥东县	650.54	457.17	989874	697761
肥西县	263.14	162.26	430169	321987
庐江县	64.17	36.46	93184	50101
巢湖市	179.46	27.80	277397	53682

12—8 各县（市）区按登记注册类型和行业分的建筑业企业单位数（2021年）

单位：个

地 区	合 计	内资企业	港澳台商投资企业	外 商 投资企业	国有及国有控股企业	房 屋 建 筑 业	土木工程建 筑 业	建 筑 安 装 业	建筑装饰和其他建筑业
总 计	**1843**	**1840**	**2**	**1**	**74**	**593**	**659**	**226**	**365**
瑶 海 区	190	190			9	58	51	22	59
庐 阳 区	222	220	1	1	6	46	78	33	65
蜀 山 区	142	142			10	26	62	27	27
包 河 区	289	288	1		14	68	86	51	84
高 新 区	103	103			14	16	37	36	14
经 开 区	75	75			8	13	34	18	10
新 站 区	34	34			1	12	8	6	8
安巢经开区	16	16				10	4	1	1
长 丰 县	217	217				101	76	9	31
肥 东 县	179	179			3	86	61	11	21
肥 西 县	185	185			6	82	70	6	27
庐 江 县	113	113			1	43	64	1	5
巢 湖 市	78	78			2	32	28	5	13

12—9 各县（市）区按登记注册类型和行业分的建筑业企业总产值（2021年）

单位：万元

地 区	合 计	内资企业	港澳台商投资企业	外 商 投资企业	国有及国有控股企业	房 屋 建 筑 业	土木工程建 筑 业	建 筑 安 装 业	建筑装饰和其他建筑业
总 计	**50815439**	**50787574**	**27865**		**26641371**	**23236573**	**22471533**	**2905049**	**2202283**
瑶 海 区	7884553	7884553			4732643	4089635	3158877	272742	363300
庐 阳 区	5590979	5583350	7628		1963155	2533336	2472503	232110	353030
蜀 山 区	6218155	6218155			4176516	2615434	2722984	586388	293350
包 河 区	10041296	10021060	20236		6728622	3421947	5793633	408909	416807
高 新 区	6318243	6318243			3640257	3261595	2146646	809311	100692
经 开 区	5172804	5172804			4282786	2111485	2876334	123071	61913
新 站 区	893217	893217			601170	167861	625083	10908	89365
安巢经开区	53533	53533				33937	16240	2440	916
长 丰 县	1564836	1564836				744460	583171	99074	138131
肥 东 县	3261382	3261382			35619	2629808	454603	70362	106610
肥 西 县	1799727	1799727			380547	748980	656624	248204	145919
庐 江 县	1010234	1010234			13216	272682	681083	23244	33224
巢 湖 市	1006481	1006481			86841	605414	283753	18287	99027

12—10 各县（市）区建筑业企业生产情况（2021年）

单位：万元

地　区	企业单位数（个）	签订的合同额	上年结转建筑合同额	本年新签建筑合同额	直接从建设单位承揽工程完成的产值	自行完成施工产值	分包出去工程产值
总　计	**1843**	**114598845**	**45535562**	**69063283**	**48134508**	**47531646**	**602862**
瑶海区	190	17963031	7842223	10120807	7433227	7431366	1861
庐阳区	222	6353186	2182845	4170342	5465320	5427574	37745
蜀山区	142	11898779	5320816	6577963	5773461	5766593	6869
包河区	289	33509587	9535428	23974159	9743722	9720116	23607
高新区	103	13092276	6629357	6462919	6307369	6274530	32840
经开区	75	17437627	8483837	8953789	5422323	4942609	479714
新站区	34	2478053	1086458	1391595	887567	886010	1557
安巢经开区	16	70120	10665	59455	46350	46350	
长丰县	217	2117766	648615	1469151	1203226	1195597	7628
肥东县	179	4630986	1867895	2763091	2991100	2986852	4249
肥西县	185	2628094	1104858	1523237	1296062	1290163	5899
庐江县	113	899439	391599	507840	578110	577726	384
巢湖市	78	1519903	430967	1088936	986671	986162	510

地　区	从建设单位以外承揽工程完成的产值	建筑业总产值	#装配式建筑工程产值	#装　饰装修产值	#在外省完成产值	建筑工程
总　计	**3283793**	**50815439**	**601793**	**1543661**	**16086992**	**43966131**
瑶海区	453187	7884553	254728	223194	2713265	6928479
庐阳区	163404	5590979	10232	147780	1528935	5072690
蜀山区	451563	6218155	14181	329029	1657476	5623534
包河区	321180	10041296	182384	218124	4605980	9277360
高新区	43714	6318243	66559	324554	1895737	5158046
经开区	230195	5172804	20145	27074	2572270	4102030
新站区	7207	893217	7093	8446	136601	820287
安巢经开区	7184	53533			4100	50198
长丰县	369238	1564836	42720	46120	186187	1278036
肥东县	274531	3261382	68	127577	204623	2732878
肥西县	509564	1799727	3505	57760	184728	1389409
庐江县	432508	1010234		14519	293975	804515
巢湖市	20319	1006481	179	19484	103116	728670

12—11 续表

单位：万元

地 区			竣工产值	房屋建筑施工面积（万平方米）	#本年新开工	房屋建筑竣工面积（万平方米）	房屋竣工价值
	安装工程	其 他					
总 计	**4103808**	**2745500**	**17722977**	**23745.38**	**6670.19**	**5420.42**	**9371459**
瑶海区	337971	618103	2181886	5093.65	1301.90	940.84	1597813
庐阳区	276090	242199	2674437	2303.49	344.18	433.40	671037
蜀山区	405242	189379	1798815	2302.68	780.86	449.51	1111595
包河区	509101	254835	4060503	4484.44	1406.89	1048.83	1662895
高新区	686817	473381	2125856	3771.20	775.74	679.36	1287338
经开区	801217	269557	1098595	2268.26	928.54	313.61	764364
新站区	53450	19481	91280	216.95	93.26	41.49	52950
安巢经开区	2133	1203	16933	10.24	8.27	2.56	2474
长丰县	118838	167962	763074	678.34	191.36	353.50	430370
肥东县	334586	193919	1230533	1631.95	299.39	650.54	989874
肥西县	202221	208097	660601	483.15	310.90	263.14	430169
庐江县	131310	74409	436868	188.37	49.04	64.17	93184
巢湖市	244836	32975	583596	312.64	179.87	179.46	277397

地 区	从事建筑业活动的平均人数（万人）	年末从业人员（万人）	#工程技术人员	#现场施工人员	年末自有施工机械设备净值	年末自有施工机械设备总台数（台）	年末自有施工机械设备总功率（万千瓦）
总 计	**821607**	**809268**	**107685**	**331424**	**563589**	**75892**	**229.26**
瑶海区	127431	124238	13750	38630	67445	3299	11.41
庐阳区	92730	89978	11792	27678	22945	30532	9.14
蜀山区	85035	84063	10536	45812	39478	6145	14.66
包河区	102117	96022	16384	36309	245185	12370	104.22
高新区	113189	111271	12102	29173	15879	2349	7.72
经开区	68175	66833	12978	37372	46323	3404	19.53
新站区	11604	11472	1220	1052	10795	957	2.93
安巢经开区	1260	1219	242	239	1733	5	0.04
长丰县	38134	38588	5397	18327	22962	2252	10.16
肥东县	66563	74418	5915	39901	34123	6875	13.89
肥西县	45585	47403	8046	25599	19139	4247	11.48
庐江县	55671	49967	6033	28873	29123	1953	19.93
巢湖市	14113	13796	3290	2459	8459	1504	4.16

12—11 各县（市）区建筑业企业主要财务指标（2021年）

单位：万元

地区	企业数（个）	流动资产合计	存货	固定资产原价	累计折旧	本年折旧	资产总计
总计	**1843**	**38909929**	**2897687**	**3174974**	**1467211**	**213580**	**48940710**
瑶海区	190	5274221	410286	380315	163255	19180	6315841
庐阳区	222	2975584	198693	226534	127447	19246	3487758
蜀山区	142	4524857	265198	303449	159731	18209	5761005
包河区	289	9316873	447588	820740	375562	57522	12781906
高新区	103	5002341	345052	295799	129381	18768	6091922
经开区	75	5683443	309569	347353	167038	18866	7484358
新站区	34	560261	94065	70544	37267	5364	630946
安巢经开区	16	57422	4469	8766	4320	643	65266
长丰县	217	816874	91918	131610	55560	10528	936185
肥东县	179	1820167	343749	113199	48005	10822	1960480
肥西县	185	1056871	217223	130549	61198	9832	1209061
庐江县	113	651578	121594	120766	67380	9096	787986
巢湖市	78	1169438	48283	225353	71067	15504	1427997

地区	负债合计	所有者权益	实收资本	营业收入	主营业务收入	营业成本	主营业务成本
总计	**37319016**	**11621869**	**5532922**	**44643892**	**44238224**	**41389585**	**40800436**
瑶海区	5049192	1266649	628662	6498592	6405519	6169134	6083099
庐阳区	2540050	947884	518488	4478111	4457451	4112498	4071735
蜀山区	4591803	1169202	622759	5546710	5502814	5157897	5084202
包河区	9771653	3010253	1429494	9231412	9100807	8598768	8500030
高新区	4466328	1625594	825249	6096436	6080586	5440752	5385982
经开区	6332974	1151384	537895	5024119	4997374	4690781	4561040
新站区	544254	86693	43706	830508	827377	795041	773141
安巢经开区	40315	24951	17802	50528	50528	45843	45843
长丰县	539341	396844	191919	1264745	1262219	1166650	1156220
肥东县	1409687	550793	227602	2335617	2333952	2212929	2205611
肥西县	803107	405954	195262	1386328	1341452	1305083	1259037
庐江县	364458	423528	158906	907757	896739	804408	795609
巢湖市	865856	562140	135178	993031	981407	889801	878888

12—11 续表

单位：万元

地　区	营业税金及附加	主营业务税金及附加	其他业务利润	销售费用	管理费用	研发费用
总　计	**185912**	**179336**	**71297**	**187886**	**1199168**	**727736**
瑶海区	21890	21534	3072	11087	140929	99244
庐阳区	32848	32183	1509	13518	129544	81423
蜀山区	19467	18860	9081	13934	149966	98066
包河区	35469	34764	50629	15918	284766	140511
高新区	19123	18838	1834	90854	171475	167215
经开区	13622	13501	2777	8980	78849	97521
新站区	1913	1898	105	1617	15031	9400
安巢经开区	517	517		115	2490	
长丰县	8880	6784	941	8286	56281	5109
肥东县	12290	11871	148	4193	50639	2172
肥西县	7339	6535	40	3019	45089	6484
庐江县	8200	7891	3	11591	44945	207
巢湖市	4354	4160	1158	4775	29164	20384

地　区	财务费用	营业利润	利润总额	所得税费用	应付职工薪酬（本年贷方累计发生额）	应交增值税	建筑业企业在境外完成的营业收入
总　计	**288852**	**1118280**	**1127110**	**168561**	**6713191**	**800515**	**1194272**
瑶海区	50781	97191	96928	14694	1252644	104147	
庐阳区	20539	110482	109136	20695	641251	80569	240099
蜀山区	31995	89405	90062	17727	674326	86532	
包河区	34260	275176	278005	30892	869427	155141	315165
高新区	70570	130799	131150	8657	939090	64749	230198
经开区	40378	233704	237057	45305	920486	114187	343657
新站区	4316	17145	16777	3921	87524	10809	3905
安巢经开区	242	1323	1441	259	5747	1569	
长丰县	4433	25344	28180	5786	276935	35182	33389
肥东县	8213	49969	54179	8055	444713	61907	15795
肥西县	3133	24195	24259	4086	222401	31863	2866
庐江县	5023	37069	33578	5978	322925	38408	9199
巢湖市	14971	26480	26359	2508	55723	15453	

12—12　建筑业企业总资产50强（2021年）

企业名称	位次
中铁四局集团有限公司	1
中建国际工程有限公司	2
安徽水安建设集团股份有限公司	3
中建四局第六建设有限公司	4
安徽三建工程有限公司	5
安徽省公路桥梁工程有限公司	6
中国化学工程第三建设有限公司	7
安徽富煌钢构股份有限公司	8
讯飞智元信息科技有限公司	9
安徽省路港工程有限责任公司	10
安徽省交通航务工程有限公司	11
安徽省路桥工程集团有限责任公司	12
合肥建工集团有限公司	13
安徽省交通建设股份有限公司	14
中安华力建设集团有限公司	15
安徽省恒创建设工程有限公司	16
中铁四局集团第一工程有限公司	17
中铁四局集团第四工程有限公司	18
中国能源建设集团安徽电力建设第二工程有限公司	19
安徽开源路桥有限责任公司	20
中国能源建设集团安徽电力建设第一工程有限公司	21
中铁十局集团第三建设有限公司	22
安徽宝业建工集团有限公司	23
九洲基业股份有限公司	24
中铁二十四局集团安徽工程有限公司	25
中铁四局集团建筑工程有限公司	26
安徽同济建设集团有限责任公司	27
安徽省第二建筑工程有限公司	28
安徽省第一建筑工程有限公司	29
安徽国信建设集团有限公司	30
安徽四建控股集团有限公司	31
合肥市公路桥梁工程有限责任公司	32
中铁四局集团钢结构建筑有限公司	33
中铁上海工程局集团第三工程有限公司	34
安徽两淮建设有限责任公司	35
合肥电力安装有限公司	36
安徽金煌建设集团有限公司	37
安徽省安泰科技股份有限公司	38
蓝海建设集团有限公司	39
中建七局第二建筑安徽有限公司	40
安徽省通源环境节能股份有限公司	41
安徽新建控股集团有限公司	42
安徽交控工程集团有限公司	43
安徽送变电工程有限公司	44
华艺生态园林股份有限公司	45
安徽省文一建筑安装有限公司	46
合肥市三欣市政工程有限公司	47
中徽建技术有限公司	48
中化学交通建设集团建筑工程有限公司	49
安徽省经工建设集团有限公司	50

12—13　建筑业企业总产值50强（2021年）

企业名称	位次
中铁四局集团有限公司	1
中铁四局集团第四工程有限公司	2
中建四局第六建设有限公司	3
安徽三建工程有限公司	4
中安华力建设集团有限公司	5
中铁四局集团第一工程有限公司	6
合肥建工集团有限公司	7
安徽省公路桥梁工程有限公司	8
中铁十局集团第三建设有限公司	9
中铁四局集团建筑工程有限公司	10
安徽金煌建设集团有限公司	11
中建国际工程有限公司	12
中国能源建设集团安徽电力建设第一工程有限公司	13
中国能源建设集团安徽电力建设第二工程有限公司	14
安徽省路桥工程集团有限责任公司	15
安徽水安建设集团股份有限公司	16
安徽同济建设集团有限责任公司	17
安徽四建控股集团有限公司	18
安徽省路港工程有限责任公司	19
安徽宝业建工集团有限公司	20
中铁二十四局集团安徽工程有限公司	21
中国化学工程第三建设有限公司	22
安徽省恒创建设工程有限公司	23
安徽省交通航务工程有限公司	24
安徽国信建设集团有限公司	25
讯飞智元信息科技有限公司	26
安徽省交通建设股份有限公司	27
中铁上海工程局集团第三工程有限公司	28
安徽富煌钢构股份有限公司	29
安徽省文一建筑安装有限公司	30
安徽新建控股集团有限公司	31
中建七局第二建筑安徽有限公司	32
中铁四局集团钢结构建筑有限公司	33
合肥市义兴建筑安装工程有限责任公司	34
合肥市公路桥梁工程有限责任公司	35
安徽开源路桥有限责任公司	36
安徽送变电工程有限公司	37
安徽宏志建设工程有限责任公司	38
安徽省第一建筑工程有限公司	39
安徽鑫源建设集团有限公司	40
中徽建技术有限公司	41
安徽交控工程集团有限公司	42
合肥建设装饰(集团)有限责任公司	43
安徽常青建设集团有限公司	44
蓝海建设集团有限公司	45
安徽勤丰建设工程有限公司	46
合肥庐源电力工程有限公司	47
安徽日晖建设有限公司	48
安徽岩土工程有限责任公司	49
安徽双丰建设集团有限公司	50

主要统计指标解释

建筑业统计单位

指从事房屋、构筑物建造和设备安装活动的法人企业。建筑业法人企业应同时具备的条件是：①依法成立，有自己的名称、组织机构和场所，能够承担民事责任；②独立拥有和使用资产，承担负债，有权与其他单位签订合同；③独立核算盈亏，能够编制资产负债表。

建筑业总产值

指以货币表现的建筑业企业在一定时期内生产的建筑业产品和服务的总和。建筑业总产值包括建筑工程产值、安装工程产值和其他产值三部分内容。

自有机械设备年末总台数

指归本企业所有，属于本企业固定资产的生产性机械设备年末总台数。包括施工机械、生产设备、运输设备以及其他设备。

自有机械设备年末总功率

指本企业自有施工机械、生产设备、运输设备以及其他设备等列为在册固定资产的生产性机械设备年末总功率，按设定能力或查定能力计算。包括机械本身的动力和为该机械服务的单独动力设备，如电动机等。计算单位用千瓦，动力换算可按 1 马力＝0.735 千瓦折合成千瓦数。电焊机、变压器、锅炉不计算动力。

主营业务收入

指企业确认的销售商品、提供劳务等主营业务的收入。根据会计“主营业务收入”科目的期末贷方余额填报。执行《企业会计准则》或《小企业会计准则》的企业，如未设置该科目，以“营业收入”代替填报。

应付职工薪酬

指企业为获得职工提供的服务而给予各种形式的报酬以及其他相关支出。包括职工工资、奖金、津贴和补贴，职工福利费，医疗保险费、养老保险费、失业保险费、工伤保险费和生育保险费等社会保险费，住房公积金，工会经费和职工教育经费，非货币性福利，因解除与职工的劳动关系给予的补偿，其他与获得职工提供的服务相关的支出。

建筑业企业在境外完成的营业收入

指建筑业企业报告期内在国外及港、澳、台等区域所有经营活动的收入总额。

第十三篇

服务业

简要说明

一、本篇资料反映我市第三产业和规模以上服务业发展情况。

二、规模以上服务业企业即国家一套表在统服务业企业。

三、国家服务业一套表企业标准分三类：

1.辖区内年营业收入 2000 万元及以上服务业法人单位。包括：交通运输、仓储和邮政业，信息传输、软件和信息技术服务业，水利、环境和公共设施管理业三个门类和卫生行业大类。

2.辖区内年营业收入 1000 万元及以上服务业法人单位。包括：租赁和商务服务业，科学研究和技术服务业，教育三个门类，以及物业管理、房地产中介服务、房地产租赁经营和其他房地产业四个行业小类。

3.辖区内年营业收入 500 万元及以上服务业法人单位。包括：居民服务、修理和其他服务业，文化、体育和娱乐业两个门类，以及社会工作行业大类。

四、本篇资料由市统计局服务业处整理编制。

13—1 主要年份服务业发展情况

指 标		2015	2018	2019	2020	2021
服务业增加值	(亿元)	3093.96	5157.56	5736.84	6134.56	6890.54
增 速	(%)	11.8	9.5	7.9	3.0	8.6
占全市生产总值比重	(%)	53.1	59.9	61.2	61.3	60.4
服务业固定资产投资	(亿元)	3892.66				
增 速	(%)	17.0	3.4	9.3	8.0	1.5
占固定资产投资比重	(%)	63.3	73.8	74.0	76.4	74.9
服务业新增单位	(户)	95676	176174	212295	203412	269924
增 速	(%)	29.2	23.3	20.5	-4.2	32.7
占全部新登记注册企业比重	(%)	90.7	88.1	89.4	87.5	86.2
服务业税收收入	(亿元)	552.44	824.11	802.81	766.21	850.65
增 速	(%)	9.6	11.3	-2.6	-4.6	11.0
占全部社会税收收入比重	(%)	62.3	68.7	70.6	69.3	68.8

注：1.此表服务业口径为全部第三产业。
2.2018年服务业增加值根据四经普结果进行了修订。

13—2 规模以上服务业企业分行业主要经济指标（2021年）

单位：万元

行业	企业数(个)	本年折旧	固定资产原价	资产总计	负债合计	营业收入	营业成本	税金及附加	销售费用
总计	**1875**	**1776583**	**49145395**	**115517909**	**61137849**	**24230730**	**18900065**	**149553**	**747479**
交通运输、仓储和邮政业	295	1148598	39482846	53983899	30872459	8497199	7061386	47219	62640
信息传输、软件和信息技术服务业	372	408752	3987402	7047351	3378098	5282400	3604264	18960	313210
房地产业	170	33542	973443	7513872	3718311	976852	746785	22028	20019
租赁和商务服务业	445	90672	2705769	36860627	17654427	4057706	3483344	33317	113154
科学研究和技术服务业	338	45299	719713	5977846	3309226	3977940	2979964	20469	109320
水利、环境和公共设施管理业	27	8347	534457	1206263	498884	182080	134363	1288	2130
居民服务、修理和其他服务业	53	2255	37710	122830	99165	142522	110744	478	15776
教育	33	7977	147750	746182	481699	227445	136231	722	26086
卫生和社会工作	53	19307	314546	530394	372650	372168	267769	360	45509
文化、体育和娱乐业	89	11834	241759	1528647	752932	514418	375216	4712	39636

行业	管理费用	财务费用	投资收益	营业利润	利润总额	所得税费用	应付职工薪酬	应交增值税	期末用工人数(人)
总计	**1743090**	**1021729**	**1563981**	**2810949**	**2845631**	**370982**	**4387762**	**594427**	**435295**
交通运输、仓储和邮政业	291955	732168	226563	696418	711444	182329	822173	205426	80411
信息传输、软件和信息技术服务业	453687	9743	34934	514881	536231	68772	1117031	108867	85153
房地产业	128633	22813	4583	40480	45412	10456	314273	46849	50489
租赁和商务服务业	313324	251429	1242576	1100607	1078876	33593	974516	88805	131817
科学研究和技术服务业	320517	-9435	26318	394073	404310	59145	760215	126786	49491
水利、环境和公共设施管理业	20306	5447	193	19945	21344	3081	32800	-114	6168
居民服务、修理和其他服务业	16094	970	136	-1715	-1962	986	37290	2497	6042
教育	52709	846	3780	19874	16128	6258	111100	5624	7509
卫生和社会工作	76324	8223	22	-26402	-27249	2804	130219	680	10936
文化、体育和娱乐业	69541	-474	24877	52789	61099	3559	88145	9009	7279

注：规模以上服务业为国家一套表口径。

13—3 各县（市）区规模以上服务业企业主要经济指标（2021年）

单位：万元

地区	企业数（个）	本年折旧	固定资产原价	资产总计	负债合计	营业收入	营业成本	税金及附加	销售费用
总计	**1875**	**1776583**	**49145395**	**115517909**	**61137849**	**24230730**	**18900065**	**149553**	**747479**
瑶海区	146	134079	1841767	4256399	2308199	1469049	1314292	11129	25843
庐阳区	177	123984	5586197	12781695	6942675	1804073	1386158	11836	63196
蜀山区	338	544695	14104995	25169235	11380951	5183673	4035285	23182	224747
包河区	284	90023	1373064	24740866	12761440	2422843	1810546	20984	91902
高新区	289	724254	21893719	31984925	20021865	7529159	5259241	46753	193352
经开区	241	54490	1469122	5613548	2165564	2067175	1672789	14953	51642
新站区	56	33751	1092406	6174548	2221506	472431	385282	3762	27173
安巢经开区	26	1915	17108	55368	42628	210710	198811	876	3244
长丰县	73	23716	686384	1869391	1288626	886315	818024	4795	15125
肥东县	106	12055	188067	536392	433136	1084750	1009950	5259	16278
肥西县	62	17591	227187	1052738	510332	553768	446764	3683	25199
庐江县	38	4337	492538	485101	356988	133991	122355	550	1838
巢湖市	39	11694	172842	797702	703942	412793	440570	1793	7940

地区	管理费用	财务费用	投资收益	营业利润	利润总额	所得税费用	应付职工薪酬	应交增值税	期末用工人数（人）
总计	**1743090**	**1021729**	**1563981**	**2810949**	**2845631**	**370982**	**4387762**	**594427**	**435295**
瑶海区	123553	29478	10792	-2959	-261	15827	329297	26363	34127
庐阳区	163901	76895	5508	76650	84850	15681	494825	32201	45439
蜀山区	456824	227546	224325	393711	414945	80429	791362	80785	92920
包河区	274485	201495	1047309	1016965	1023357	31760	537239	64700	52255
高新区	336729	448194	249521	1175647	1194464	190410	1012726	281062	67547
经开区	163657	1398	19401	91908	50684	12002	559924	38974	61541
新站区	53710	12605	6354	-11346	-9357	4031	97596	3341	6814
安巢经开区	3636	224	2	5135	6175	793	5336	4987	720
长丰县	44017	7441	131	28288	31729	7546	108488	14013	10445
肥东县	44566	4807	-573	3944	11361	4601	295031	29076	44565
肥西县	50239	5769	540	21205	25235	5444	78710	18421	7889
庐江县	8880	776	200	2920	3251	197	27435	-965	3596
巢湖市	18892	5100	471	8882	9199	2260	49793	1471	7437

注：规模以上服务业为国家一套表口径。

13—4 服务业企业营业收入20强（2021年）

企业名称	位次
安徽省交通控股集团有限公司	1
安徽路歌运输有限公司	2
东华工程科技股份有限公司	3
中国移动通信集团安徽有限公司合肥分公司	4
安徽顺丰速运有限公司	5
京福铁路客运专线安徽有限责任公司	6
安徽皖信人力资源管理有限公司	7
安徽皖通高速公路股份有限公司	8
中国电信股份有限公司合肥分公司	9
安徽上铁地方铁路开发有限公司	10
中央储备粮合肥直属库有限公司	11
北京外企人力资源服务安徽有限公司	12
中国铁通集团有限公司安徽分公司	13
合肥公交集团有限公司	14
中国邮政速递物流股份有限公司安徽省分公司	15
安徽继远软件有限公司	16
安徽省通信产业服务有限公司	17
合肥水泥研究设计院有限公司	18
中央储备粮巢湖直属库有限公司	19
安徽省交通规划设计研究总院股份有限公司	20

主要统计指标解释

本年折旧

指企业在报告期内提取的固定资产折旧合计数。可以根据会计“财务状况变动表”中“固定资产折旧”项的数值填报。若企业执行 2001 年《企业会计制度》,可以根据会计核算中《资产减值准备、投资及固定资产情况表》内“当年计提的固定资产折旧总额”项本年增加数填报。

营业收入

指企业经营主要业务和其他业务所确认的收入总额。营业收入合计包括“主营业务收入”和“其他业务收入”。根据会计“利润表”中“营业收入”项目的本期金额数填报。

营业成本

指企业经营主要业务和其他业务所发生的成本总额。包括企业（单位）在报告期内从事销售商品、提供劳务等日常活动发生的各种耗费。包括“主营业务成本”和“其他业务成本”。根据会计“利润表”中“营业成本”项目的本期金额数填报。

税金及附加

指企业因从事生产经营活动按税法规定应缴纳的消费税、城市维护建设税、资源税、环境保护税、教育费附加、房产税、城镇土地使用税、车船税、印花税等相关税费。根据会计“利润表”中“税金及附加”项目的本年累计数填报。

销售费用

指企业在销售商品和材料、提供劳务的过程中发生的各种费用，包括保险费、包装费、展览费和广告费、商品维修费、预计产品质量保证损失、运输费、装卸费等以及为销售本企业商品而专设的销售机构（含销售网点、售后服务网点等）的职工薪酬、业务费、折旧费等经营费用。

管理费用

指企业为组织和管理企业生产经营所发生的费用，包括企业在筹建期间内发生的开办费、董事会和行政管理部门在企业经营管理中发生的，或者应当由企业统一负担的公司经费等。根据会计“利润表”中“管理费用”项目的本期金额数填报。

财务费用

指企业为筹集生产经营所需资金等而发生的筹资费用,包括企业生产经营期间发生的利息支出(减利息收入)、汇兑损失（减汇兑收益）以及相关的手续费等。根据会计“利润表”中“财务费用”项目的本期金额数填报。

投资收益

指企业确认的投资收益或投资损失，反映企业以各种方式对外投资所取得的收益。根据会计“利润表”中“投资收益”项目的本期金额数填报。如为投资损失以“-”号记。

营业利润

指企业从事生产经营活动所取得的利润。执行《企业会计准则》或《小企业会计准则》的企业，营业利润为营业收入减去营业成本、税金及附加、销售费用、管理费用、财务费用、研发费用、资产减值损失、信用减值损失，再加上公允价值变动收益、资产处置收益、投资收益、净敞口套期收益和其他收益。执行其他企业会计制度的企业，营业利润为营业收入减去营业成本、税金及附加，加上其他业务利润后，再减去销售费用、管理费用、财务费用、研发费用后的金额，应符合以下逻辑关系：营业利润等于营业收入减去营业成本、税金及附加、销售费用、管理费用、财务费用、研发费用。根据会计利润表中“营业利润”项目的本年累计数填报。

应付职工薪酬

指企业为获得职工提供的服务而给予各种形式的报酬以及其他相关支出。包括职工工资、奖金、津贴和补贴，职工福利费，医疗保险费、养老保险费、失业保险费、工伤保险费和生育保险费等社会保险费，住房公积金，工会经费和职工教育经费，非货币性福利，因解除与职工的劳动关系给予的补偿，其他与获得职工提供的服务相关的支出。执行《企业会计准则》或《小企业会计准则》的企业，根据会计科目“应付职工薪酬”的本年贷方累计发生额填报；执行其他企业会计制度的企业，应将本年上述职工薪酬包含的科目归并填报。

期末用工人数

指报告期最后一日 24 时企业实际拥有的、参与本企业生产经营活动的人员数，无论是否从本企业领取劳动报酬均视为用工人数。该指标为时点指标，不包括最后一日当天及以前已经不再参与本企业生产经营活动的人员。

第十四篇

运输和邮电

简要说明

一、交通运输业资料主要包括：铁路、公路、水路、民航四种运输方式完成的客、货运输量，还包括公路里程、公路营运车辆拥有量、公共交通基本情况等。

邮电通信业资料主要包括：全市邮电局（所）及邮路情况，主要邮电业务完成情况，邮电通信发展水平等。

二、有关交通运输资料分别来源于市交通局、市海事局、安徽民航机场集团有限公司等，铁路和民用车辆拥有量资料由省统计局反馈。邮电通信资料来源于市邮政局和安徽省统计局反馈。

三、各部门资料调查及统计单位范围：

1. 铁路资料：包括客、货运输量，资料来源于安徽省统计局反馈，由省统计局反馈全省分站点数据，从中提取属于合肥境内的站点并进行汇总而成。

2. 公路资料：公路线路里程为年末通车里程数（不含在建和未正式投入使用的公路），由市交通局提供。民用和公路营运车辆拥有量分别由省统计局反馈和市交通局提供。

3. 民航运输资料：由安徽民航机场集团有限公司提供合肥机场的客、货运输量数据。

4. 邮电通信资料：邮电通信包括邮政和电信业务。

14—1 主要年份客运量、货运量

指 标		2010	2015	2020	2021
客运量	**（万人）**	**19804.0**	**14697.3**	**6953.2**	**6845.7**
民 航		208.5	356.2	458.7	469.3
铁 路		1587.5	3105.1	3105.5	3710.4
公 路		18006.0	11211.0	3355.0	2626.0
水 运		2.0	25.0	34.0	40.0
货运量	**（万吨）**	**18873.2**	**32606.3**	**46907.8**	**49078.8**
民 航		1.4	5.1	8.8	9.4
铁 路		150.8	116.6	264.0	276.5
公 路		17401.0	27578.0	39203.0	39324.0
水 运		1320.0	4906.5	7432.0	9469.0

14—2 全社会公路客、货运输量及周转量

指 标		2020年		2021年	
		总 计	个体经济	总 计	个体经济
旅客运输量	（万人）	3354	15	2626	1
汽 车		3354	15	2626	1
旅客周转量	（万人公里）	285637	1311	274192	15
汽 车		285637	1311	274192	15
货物运输量	（万吨）	39203	355	39324	518
汽 车		39203	355	39324	518
其他机动车					
货物周转量	（万吨公里）	3635965	32964	3972799	52332
汽 车		3635965	32964	3972799	52332
其他机动车					

14—3 主要年份民用车辆拥有量

单位：辆

指　　标	2010	2015	2020	2021
民用汽车总计	393249	1168809	2341024	2540590
载客汽车	302467	1051933	2160418	2342869
载货汽车	75932	106900	169294	184561
其他汽车	14850	9976	11312	13160
摩托车	162114	210773	171826	158678
私人汽车合计	250545	964331	2027247	2205260
载客汽车	231729	939361	1978652	2149447
载货汽车	14657	19292	44175	51333
其他汽车	4159	5678	4420	4480
私人摩托车	160732	209821	170848	154070

注：2015年及以后民用车辆拥有量相关指标为省统计局反馈数。

14—4 主要年份公路里程

单位：公里

指　　标	2005	2010	2015	2020	2021
公路里程	6566	8512	18860	19981	19973
#晴雨通车里程	4437	8512	18859	19981	19973
#绿化里程	4310	8462	16040	16996	17022
#国道、省道	546	664	1113	1290	2293
县　道	1538	1384	2311	2301	2252
乡　道	2566	2431	3313	3674	3554
专用公路	37	37	55		
按公路等级分					
高速公路	151	305	443	481	481
一级公路	79	101	424	784	821
二级公路	708	533	851	1654	1674
三级公路	634	1093	1857	2009	2154
四级公路	4654	6466	14378	15053	14842
等外公路	340	14	906		

14—5 公路营运车辆拥有量

指标		2020年		2021年	
		总计	个体经济	总计	个体经济
汽车	（辆）	66785	700	77130	1265
载客汽车	（辆）	2634	48	2637	7
	（客位）	105895	486	105648	52
#大型	（辆）	2039		2032	
	（客位）	95092		95032	
中型	（辆）	501	13	472	
	（客位）	10027	243	9517	
载货汽车	（辆）	64151	652	74493	1258
	（吨位）	873796	7922	1017393	13397
货车	（辆）	30788	606	37660	1201
	（吨位）	404801	7203	522458	12717
普通载货汽车	（辆）	13129	334	13390	341
	（吨位）	166362	4206	198813	3873
#大型	（辆）	12797	332	13365	338
	（吨位）	166124	4203	198771	3868
中型	（辆）	3			
	（吨位）	10			
专用载货汽车	（辆）	17659	272	24270	860
	（吨位）	238439	2997	323645	8844
牵引车	（辆）	17723	22	20673	35
挂车	（辆）	15640	24	16160	22
	（吨位）	468995	719	494935	680

注：按照三年内正常年审车辆的口径统计。

14—6 公共交通

年　份	运营车数（辆）	标准运营车数（标台）	运营线路总长度（公里）	客运总量（万人次）	每万人拥有公交车辆（标台）	出租汽车（辆）
2005	2353	2460	495	46895	14	6500
2010	2836	3282	2020	62312	15	8395
2014	4831	5856	4668	74663	24	11553
2015	5324	6702	4501	69959	27	11553
2016	5912	7359	5389	67031	29	11553
2017	6966	8737	6317	63528	33	12053
2018	7030	8672	8138	64054	31	11553
2019	7989	9754	10745	65446	34	11553
2020	8370	10209	13740	39156	35	11553
2021	7734	9433	14584	46865	31	11552

注：每万人拥有公交车辆计算的人口数为市区平均户籍人口，2012年及以后每万人拥有公交车辆计算的人口数含高刘镇和小庙镇。

14—7 邮政局所数及邮递线路（年末数）

年　份	邮政局所（处）	邮政信筒信箱（处）	邮路总长度（公里）	汽车邮路	农村投递线路（公里）
2005	158	402	3443	3081	7740
2010	135	295	1301	1301	7240
2014	187	340	1610	1610	13585
2015	187	321	1263	1263	12875
2016	187	354	26244	25135	13105
2017	185	262	122024	82733	13394
2018	185	245	42020	40904	13843
2019	185	248	45937	44828	14968
2020	187	248	60875	58738	12220
2021	187	249	84169	81160	16006

注：根据属地原则，2016年以后邮路总长度为合肥市行政区划内邮路总长度，2015年及以前邮路总长度仅包括市邮政公司所属邮路，不含县邮政公司及合肥邮区中心局所属邮路。

14—8 邮政业务基本情况

年份	邮政业务总量（万元）	函件（万件）	包裹（万件）	汇票（万张）	快递（万件）	报纸累计份数（万份）	杂志累计份数（万份）
2005	27643	3602.84	33.37	41.98		6043.89	482.65
2010	24879	5219.00	37.36	23.60		6853.42	563.72
2011	39043	5933.00	33.00	27.00		7730.00	804.00
2012	59290	6552.00	35.00	19.00		7796.00	818.00
2013	152565	5584.20	35.05	13.83	5606.73	9337.80	812.15
2014	238966	4389.47	30.04	8.39	10189.61	8939.01	791.41
2015	413722	3259.00	28.26	6.21	18475.21	8932.00	673.00
2016	613465	2790.13	24.93	40.02	30324.15	9848.29	599.48
2017	863431	1505.35	21.11	23.56	39110.83	9719.79	586.84
2018	1034265	1630.39	16.48	15.39	47287.66	9762.75	557.14
2019	1497996	1629.54	11.02	10.88	65195.41	9700.78	483.99
2020	2078178	1082.85	10.42	11.11	88540.43	9572.40	495.48
2021	1250332	1096.95	7.55	6.08	120038.37	12183.95	541.69

注：1．2012年及以前邮政业务总量为安徽省统计局反馈数据(仅包含省邮政公司和省邮政速递公司数据)，其中2010年不含速递部分；2013年及以后为市邮政管理局提供数据；2021年邮政业务总量按2020年不变单价计算。
2．2011年及以后函件、包裹、汇票、报纸累计份数、杂志累计份数为市邮政管理局数据。
3．包裹统计口径为邮政普遍服务业务，不包含快递业务。

14—9 电信业务基本情况

年份	电信业务总量（万元）	固定电话年末用户（户）	移动电话期末到达户数（户）	固定互联网宽带接入用户（户）
2005	415259	1166698	1847942	
2010	496603	1607481	4213565	537600
2011	626738	2041836	5746885	873952
2012	763775	1870858	6293733	940508
2013	983239	1792556	7189326	1210016
2014	1203870	1666483	7591336	1417162
2015	1586955	1492721	7761684	1833082
2016	2524964	1345861	7989278	2174645
2017	1872023	1237441	8770065	2581642
2018	4924362	1179133	10065047	3150632
2019	8030376	1277890	10450083	3484927
2020	9931008	1256900	10630216	3909800
2021	1284657	1193758	11086109	4351097

注：2011年以后电信业务基本情况指标由安徽省统计局反馈数据；2021年电信业务总量按2020年不变单价计算。

主要统计指标解释

公路里程

是指凡达到交通部《公路工程技术标准》规定的技术等级公路，并经公路主管部门正式验收交付使用的里程。包括大中城市的郊区公路以及通过城镇街道的里程和桥梁、隧道、渡口的长度，不包括大中城市的街道、厂矿、林区生产用道和农业生产用道的里程。两条或多条公路共同经由同一路段，只计算一次，不得重复计算里程长度。按公路技术等级分：等级公路里程和等外公路里程，等级公路里程可分为高速公路、一级公路、二级公路、三级公路、四级公路里程。

货（客）运量

指在一定时期内，各种运输工具实际运送的货物（旅客）数量。它是反映运输业为国民经济和人民生活服务的数量指标，也是制定和检查运输生产计划、研究运输发展规模和速度的重要指标。货运按吨计算，客运按人计算。货物不论运输距离长短、货物类别，均按实际重量统计。旅客不论行程远近或票价多少，均按一人一次客运量统计；半价票、小孩票也按一人统计。

货物（旅客）周转量

指在一定时期内，由各种运输工具运送的货物（旅客）数量与其相应运输距离的乘积之总和。它是反映运输业生产总成果的重要指标，也是编制和检查运输生产计划，计算运输效率、劳动生产率以及核算运输单位成本的主要基础资料。计算货物周转量通常按发出站与到达站之间的最短距离，也就是计费距离计算。计算公式为：

货物（旅客）周转量＝Σ货物（旅客）运输量×运输距离。

民用汽车拥有量

指报告期末，在公安交通管理部门按照《机动车注册登记工作规范》，已注册登记领有民用车辆牌照的全部汽车数量。汽车拥有量统计的主要分类：根据汽车结构分为载客汽车、载货汽车及其他汽车；根据汽车所有者不同分为个人（私人）汽车、单位汽车；根据汽车的使用性质分为营运汽车、非营运汽车；根据汽车大小规格不同载客汽车分为大型、中型、小型和微型，载货汽车分为重型、中型、轻型和微型。

邮政业务总量

是以货币形式表现的邮政企业为社会提供各类邮政服务的总和。是用于观察邮政业务发展变化总趋势的综合性总量指标。计算公式为：

邮政业务总量＝Σ（各类邮政业务量×不变单价）+出租代维及其他业务收入

电信业务总量

是以货币形式表现的电信企业为社会提供各类通信服务的总和。是用于观察电信业务发展变化总趋势的综合性总量指标。按专业可分为本地网通信业务总量、长途通信业务总量、移动通信业务总量、数据通信业务总量、卫星通信业务总量。按通信范围可分为：国内电信业务总量、国际及港澳台电信业务总量。计算公式为：

电信业务总量＝Σ（各类电信业务量×不变单价）+ 出租代维及其他业务收入

固定电话用户

指实际已接入国家公众固定电话网的全部电话用户。

移动电话用户

指通过移动电话交换机进入移动电话网、占用移动电话号码的全部电话用户。

第十五篇

国内贸易

简要说明

一、本篇资料反映我市国内市场发展情况和批发零售业、餐饮业和住宿业商品经营情况。主要内容有批发零售业商品流通，限额以上批发零售贸易企业、住宿餐饮企业财务状况，社会消费品零售总额、国内亿元市场情况和连锁企业经营情况等。

二、本篇资料是根据国家统计局的批发零售、住宿餐饮业统计报表制度进行搜集和加工整理。

本资料的调查范围：财务状况报表为各种经济类型的限额以上批发、零售法人企业和住宿、餐饮业法人企业。社会消费品零售总额报表为有零售业务的各种经济类型的企业、行政事业单位。主要采取全面调查方法，局部资料有的以抽样调查推断，有的利用工商、税务等部门的有关资料推算。

三、限额以上批发和零售业、住宿和餐饮业统计限额标准：批发业，年主营业务收入 2000 万元及以上；零售业，主营业务收入 500 万元及以上；住宿业、餐饮业，主营业务收入 200 万元及以上。

15—1 社会消费品零售总额

单位：万元

年份	全市	市区	长丰县	肥东县	肥西县	庐江县	巢湖市
1980	63644	38680	6024	10132	8808		
1985	128432	82795	10776	19153	15708		
1990	302206	236408	15457	28694	21647		
1992	459043	296175	17020	30451	26686		
1993	573998	363859	22364	40583	31489		
1994	756824	486163	26508	54039	33454		
1995	994658	637504	33942	65387	47569		
1996	1232873	786860	39373	71925	62480		
1997	1506509	947672	42543	82762	69891		
1998	1655779	1024184	46412	85970	73392		
1999	1807228	1129232	48857	89913	76138		
2000	1985162	1252677	51041	97348	81607		
2001	2242890	1401400	52311	104111	88169		
2002	2515727	1585450	56018	110357	95867		
2003	2878353	1784755	62740	121000	105837		
2004	3684901	2491157	73543	139769	112770		
2005	4284588	2871047	84436	157730	130717		
2006	5134730	3406370	98712	184844	153172		
2007	6340248	4145313	121633	227716	195361		
2008	8330765	5461331	160658	290328	259757		
2009	9814588	7403851	443893	527104	362083	442598	635059
2010	12389604	9543736	548192	555811	452997	526455	762412
2011	16054091	12383129	713184	723093	596846	673295	964544
2012	18931614	14629012	852030	864234	716662	798698	1070978
2013	22103215	17076941	1006342	1034283	852434	932328	1200887
2014	25273397	19503323	1181072	1215985	1000937	1046593	1325487
2015	28616614	22046257	1371588	1413390	1161890	1172613	1450877
2016	32409942	24866314	1605336	1648468	1356375	1315695	1617755
2017	36570112	27917866	1860663	1926438	1565199	1485174	1814772
2018	40316659	30390067	2161707	2240066	1815280	1670046	2039493
2019	43782159	32510473	2514335	2580897	2060695	1884165	2231595
2020	45137605	33209356	2877470	2707752	2141256	1911845	2289925
2021	51116824	37264375	3340166	3154923	2541902	2196056	2619402

注：1. 1992—2019年全市和2009—2019年市区、五县（市）数据根据四经普结果进行了修订。
2. 巢湖市包括安巢经开区。

15—2 限额以上批发和零售业商品购进、销售、库存总额（2021年）

项目	法人企业数（个）	年末从业人员数（人）	商品购进总额	#进口额
总计	**2071**	**144504**	**75223827**	**8082406**
批发业	**1135**	**57790**	**59577936**	**7754349**
#国有控股	104	14443	23913992	2900074
按登记注册类型分				
内资企业	1117	47607	47491625	4010806
国有企业	12	2545	3141864	
有限责任公司	199	15925	23412757	2036680
股份有限公司	16	2747	6031768	1812229
私营企业	889	26368	14897050	161897
其他企业	1	22	8186	
港、澳、台商投资企业	7	3419	5388677	3738564
外商投资企业	11	6764	6697634	4979
按批发行业小类分				
农、林、牧产品批发	29	1103	415806	7790
食品、饮料及烟草制品批发	170	7187	6012977	1605848
#米、面制品及食用油批发	29	1602	2953379	1552293
烟草制品批发	1	1176	787521	
纺织、服装及家庭用品批发	133	13327	8353237	634950
#服装批发	30	1393	591351	87568
文化、体育用品及器材批发	39	2064	3909628	1051135
医药及医疗器材批发	176	13402	5733286	20782
矿产品、建材及化工产品批发	291	6842	18500004	433180
#煤炭及制品批发	9	239	3608209	16221
石油及制品批发	20	782	2051080	
金属及金属矿批发	75	1401	5610763	408340
建材批发	94	1918	4226164	450
化肥批发	15	989	1052075	
机械设备、五金交电及电子产品批发	257	13192	14660320	3975550
#汽车及零配件批发	61	2311	2311386	28195
五金产品批发	22	422	148734	
电气设备批发	24	690	434198	192104
计算机、软件及辅助设备批发	33	4460	9427757	3744577
贸易经纪与代理	3	29	24864	114
其他批发	37	644	1967813	25000

单位：万元

商品销售总　　额	批 发 额	#出 口 额	零 售 额	年末商品库存总额	年末零售营业面积(平方米)
84259799	**64101074**	**2010554**	**20115907**	**4845562**	**6100660**
65526969	**62631385**	**2010554**	**2852792**	**3365552**	**668142**
25061104	24553002	1067621	506983	1709104	357352
50640225	48702671	1985216	1894762	2963180	665942
3937583	3937203		380	111072	1000
24878687	24111689	356220	765581	1316355	421686
4981651	4939317	1017814	42334	647181	405
16810323	15687696	611182	1081252	888570	242771
31981	26766		5215	1	80
5753649	5753649	25338		110084	
9133095	8175065		958030	292288	2200
430472	398815	9344	31657	52644	6836
6774395	6422144	158535	350286	493840	108498
3026919	2998960	158535	27959	321056	9206
1284617	1284238		380	25412	1000
11421761	9978023	1010652	1443044	658859	265998
635314	620699	369330	14615	49025	32072
4013641	3831001	316705	182640	654052	15229
6988130	6798767	122940	161510	515167	14948
18697076	18509124	169228	186833	440074	135477
3653893	3649396	56886	4497	19747	1053
772477	655381		117097	70372	110059
6746177	6711589	7500	34588	96642	3270
4390321	4368958	15523	21363	114891	20249
1075302	1075302	20553		88287	
15131790	14628901	161847	491727	499075	109807
2663250	2518970	106579	136304	185691	49274
166822	156902	6099	9920	5122	2799
462668	449949	19774	12719	22936	1470
9309195	9295701		13494	158649	3090
25069	25069	17585		1077	
2044636	2039541	43719	5096	50766	11349

15—2 续表

项目	法人企业数（个）	年末从业人员数（人）	商品购进总额	#进口额
零售业	**936**	**86714**	**15645891**	**328058**
#国有控股	48	12473	3486984	1897
按登记注册类型分				
内资企业	904	79523	14298111	283177
国有企业	3	669	385636	1897
股份合作企业	1	10	475	
联营企业	1	44	7274	
有限责任公司	194	35881	6553531	150923
股份有限公司	14	4303	831498	2053
私营企业	690	38604	6517494	128304
其他企业	1	12	2203	
港、澳、台商投资企业	20	3209	1065025	
外商投资企业	12	3982	282756	44880
按零售行业小类分				
综合零售	105	33113	3192728	5101
#百货零售	54	7254	1636967	453
超级市场零售	39	24058	1428797	4648
食品、饮料及烟草制品专门零售	91	7057	785222	93
纺织、服装及日用品专门零售	73	6697	432976	16
#服装零售	44	5420	271537	
文化、体育用品及器材专门零售	45	1927	264748	1897
#图书、报刊零售	12	798	127979	1897
医药及医疗器材专门零售	32	7894	296290	42721
汽车、摩托车、燃料及零配件专门零售	282	16742	6892633	271770
家用电器及电子产品专门零售	122	6419	1428802	4858
#家用视听设备零售	10	2055	541069	
日用家电设备零售	56	1603	390538	
计算机、软件及辅助设备零售	29	817	211385	4858
通信设备零售	19	1722	232065	
五金、家具及室内装修材料专门零售	27	1247	176477	570
货摊、无店铺及其他零售业	159	5618	2176015	1034

单位：万元

商品销售总额	批发额	零售额	年末商品库存总额	年末零售营业面积(平方米)
18732830	**1469690**	**17263115**	**1480010**	**5432518**
3750268	820079	2930188	199704	1213872
15892115	1173927	14718162	1400463	4741310
389336	42025	347311	44974	1671
551		551	112	5040
8709		8709	65	2000
7454973	412922	7042051	502306	2409088
908208	419692	488516	12429	538789
7128074	299288	6828761	840578	1783722
2264		2264		1000
1211025	8809	1202216	44196	270185
1629690	286954	1342737	35351	421023
3776484	441459	3335023	219269	2491104
1923953	425415	1498539	60959	1172069
1710762	16044	1694717	151861	1178434
903561	80125	823436	53584	153068
598309	19994	578315	129837	345985
409259	16710	392549	97458	303638
277099	14202	262897	62642	155962
118373		118373	25099	113685
393559	18	393541	50554	240767
8580641	702747	7877893	495997	1473450
1537715	104754	1432945	107694	454835
578970	15893	563077	41530	326387
443856	20440	423401	27000	81732
215818	42412	173406	12544	6731
247758	26009	221749	17805	35296
196302	24009	172292	7720	36068
2469160	82382	2386771	352713	81279

15—3 限额以上批发和零售业企业财务状况（2021年）

项　　目	流动资产合　　计	#存　货	固定资产原　　价	累计折旧	#本年折旧
总　　计	**33738479**	**4759241**	**2804970**	**1182816**	**249995**
批发业	**28613009**	**3573455**	**1378226**	**592943**	**160214**
#国有控股	12069010	1750582	511642	214954	23922
按登记注册类型分					
内资企业	21157674	2952345	1007657	414694	64223
国有企业	1303290	122987	98811	50615	4342
有限责任公司	9751528	1266308	374423	144190	21768
股份有限公司	3996026	751726	130457	44820	4772
私营企业	6106626	811323	403789	175030	33332
其他企业	205	1	178	40	9
港、澳、台商投资企业	2391389	79858	252070	96389	92480
外商投资企业	5063946	541252	118499	81860	3511
按批发行业小类分					
农、林、牧产品批发	564446	50191	54976	15489	3363
食品、饮料及烟草制品批发	3328442	486067	192792	81511	10889
#米、面制品及食用油批发	1044333	344223	50583	17148	1809
烟草制品批发	588158	25881	55862	34828	2590
纺织、服装及日用品批发	4660380	845544	171082	104974	7698
#服装批发	297226	47998	28861	17823	1172
文化、体育用品及器材批发	2766964	688858	63565	19619	2025
医药及医疗器材批发	4192940	525830	274825	115038	20232
矿产品、建材及化工产品批发	5829223	461198	197970	84643	10797
#煤炭及制品批发	587651	26291	14502	4786	576
石油及制品批发	212191	72113	35945	19851	2473
金属及金属矿批发	2656650	120972	40883	25292	2084
建材批发	1279809	103376	41068	14555	2673
化肥批发	600911	86066	53592	14371	1810
机械设备、五金交电及电子产品批发	6639912	462062	398967	161220	103681
#汽车及零配件批发	1457909	145653	256145	100600	90525
五金产品批发	64391	4595	4951	1594	307
电气设备批发	126570	26275	7536	3222	710
计算机、软件及辅助设备批发	3968853	148385	20370	8104	2056
贸易经纪与代理	2209	1098	752	549	31
其他批发业	628493	52608	23297	9900	1498

单位：万元

资产合计	负债合计	实收资本	营业收入	营业成本	营业税金及附加	其他业务利润	销售费用	管理费用	财务费用
43565342	**32169809**	**5839471**	**75429335**	**69519016**	**318033**	**227758**	**3606551**	**1212228**	**200710**
35476629	**26621354**	**4855735**	**58954454**	**55077973**	**264516**	**132191**	**2394913**	**729887**	**124409**
16334356	10794624	2704295	22295084	21206278	183882	19942	437164	178583	84065
27127472	19205445	3794345	45383934	42557748	240037	129244	1524433	577026	188078
1542887	937212	98289	3504036	3090817	155713	934	33645	46675	-2001
12538235	9007521	2514936	22229303	21020074	40348	10665	780102	199165	96653
5856024	3610751	446301	4462403	4296434	4170	9918	88216	50472	13576
7189923	5649862	734595	15156210	14119943	39806	107727	622441	280709	79846
403	99	224	31981	30481			30	5	3
3028868	2071894	923439	5466152	5406587	5665	21	29149	58780	-48583
5320289	5344015	137951	8104368	7113638	18814	2925	841331	94081	-15087
954443	504728	211109	417144	384597	803	1419	11298	15321	13124
4355372	2827435	588238	6272146	5610087	161218	5879	139249	86463	11372
1147301	986847	90292	2881069	2804335	3718	3658	41279	17455	11431
614295	134845	769	1138181	789800	152621		15581	32309	-17553
4993357	4987501	176266	10133792	8731224	24881	13067	1232583	119671	-11473
339602	258438	17288	588063	546071	591	989	23944	12021	-23
3326868	2108886	276972	3455171	3323560	2807	2468	67021	27622	5703
4820530	3778396	517459	6254259	5493756	21676	13721	586293	204173	46657
8827101	5716995	1949381	16651333	16246831	20160	2871	130356	101973	73216
1437704	222105	1143750	3235326	3195289	2862	312	2675	13115	-191
897626	436725	39856	662683	621086	988	99	24000	8098	4174
3274448	3024341	200435	5985584	5886377	6631		25145	28154	50298
1694519	1042886	356914	3909254	3805334	6493	513	30650	22060	15640
986925	559201	153249	998049	954657	1213	1001	13330	14578	2192
7507615	6067078	1109832	13926852	13458644	18490	92567	221064	166948	-23139
2121610	1163699	948180	2764356	2681584	4051	2359	44942	63157	-13278
69980	50702	6000	151315	137148	272		2945	4985	1086
137146	111666	13886	425338	404467	465	1786	8938	8846	638
3992851	3674460	68450	8282172	8098605	9152	2	74037	39451	-25042
2412	756	724	24118	22783	12		675	538	-2
688931	629580	25754	1819639	1806491	14468	198	6373	7178	8951

15—3 续表1

单位：万元

项　　目	营业利润	营业外收入	利润总额	所得税费用	本年应付职工薪酬	本年应交增值税
总　　计	**992402**	**130359**	**1095036**	**205647**	**1381088**	**708376**
批发业	**789216**	**98272**	**871177**	**149541**	**765896**	**551928**
#国有控股	504781	15348	514205	86786	279272	156987
按登记注册类型分						
内资企业	726865	73519	785808	132210	558176	438332
国有企业	177074	1716	178676	45226	56923	52953
有限责任公司	312050	18800	326607	51772	227934	169948
股份有限公司	121222	453	119055	5555	58670	7022
私营企业	115056	52550	160008	29657	214514	208409
其他企业	1462		1462		135	
港、澳、台商投资企业	14632	344	15033	2305	35809	19943
外商投资企业	47719	24410	70336	15026	171911	93653
按批发行业小类分						
农、林、牧产品批发	24262	4920	27514	921	12808	9696
食品、饮料及烟草制品批发	221508	6650	223935	50653	106700	82523
#米、面制品及食用油批发	8271	1928	8908	1595	25813	19854
烟草制品批发	165499	25	165447	41713	39331	44796
纺织、服装及日用品批发	49049	20737	66857	12868	261991	154522
#服装批发	1237	384	1199	349	13530	6256
文化、体育用品及器材批发	84140	1358	85408	2020	32933	1831
医药及医疗器材批发	127487	13557	136545	33178	129037	104288
矿产品、建材及化工产品批发	227797	5143	231212	26995	95126	69542
#煤炭及制品批发	77914	1046	78969	6653	9697	10910
石油及制品批发	7486	1207	8360	2300	8965	4920
金属及金属矿批发	11130	1242	11893	6132	18457	13115
建材批发	61480	819	61617	7157	28599	22721
化肥批发	51733	70	51672	1766	14193	2403
机械设备、五金交电及电子产品批发	75303	15700	89894	20745	122536	63078
#汽车及零配件批发	-16518	569	-16114	1423	35776	18604
五金产品批发	5485	188	5654	849	2829	1405
电气设备批发	2080	698	2633	358	5488	2331
计算机、软件及辅助设备批发	78575	6369	84877	13685	21145	18705
贸易经纪与代理	144	35	175	20	165	39
其他批发业	-20474	30172	9637	2142	4601	66408

15—3 续表2

单位：万元

项目	流动资产合计	#存货	固定资产原价	累计折旧	#本年折旧
零售业	**5125469**	**1185786**	**1426744**	**589873**	**89781**
#国有控股	1139526	205824	456414	218686	19582
按登记注册类型分					
内资企业	4698233	1105256	1233268	493251	76246
国有企业	19600	8351	42736	23939	2092
股份合作企业	231	112	198	71	12
联营企业	2913	57	20	15	3
有限责任公司	2189533	438936	649734	249284	37880
股份有限公司	440186	56001	247860	95736	9832
私营企业	2043772	601799	289721	124137	26367
其他企业	1999		3000	68	61
港、澳、台商投资企业	309914	32327	59036	38039	4528
外商投资企业	117323	48203	134440	58583	9007
按零售行业小类分					
综合零售	1172064	192692	672429	292598	34942
#百货零售	639093	54290	401722	150155	18643
超级市场零售	469561	129205	264098	139262	15664
食品、饮料及烟草制品专门零售	286460	58353	60544	28360	4722
纺织、服装及日用品专门零售	273134	128174	93403	15341	3461
#服装零售	177717	89142	86499	12791	3167
文化、体育用品及器材专门零售	185592	64019	25334	13498	1208
医药及医疗器材专门零售	156793	52363	24305	9948	2554
#西药零售	155340	51973	23487	9752	2527
中药零售	1453	390	818	196	27
汽车、摩托车、燃料及零配件专门零售	1735329	464780	462029	199266	34653
#汽车新车零售	1433194	405052	258103	111973	23594
家用电器及电子产品专门零售	857260	112498	24488	12363	4431
#家用视听设备零售	332898	40340	10799	6521	2442
日用家电设备零售	375767	29504	7335	2317	618
计算机、软件及辅助设备零售	46419	11219	4206	2280	921
通讯设备零售	66854	20985	1205	718	288
五金、家具及室内装修材料专门零售	74034	10524	7835	2056	525
货摊、无店铺及其他零售业	384804	102382	56376	16442	3285

15—3 续表3

项　　目	资产合计	负债合计	实收资本	营业收入	营业成本	营业税金及附加
零售业	**8088713**	**5548456**	**983736**	**16474881**	**14441043**	**53517**
#国有控股	2319165	1256416	338020	2868472	2498286	12631
按登记注册类型分						
内资企业	7264816	5193977	914830	13863608	12122279	44111
国有企业	94186	81569	11500	345810	318549	701
联营企业	736	575	100	551	423	1
有限责任公司	2918	872		7707	6433	17
股份有限公司	3608742	2558487	547421	6496098	5678345	22400
股份合作企业	968865	542374	67683	481444	371298	4347
私营企业	2583163	2008867	288126	6529734	5745028	16644
其他企业	6207	1234		2264	2203	
港、澳、台商投资企业	408314	286438	35930	1172864	1010252	7282
外商投资企业	415583	68041	32975	1438408	1308512	2125
按零售行业小类分						
综合零售	2522232	2106888	296397	3026166	2463204	18731
#百货零售	1351649	904998	88503	1251904	1027066	13508
超级市场零售	1096395	1127046	200161	1656867	1345468	4533
食品、饮料及烟草制品专门零售	377353	223990	59938	835616	706085	2330
纺织、服装及日用品专门零售	385924	298804	53556	535514	409020	2456
#服装零售	279419	216268	43653	366475	274427	1766
文化、体育用品及器材专门零售	226378	143758	37535	257926	213620	1614
医药及医疗器材专门零售	302384	243767	34577	362515	257457	1120
#西药零售	297453	240876	34577	358908	254611	1101
中药零售	4931	2891		3608	2846	19
汽车、摩托车、燃料及零配件专门零售	2749387	1366106	370408	7746235	7188936	18912
#汽车新车零售	1731441	1349765	210977	5030454	4663056	14321
家用电器及电子产品专门零售	948375	714923	55226	1293479	1109959	2511
#家用视听设备零售	389329	331857	22432	433373	332045	663
日用家电设备零售	403993	250630	13019	398362	359540	1061
计算机、软件及辅助设备零售	49858	33385	7736	194857	180847	328
通讯设备零售	68406	70893	9370	222738	199693	378
五金、家具及室内装修材料专门零售	87367	49878	10978	182159	156667	374
货摊、无店铺及其他零售业	489314	400343	65121	2235271	1936096	5469

单位：万元

其他业务利润	销售费用	管理费用	财务费用	营业利润	营业外收入	利润总额	所得税费用	本年应付职工薪酬	本年应交增值税
95568	**1211638**	**482341**	**76301**	**203186**	**32087**	**223859**	**56106**	**615191**	**156449**
46433	213317	81344	7028	71505	4082	74179	16313	112529	26931
82743	1045335	440852	65687	124743	26584	143342	44386	556252	133767
21895	17693	-1225	516	8779	536	9212	428	8745	2612
	86	20	1	20		20	1	67	14
	551	294	58	353	1	354	26	563	172
29565	496662	139727	36928	72908	8473	78035	29998	257295	77405
5205	56562	44275	3235	16982	1917	17629	2548	32444	-2591
26078	473779	257734	24948	25695	15658	38092	11386	257137	56156
	2	27	1	6				2	
3832	85470	30785	355	49637	1160	50236	11212	28761	10995
8993	80832	10704	10259	28806	4343	30281	508	30178	11686
43651	386892	153608	35685	-8438	8961	-3695	10828	202453	18876
9074	90221	92588	11524	39023	1473	39534	8534	55012	4356
24864	281712	51135	23985	-44697	7313	-40591	2200	136595	13740
2030	77694	36754	3066	33714	1242	34426	8583	40539	7925
452	84837	22916	3705	9270	1540	10620	2554	56591	9980
271	71901	14229	2665	2175	1448	3562	639	45341	7344
492	22305	13472	1349	4532	332	4601	763	17433	10071
463	86357	17333	3619	-762	4073	3027	1495	41437	7457
463	85780	17232	3538	-748	4065	3033	1492	41095	7396
	577	101	80	-14	7	-7	3	342	61
43909	269898	103899	20619	153562	7499	156739	27846	156580	67394
16647	167944	90118	19680	83370	5901	87266	22008	117253	45258
3765	90206	37420	5296	-10794	1792	-9526	416	51493	14364
1978	41660	8903	2043	-11901	262	-11704	-359	21740	4971
614	28283	10249	2194	-866	735	-374	469	13551	6703
339	4894	5173	529	3047	117	3119	289	5075	1355
834	13371	9656	503	-1124	548	-742	90	9801	1431
206	17820	4762	559	1380	49	1389	113	11379	1901
599	175629	92178	2404	20723	6598	26278	3509	37287	18482

15—4 限额以上住宿和餐饮业企业财务状况（2021年）

项目	企业数（个）	流动资产合计	#存货	固定资产原价	累计折旧	#本年折旧	资产合计	负债合计	实收资本
总计	**465**	**750919**	**50441**	**1031904**	**455609**	**43628**	**1974736**	**1459775**	**459850**
住宿业	**149**	**303168**	**28334**	**828521**	**365698**	**27639**	**1040563**	**943505**	**318736**
#国有控股	18	60163	6484	201158	97272	5228	242930	151229	107547
按登记注册类型分									
内资企业	145	289609	27884	661759	286783	21599	847587	697807	234070
国有企业	2	616	40	1190	373	48	2161	262	236
有限责任公司	41	174679	9740	528456	234486	12659	557829	453582	151670
股份有限公司	1	1952	124	2683	2388	218	12878	10775	2000
私营企业	101	112361	17980	129430	49537	8675	274720	233189	80165
港、澳、台商投资企业	3	11403	349	145299	77942	5496	168890	221714	82666
按住宿行业小类分									
旅游饭店	93	240795	26504	769807	347303	24778	907177	822799	282075
经济型连锁酒店	31	28774	463	21038	9131	1186	56187	42961	18736
其他一般旅馆	23	28846	1140	37576	9228	1638	72446	76838	17875
其他住宿服务	2	4753	228	100	37	37	4753	908	50
餐饮业	**316**	**447751**	**22108**	**203384**	**89911**	**15989**	**934173**	**516269**	**141113**
#国有控股	2	3368	284	720	346	97	4020	2522	1000
按登记注册类型分									
内资企业	312	444497	21183	199607	89489	15794	924616	513309	133023
集体企业	2	404	83	464	384	41	484	698	86
有限责任公司	33	75461	1433	9205	4043	851	99493	78255	12972
股份有限公司	1	9	9				9	1	
私营企业	276	368624	19660	189938	85062	14901	824630	434355	119966
港、澳、台商投资企业	2	2670	713	3193	284	98	6972	1657	6060
外商投资企业	2	584	211	584	138	97	2585	1303	2030
按餐饮行业小类分									
正餐服务	267	278784	12598	101195	50859	7452	535977	287050	84256
快餐服务	28	104238	8390	85669	33460	7512	318973	168162	52273
饮料及冷饮服务业	10	5960	242	1020	495	149	8087	6873	421
餐饮配送及外卖送餐服务	7	56707	782	9760	2020	506	65701	50497	4133
其他餐饮服务	4	2063	96	5740	3076	370	5436	3688	30

单位：万元

营业收入	营业成本	营业税金及附加	其他业务利润	销售费用	管理费用	财务费用	营业利润	营业外收入	利润总额	所得税费用	本年应付职工薪酬
1551058	**896818**	**9263**	**2517**	**418453**	**201645**	**18909**	**-3743**	**10493**	**7021**	**8607**	**345239**
355919	**156799**	**6630**	**2079**	**119216**	**87634**	**15487**	**-29366**	**2969**	**-24733**	**121**	**110603**
123467	49825	2073	149	59015	22722	2159	-11925	1439	-10903	-57	50740
329882	147669	5698	2041	114406	72436	13346	-23892	2763	-19459	121	102664
1162	705	6		406	163		-83	71	-18		473
218887	94483	4675	1954	78778	44810	10790	-13524	2001	-10159	261	75506
5462	624	18		5226	994	10	-1469	150	-1394		2162
104371	51858	999	87	29996	26468	2546	-8816	541	-7890	-140	24524
22678	6978	744		4606	13704	2135	-4817	188	-4632		6997
308100	135364	6187	2052	104908	72597	14735	-24615	2542	-20877	384	98888
27146	9296	269	31	9117	8575	171	-523	212	-663	-272	6777
18991	11212	166		4601	6271	547	-4157	215	-3122	8	4847
1680	928	8	-4	590	190	34	-71		-71	1	92
1195140	**740019**	**2633**	**438**	**299237**	**114012**	**3423**	**25623**	**7525**	**31754**	**8486**	**234635**
20257	19343	20		228	685	14	585	40	625	182	5149
1184342	736539	2625	438	295123	109156	3331	27063	7470	33142	8486	231157
2128	1135	4		1036	330	7	-384	82	-302		596
239857	151450	351	214	46067	29400	495	7112	403	7412	2077	61589
918	473			226	224		-4	3	-2		224
941439	583482	2270	224	247795	79202	2830	20340	6982	26034	6409	168749
7744	1869	4		1935	4726	38	-830	37	-793		2876
3054	1611	4		2179	130	53	-610	18	-595		603
455160	268956	1756	438	110303	55581	2734	11093	4234	14387	4214	89504
518622	325622	680		146833	30828	582	8574	3121	10835	2514	91148
23376	11825	34		6677	964	17	3258	21	3691	684	4383
194268	131339	149		31892	26253	70	4671	135	4800	1073	48573
3713	2277	14		3532	386	20	-1973	14	-1958	1	1028

15—5 限额以上住宿和餐饮业情况（2021年）

项目	法人企业数（个）	年末从业人员数（人）	营业额（万元）	客房数（间）	餐位数（个）	年末餐饮营业面积（平方米）
总计	**465**	**59324**	**1598783**	**41526**	**489375**	**2446837**
住宿业	**148**	**17050**	**339316**	**36670**	**91245**	**1018647**
#国有控股	18	6771	98484	5454	20648	158676
按登记注册类型分						
内资企业	144	15982	311751	35143	87427	937472
国有企业	2	84	1227	77	100	6200
有限责任公司	41	10540	198674	11226	42344	350778
股份有限公司	1	317	5684	1665	1314	57236
私营企业	100	5041	106166	22175	43669	523258
港、澳、台商投资企业	3	932	24104	1189	3518	17534
按住宿行业小类分						
旅游饭店	93	14899	290130	28275	83862	754337
经济型连锁酒店	30	1183	27586	5365	2416	156053
其他一般旅馆	23	868	19880	2707	4532	88935
其他住宿业	2	100	1721	323	435	19322
餐饮业	**317**	**42274**	**1259467**	**4856**	**398130**	**1428190**
#国有控股	2	769	21477		6090	20005
按登记注册类型分						
内资企业	313	41746	1248535	4516	393430	1352090
集体企业	2	125	2180		790	5500
有限责任公司	33	6118	255330	439	59553	164509
股份有限公司	1	45	927		5400	2000
私营企业	277	35458	990098	4077	327687	1180081
港、澳、台商投资企业	2	393	7777	340	3760	74500
外商投资企业	2	135	3155		940	1600
按餐饮行业小类分						
正餐服务	268	16845	476791	4690	251054	985362
快餐服务	28	20576	552588	6	109145	271223
饮料及冷饮服务	10	567	24226		735	5367
餐饮配送及外卖送餐服务	7	4086	201875		36274	145046
其他餐饮服务	4	200	3987	160	922	21192

15—6 限额以上批发和零售业销售类值（2021年）

单位：万元

类别	销售合计	批发额	零售额
总计	**100489721**	**77477550**	**23012171**
粮油、食品类	6332438	3898401	2434037
#粮油类	2938036	2590178	347858
肉禽蛋类	706187	414176	292011
水产品类	101972	21811	80161
蔬菜类	630318	118897	511421
干鲜果品类	444398	140804	303594
饮料类	405620	135563	270057
烟酒类	2624877	1880735	744143
服装、鞋帽、针纺织品类	2380213	1122688	1257525
服装类	1506128	539633	966495
鞋帽类	316414	153040	163374
针、纺织品类	557671	430014	127657
化妆品类	1211610	799890	411720
金银珠宝类	1167541	793324	374217
日用品类	2394552	1656178	738373
可穿戴智能设备	24214	2426	21788
五金、电料类	282081	224623	57458
体育、娱乐用品类	346725	67414	279311
#照相器材类	6401	42	6359
书报杂志类	708611	527711	180900
电子出版物及音像制品类	26818	7006	19813
家用电器和音像器材类	8478356	5670882	2807474
中西药品类	6444505	6061310	383195
#西药类	4414228	4119650	294578
中草药及中成药类	849581	787722	61860
文化办公用品类	9305078	8899231	405847
计算机及其配套产品	8362511	8208206	154305
家具类	171683	20096	151587
通讯器材类	1361357	558352	803005
煤炭及制品类	3602916	3602445	471
木材及制品类	246067	246067	
石油及制品类	3769441	1260390	2509050
化工材料及制品类	2985875	2985875	
#化肥类	1165725	1165725	
金属材料类	7227514	7227514	
建筑及装潢材料类	1915851	1882328	33523
机电产品及设备类	1800539	1756787	43752
#农机类	74748	74748	
汽车类	7856878	2481659	5375219
种子饲料类	243125	243125	
棉麻类	67364	67362	2
其他类	5033557	4633525	400032

15—7 限额以上批发和零售业连锁经营情况（2021年）

指标		合计	直营店	加盟店
门店总数	（个）	5996	5166	830
从业人数	（人）	62912	61140	1772
营业面积	（平方米）	5668819	5575442	93377
连锁门店商品购进额	（万元）	12501168	12348580	152587
#统一配送商品购进额		8007839	7920315	87525
#自有配送中心配送商品购进额		2729277	2706232	23044
非自有配送中心配送商品购进额		131453	131453	
连锁门店商品销售额	（万元）	14591038	14430223	160815
#零售额		9838490	9742700	95790

15—8 限额以上住宿和餐饮业连锁经营情况（2021年）

指标		合计	直营店	加盟店
门店总数	（个）	998	953	45
从业人数	（人）	21548	21389	159
营业面积	（平方米）	267603	267363	240
餐位数	（位）	130515	130094	421
连锁门店商品购进额	（万元）	196448	186442	10006
#统一配送商品购进额		183874	183868	6
#自有配送中心配送商品购进额		12551	12545	6
非自有配送中心配送商品购进额		123165	123165	
连锁门店营业额	（万元）	578585	574274	4311
#餐费收入		464254	459943	4311
商品销售额		75044	75044	

15—9 各县（市）区社会消费品零售总额（2021年）

单位：万元

地区	社会消费品零售总额	城镇	乡村
全市	**51116824**	**47565252**	**3551572**
瑶海区	4802716	4771700	31016
庐阳区	8937265	8935485	1780
蜀山区	6666783	6666783	
包河区	9562002	9531770	
高新区	3677782	3677782	
经开区	2097635	2097635	
新站区	1520192	1520192	
安巢经开区	405503	302023	103479
长丰县	3340166	2733138	607028
肥东县	3154923	2270989	883934
肥西县	2541902	1826769	715132
庐江县	2196056	1496562	699494
巢湖市	2213900	1734424	479476

注：在2022年7月年报结束后调整，故城乡划分与报省级有差异。

15—10 亿元以上商品交易市场情况（2021年）

项目	市场个数（个）	年末摊位数（个）	总成交额（万元）
全市	**26**	**19935**	**9101167**
综合市场	**6**	**6888**	**4103565**
工业消费品综合市场	1	1198	46080
农产品综合市场	3	3834	3929852
其他综合市场	2	1856	127633
专业市场	**20**	**13047**	**4997602**
建材市场	1	500	14500
金属材料市场	2	926	3057150
蔬菜市场	2	530	47397
干鲜果品市场	1	36	20002
其他农产品市场	2	348	28274
茶叶市场	1	550	84730
烟酒市场	1	321	163458
服装市场	1	2800	850000
家电市场	1	3546	10865
家具市场	1	242	46498
装饰材料市场	2	879	157712
其他装修市场	2	506	47408
汽车市场	1	110	132500
机动车零配件市场	1	658	110397
花卉市场	1	1095	226711

15—11　亿元以上商品交易市场摊位分类情况（2021年）

类　　别	年末出租摊位数（个）	总成交额（万元）
合　计	**19935**	**9101167**
粮油、食品类	5089	4059758
饮料类	604	119601
烟酒类	329	131021
服装鞋帽、针、纺织品类	4102	857975
化妆品类	18	311
日用品类	767	18984
五金、电料类	1308	58520
体育、娱乐用品类	202	554
书报杂志类	163	505
家用电器和音像器材类	643	11169
中西药品类	46	6902
文化办公用品类	468	1271
家具类	275	34997
通讯器材类	10	353
木材及制品类	41	14243
化工材料及制品类	8	227
金属材料类	975	3060119
建筑及装潢材料类	2332	246649
机电产品及设备类	335	3881
汽车类	783	243280
棉麻类	241	369
其他类	1196	230478

主要统计指标解释

社会消费品零售总额

指国民经济各行业直接售给城乡居民和社会集团的消费品总额。它是反映各行业通过多种商品流通渠道向居民和社会集团供应的生活消费品总量，是研究国内零售市场变动情况、反映经济景气程度的重要指标。

社会消费品零售总额包括：⑴售给城乡居民作为生活用的商品和修建房屋用的建筑材料；⑵售给社会集团的各种办公用品和公用消费品；⑶售给机关、团体、学校、部队、企业、事业单位的职工食堂和旅店（招待所）附设专门供本店旅客食用，不对外营业的食堂的各种食品、燃料；企业、单位和国营农场直接售给本单位职工和职工食堂的自己生产的产品；⑷售给部队干部、战士生活用的粮食、副食品、衣着品、日用品、燃料；⑸售给来华的外国人、华侨、港澳台同胞的消费品；⑹居民自费购买的中、西药品、中药材及医疗用品；⑺报社、出版社直接售给居民和社会集团的报纸、图书、杂志，集邮公司出售的新、旧纪念邮票、特种邮票、首日封、集邮册、集邮工具等；⑻旧货寄售商店自购、自销部分的商品；⑼煤气公司、液化石油气站售给居民和社会集团的煤气灶具和罐装液化石油气；⑽农民售给非农业居民和社会集团的商品。不包括售给国民经济各部门企业、事业单位（包括国有经济的农场）生产经营用的各种原材料、燃料、设备、工具等和售给批发零售贸易业、餐饮业作为转卖用的商品，旧货寄售商店受托寄售卖出的商品，服务业的营业收入，邮局出售邮票的收入，自来水、电力、煤气生产（供应）单位的产品供应收入，也不包括农民之间的商品销售。

批发零售业商品购进、销售、存存总额

指各种登记注册类型的批发、零售业（不包括个体）企业（单位）以本企业（单位）为总体的商品购进、销售、库存总额。

商品购进总额

指从本企业（单位）以外的单位和个人购进（包括从境外直接进口）作为转卖或加工后转卖的商品总额。它反映批发零售业从国内、国外市场上购进商品的总量。商品购进总额包括：⑴从工农业生产者购进的商品；⑵从出版社、报社的出版发行部门购进的图书、杂志和报纸；⑶从各种登记注册类型的批发零售贸易企业（单位）购进的商品；⑷从其他单位购进的商品，如从机关、团体、企业等单位购进的剩余物资，从餐饮业、服务业购进的商品，从海关、市场管理部门购进的缉私和没收的商品，从居民手中收购的废旧商品等；⑸从国（境）外直接进口的商品。不包括企业（单位）为自身经营用和未通过买卖行为而收入的商品以及销售退回、商品升溢等。

商品销售总额

指对本企业（单位）以外的单位和个人出售（包括对境外直接出口）的商品总额。它反映批发零售业在国内市场上销售商品以及出口商品的总量。商品销售总额包括：⑴售给城乡居民和社会集团消费用的商品；⑵售给工业、农业、建筑业、运输邮电业、批发零售业、餐饮业、服务业等作为生产、经

营使用的商品；⑶售给批发零售业作为转卖或加工后转卖的商品；⑷对国（境）外直接出口的商品。不包括出售本企业（单位）自用的废旧包装用品；未通过买卖行为付出的商品；经本单位介绍，由买卖双方直接结算，本单位只收取手续费的业务；购货退出的商品以及商品损耗和损失等。

批发零售业库存

指报告期末各种登记注册类型的批发零售企业（单位）已取得所有权的商品。它反映批发零售企业（单位）的商品库存情况和对市场商品供应的保证程度。期末库存包括：⑴存放在批发零售贸易业经营单位（如门市部、批发站、经营处）仓库、货场、货柜和货架中的商品；⑵挑选、整理、包装中的商品；⑶已记入购进而尚未运到本单位的商品，即发货单或银行承兑凭证已到而货未到的部分；⑷寄放他处的商品，如因购货方拒绝承付而暂时存放在购货方的商品和已办完加工成品收回手续而未提回的商品；⑸委托其他单位代销（未作销售或调出）尚未售出的商品；⑹代其他单位购进尚未交付的商品。不包括所有权不属于本单位的商品、拨付除批发零售贸易业以外的其他行业所属独立核算加工厂等加工生产尚未收回成品的商品、代国家物资储备部门保管的商品等。

库存总额采用的计算价格是：农副产品采购单位按购进价计算；批发单位按进货价计算；零售单位按核算价格计算，即按什么价格核算就按什么价格计算。

第十六篇

对外经济贸易和旅游业

简要说明

旅游业发展情况：入境国际旅游(外国人、华侨、港澳同胞和台湾同胞)人数、不同经济类型的涉外饭店数量及规模情况及国内旅游，资料来源于市文旅局。

进出口及利用外资数据来源于市商务局。

16—1 主要年份进出口总额

单位：万美元

指　　标	2005	2010	2015	2017	2018	2019	2020	2021
进出口总额	**418275**	**995755**	**2033784**	**2495869**	**3081266**	**3220976**	**3748680**	**5146039**
市　属	178479	645552	1532214	2016896	2543726	2686274		
省　属	239796	350203	501570	478973	537540	534702		
出口总额	**279422**	**562568**	**1370861**	**1456590**	**1824609**	**2019895**	**2279599**	**3141250**
市　属	117885	319818	1072808	1226876	1599693	1806440		
省　属	161537	242750	298053	229714	224916	213455		
进口总额	**138853**	**433187**	**662923**	**1039279**	**1256657**	**1201081**	**1469081**	**2004789**
市　属	60594	325734	459406	79020	944033	879834		
省　属	78259	107453	203517	960259	312624	321247		

16—2 主要年份实际利用外资

单位：万美元

指　　标	2005	2010	2015	2017	2018	2019	2020	2021
新成立外资企业　（户）	91	72	116	128	140	127	167	175
新批合同外资	34521	74306	80397	182340	161930			394769
实际利用外资	40660	143016	252644	302037	323000	339150	359500	
外商直接投资（FDI）*	17450	109584	250678	302037	323000	339150	359500	115313
对外借款	6666	14223						
外商其他投资	16545	19209	1966					

注：2021年数据调整为商务部口径外商直接投资（FDI），以前年度数据仍为老口径。

16—3 对外承包工程和劳务合作

指　　标	合 同 数（份）	合 同 金 额（万美元）	完成营业额（万美元）
对外承包工程			
2005年	12	33336	9845
2010年	33	143294	155698
2014年	63	197643	234442
2015年	89	209035	188541
2016年	31	166355	223013
2017年	76	304267	244484
2018年	116	367245	169156
2019年	220	126021	219215
2020年	52	223595	175649
2021年	68	333810	161958
对外劳务合作			
2005年	27	2964	5668
2010年	83	611	4324
2014年		3005	3047
2015年		3567	5005
2016年		2839	3381
2017年		1962	2877
2018年		1786	2383
2019年		282	1836
2020年		934	2524
2021年		97	1032

16—4 主要年份旅游业发展情况

指 标		2010	2015	2019	2020	2021
旅行社总数	(个)	158	285	361	374	388
组团社		11	35	44	44	43
国内旅行社		147	250	317	330	345
旅行社职工人数	(人)	7900	7125	4605	3316	2721
组团社		550	1225	2402	1535	1222
国内旅行社		7350	5900	2203	1781	1499
入境旅游人数	(万人次)	24.28	41.31	34.73	1.64	1.43
外 国 人		18.94	30.67	28.60	1.35	1.07
港澳和台湾同胞		5.35	10.64	6.13	0.29	0.36
国内旅游人数	(万人次)	2670.00	7784	14606	8108	9827
旅游收入	(亿元)	247.20	975.07	2054.27	976.78	1247.56
国际旅游外汇收入	(万美元)	15000	33100	25828	1200	1015
国内旅游收入	(亿元)	237.00	953.22	2036.43	975.97	1246.85
星级宾馆	(个)	49	68	52	46	44

16—5 主要年份旅游星级宾馆

指 标		2010	2015	2019	2020	2021
旅游星级宾馆	(个)	**49**	**68**	**52**	**46**	**44**
五星级		5	11	10	10	10
四星级		13	21	19	19	18
三星级		20	29	21	14	14
二星级		11	7	2	2	2
旅游涉外或星级宾馆						
客 房	(间)	7856	12095	9979	9551	8657
床 位	(张)	13340	19574	15678	14745	13366
客房出租率	(%)	68.0	56.0	59.4	43.5	52.1
经营情况						
营业收入	(亿元)	13	16	14	12	12
利润总额	(万元)	22498	-28841	-18523	-57672	-5760

16—6 省级文物保护单位

名　　称	地　址	年　代	公布时间	级　别
古遗址				
银山智人遗址	巢湖市	旧石器时代	2013年3月	国家级
大城头遗址	肥东县	新石器时代、商周	1981年9月	
大陈墩遗址	肥东县	新石器时代、商周	1981年9月	
古埂遗址	肥西县	新石器时代	1998年5月	
龙城遗址	肥东县	商周	1981年9月	
合肥曹魏新城遗址	合肥市	三国	2019年10月	国家级
教弩台旧址	合肥市	清	1981年9月	
汤池果树窑址	庐江县	宋	2004年10月	
三官殿遗址	庐江县	新石器时代、周	2019年3月	
城池村古城址	庐江县	汉	2019年3月	
慕容城遗址	庐江县	商周、汉、东晋	2019年3月	
古城宣遗址	肥东县	商周	2019年3月	
古墓葬				
放王岗古墓群	巢湖市	汉	1998年5月	
周瑜墓	庐江县	三国	1989年5月	
何城墓	庐江县	唐	2004年10月	
孝子墩古墓	长丰县	清	2004年10月	
吴复墓	肥东县	明	2019年10月	国家级
舒王墩汉墓	肥西县	汉	2019年3月	
古建筑				
姥山塔（文峰塔）	巢湖市	明、清	2019年10月	国家级
包公祠	合肥市	清	1981年9月	
中庙	巢湖市	清	1998年5月	
武壮公祠	庐江县	清	1998年5月	
振湖塔	肥东县	清	1998年5月	
包氏宗祠	肥东县	清	1998年5月	
庐州府城隍庙	合肥市	清	2004年10月	
大孔祠堂	合肥市	清	2004年10月	
唐五房圩转心楼	肥西县	清	2004年10月	
巢湖李家大院	巢湖市	1929年	2012年6月	
父子进士祠堂（昂氏宗祠）	肥东县	清	2004年10月	
柘皋李氏当铺	巢湖市	清	2019年3月	
烔炀李氏当铺	巢湖市	清	2019年3月	
吴公祠	庐江县	清	2019年3月	
吴氏旧居	肥东县	清	2019年3月	
石窟寺及石刻				
王乔洞石窟造像	巢湖市	北宋	1981年9月	
近现代重要史迹及代表性建筑				
刘铭传旧居	肥西县	清	2006年5月	国家级
冯玉祥旧居	巢湖市	1936-1937年	2006年5月	国家级
渡江战役总前委旧址	肥东县	1949年	1996年11月	国家级
安徽省博物馆陈列展览大楼	合肥市	1956年	2013年3月	国家级
李氏家族旧宅	合肥市	清	2013年3月	国家级
李鸿章享堂	合肥市	清	2004年10月	
李克农故居	巢湖市	清	2004年10月	
孙立人故居	庐江县	清末民国	2012年6月	
三河大捷遗迹及古民居	肥西县	清、近代	2004年10月	
张治中故居	巢湖市	1890年	2019年10月	国家级
江淮大戏院主体建筑	合肥市	1956年	2007年8月	
安徽农业大学主教学楼	合肥市	1953年	2012年6月	
安徽省地质博物馆陈列大楼	合肥市	1954年	2012年6月	
安徽大学龙河校区教学主楼	合肥市	1958年	2012年6月	
合肥工业大学屯溪路校区主教学楼（含东西附属楼）	合肥市	1958年	2012年6月	
安徽省图书馆主楼	合肥市	1958年	2012年6月	
普仁医院旧址	巢湖市	1936年	2012年6月	

主要统计指标解释

进出口总额

指实际进出我国国境的货物总金额。包括对外贸易实际进出口货物，来料加工装配进出口货物，国家间、联合国及国际组织无偿援助物资和赠送品，华侨、港澳台同胞和外籍华人捐赠品，租赁期满归承租人所有的租赁货物，进料加工进出口货物，边境地方贸易及边境地区小额贸易进出口货物（边民互市贸易除外），中外合资企业、中外合作经营企业、外商独资经营企业进出口货物和公用物品，到、离岸价格在规定限额以上的进出口货样和广告品（无商业价值、无使用价值和免费提供出口的除外），从保税仓库提取在中国境内销售的进口货物，以及其他进出口货物。进出口总额用以观察一个国家在对外贸易方面的总规模。我国规定出口货物按离岸价格统计，进口货物按到岸价格统计。

利用外资

指我国各级政府、部门、企业和其他经济组织通过对外借款、吸收外商直接投资以及用其他方式筹措的境外现汇、设备、技术等。

外商直接投资

指外国企业和经济组织或个人（包括华侨、港澳台胞以及我国在境外注册的企业）按我国有关政策、法规，用现汇、实物、技术等在我国境内开办外商独资企业、与我国境内的企业或经济组织共同举办中外合资经营企业、合作经营企业或合作开发资源的投资（包括外商投资收益的再投资），以及经政府有关部门批准的项目投资总额内企业从境外借入的资金。

对外借款

是我国利用外资的重要部分。指通过对外正式签订借款协议，从境外筹措的资金，包括外国政府贷款、国际金融组织贷款、外国银行商业贷款、出口信贷以及对外发行债券等。1996 年及以前还包括对外发行股票。

外商其他投资

指除对外借款和外商直接投资以外的各种利用外资的形式。包括企业在境内外股票市场公开发行的以外币计价的股票（目前主要是在香港证券市场发行的 H 股和在境内证券市场发行的 B 股）发行价总额，国际租赁进口设备的应付款，补偿贸易中外商提供的进口设备、技术、物料的价款，加工装配贸易中外商提供的进口设备、物料的价款。

对外承包工程

指各对外承包公司以招标议标承包方式承揽的下列业务：⑴承包国外工程建设项目，⑵承包我国对外经援项目，⑶承包我国驻外机构的工程建设项目，⑷承包我国境内利用外资进行建设的工程项目，⑸与外国承包公司合营或联合承包工程项目时我国公司分包部分，⑹对外承包兼营的房屋开发业务。对外承包工程的营业额是以货币表现的本期内完成的对外承包工程的工作量，包括以前年度签订的合同和本年度新签订的合同在报告期内完成的工作量。

对外劳务合作

指以收取工资的形式向业主或承包商提供技术和劳动服务的活动。我国对外承包公司在境外开办的合营企业，中国公司同时又提供劳务的，其劳务部分也纳入劳务合作统计。劳务合作营业额按报告期内向雇主提交的结算数（包括工资、加班费和奖金等）统计。

对外设计咨询

指以服务成果向业主收费的技术服务项目。包括承担地形地貌测绘，地质资源勘探与普查，建设区域规划，提供设计文件、图纸、生产工艺技术资料和工程技术经济咨询，工程项目的可行性考察、研究和评估，进行技术指导和培训人员等；也包括承担国（境）内利用外资进行建设的工程项目的上述规定的设计咨询项目的收取外币部分。

旅游人数

包括入境国际旅游人数、出境居民人数和国内旅游人数。

⑴入境国际旅游人数：指来中国参观、访问、旅行、探亲、访友、休养、考察、参加会议和从事经济、科技、文化、教育、宗教等活动的外国人、华侨、港澳同胞和台湾同胞的人数。不包括外国在我国的常驻机构，如使领馆、通讯社、企业办事处的工作人员；来我国常住的外国专家、留学生以及在岸逗留不过夜人员。

⑵出境居民人数：指大陆居民因公务活动或私人事务短期出境的人数。公务活动出境居民人数包括在国际交通工具上的中国服务员工，因私出境居民人数不包括在国际交通工具上的中国服务员工。

⑶国内旅游人数：指我国大陆居民和在我国常住 1 年以上的外国人、华侨、港澳台同胞离开常住地在境内其他地方的旅游设施内至少停留一夜，最长不超过 6 个月的人数。

国际旅游（外汇）收入

指入境旅游的外国人、华侨、港澳同胞和台湾同胞在中国大陆旅游过程中发生的一切旅游支出，对于国家来说就是国际旅游（外汇）收入。

第 十七 篇

教育、科技

简要说明

一、本篇反映我市的教育事业的发展情况和科技活动基本情况。

二、教育部分包括高等教育、中等教育、初等教育、幼儿教育、特殊教育和成人教育等，主要指标有各类学校数、在校生数、招生数、毕业生数、教职工数、专职教师数等。教育统计资料主要由市教育局提供，技工学校的资料由市人社局提供。

三、科技活动部分主要包括我市规模以上工业科技活动发展状况的资料，反映规模以上工业企业科技活动机构数、人员数和研发经费收支等情况。

四、全市专利申请量和授权量，由市市场监督管理局提供。

17—1 主要年份教育事业基本情况

指　　标		2005	2010	2015	2020	2021
学校数	**(所)**	**1796**	**1538**	**1973**	**2229**	**2352**
普通高等学校		36	44	50	54	54
成人高等院校		8	4	4	4	4
中等学校		354	333	435	392	389
#普通中等专业学校		23	38	34	52	50
成人中等专业学校		14	10	9		
普通中学		267	246	360	340	339
职业中学		50	39	32		
技工学校		25	28	28	26	25
小　学		1097	663	584	481	466
幼儿园		272	460	866	1266	1407
特殊教育		4	4	6	6	7
专任教师数	**(人)**	**53253**	**67222**	**95162**	**120406**	**134040**
普通高等学校		13575	20294	25639	28111	32073
成人高等院校		958	647	651	527	535
中等学校		18836	23102	32722	37730	40331
#普通中等专业学校		1398	2216	2575	4233	5763
成人中等专业学校		333	195	102		
普通中学		15668	19596	29246	33497	34568
职业中学		1437	1095	799		
技工学校		809	1462	1158	2121	2741
小　学		16990	16876	24620	32613	35244
幼儿园		1981	4699	10188	19030	22798
特殊教育		104	142	184	274	318
在校学生数	**(人)**	**1189579**	**1367342**	**1834875**	**2282727**	**2439854**
普通高等学校		242120	372576	615356	759670	836618
成人高等院校		49537	72560	32758	14823	15776
中等学校		440047	469566	477109	545546	563009
#普通中等专业学校		56412	80819	79509	115919	122377
成人中等专业学校		11284	10349	16653		

注：1. 2018年起成人中等专业学校和职业中学合并到普通中等专业学校统计，后续各表同上。
2. 普通高校包含4所转设独立学院。

17—1 续表

指　　标		2005	2010	2015	2020	2021
普通中学		308990	330244	364642	429627	440632
职业中学		63361	48154	16305		
技工学校		18428	28581	14259	63258	76817
小　学		376111	327880	463662	572838	601925
幼儿园		61996	95103	230637	324760	343787
特殊教育		1340	1076	1094	1832	1922
招生数	（人）	**457055**	**415644**	**546127**	**724309**	**746695**
普通高等学校		167476	118572	205605	270264	285496
成人高等院校		42054	34615	6702	3689	8464
中等学校		152735	148942	152752	186178	190633
#普通中等专业学校		24667	25315	24161	42585	45969
成人中等专业学校		3958	4919	4830		
普通中学		100096	107389	118857	143593	144664
职业中学		24014	11319	4904		
技工学校		8958	9845	6857	28401	35275
小　学		52206	57888	82177	104430	111436
幼儿园		33468	45580	91831	131078	115083
特殊教育		158	202	203	269	308
毕业生数	（人）	**323537**	**391949**	**491003**	**565810**	**586533**
普通高等学校		47908	96853	165024	187675	201480
成人高等院校		42958	32229	7924	5000	7475
中等学校		140609	152792	168410	170448	169230
#普通中等专业学校		11936	25714	20910	36975	35705
成人中等专业学校		4654	3878	9391		
普通中学		105290	98523	126529	133473	133525
职业中学		18729	24677	11580		
技工学校		4627	12348	4982	15410	15748
小　学		60424	65271	66257	84749	86785
幼儿园		26898	32340	78262	102292	105504
特殊教育		113	116	144	236	311

17—2 各类学校数

单位：所

年份	普通高等院校	普通中等专业学校	技工学校	普通中学	职业中学	小学	特殊教育
1980	10	26	4	249	12	2197	1
1985	10	36	22	252	21	1968	1
1990	11	45	12	251	46	1933	1
1992	10	48	31	242	51	1859	1
1993	10	45	21	243	48	1840	1
1994	10	48	24	259	75	1826	2
1995	10	55	23	245	72	1760	1
1996	10	53	24	252	73	1717	4
1997	9	49	24	256	73	1687	5
1998	9	52	34	246	66	1627	5
1999	9	55	23	244	62	1582	5
2000	8	47	22	245	57	1564	5
2001	16	45	22	247	48	1459	6
2002	24	45	22	262	52	1393	5
2003	29	31	17	264	52	1340	6
2004	36	23	24	261	49	1178	5
2005	36	23	25	267	50	1097	4
2006	37	23	25	270	49	915	4
2007	41	21	25	267	54	885	4
2008	42	28	28	261	50	816	4
2009	43	32	28	256	48	730	4
2010	44	38	28	246	39	663	4
2011	48	34	27	361	50	1051	6
2012	50	32	24	363	45	964	6
2013	50	35	15	367	40	894	6
2014	50	33	28	362	36	613	6
2015	50	34	28	360	32	584	6
2016	50	33	31	358	17	551	6
2017	50	33	32	353	16	542	6
2018	50	54	23	350		515	6
2019	51	53	24	340		510	6
2020	54	52	26	340		481	6
2021	54	50	25	339		466	7

注：2018年起普通中等专业学校含成人中专和职业中学。

17—3 各类学校在校学生数

单位：人

年 份	普 通 高等院校	普通中等 专业学校	技工学校	普通中学	职业中学	小 学	特殊教育
1980	16938	7571	2235	189743	3144	520828	151
1985	24412	13368	4713	167503	7476	456310	188
1990	25583	22506	3807	173592	14320	415220	413
1992	27383	25045	4884	176304	18071	385968	398
1993	32057	33694	10428	182003	18489	380138	464
1994	34904	36814	12912	197312	23219	382890	443
1995	35709	44705	13286	218859	28331	393240	560
1996	37108	45711	14960	228977	34909	407548	1376
1997	39311	50874	14206	228398	40868	426808	1944
1998	49187	53728	17000	228591	40442	442400	2211
1999	48017	68215	14900	238294	38138	441144	2438
2000	58897	64046	11294	258138	33194	432103	2316
2001	84159	53646	10826	285474	30593	431815	1924
2002	127248	45192	10628	313007	39629	418510	1925
2003	152502	41163	15700	326587	51456	404124	1689
2004	205059	47211	14475	314275	59644	383347	1502
2005	242120	56412	18428	308990	63361	376111	1340
2006	272855	74364	23727	302903	70301	370343	1326
2007	295819	78501	26422	296340	76136	366524	1363
2008	325358	81521	34477	307959	79527	349033	1170
2009	352091	78102	34477	320227	69770	334192	1102
2010	372576	80819	28581	330244	48154	327880	1076
2011	433054	75804	23415	427960	64125	435430	888
2012	458363	72780	18451	394744	51082	406715	964
2013	557227	74003	15549	379263	44458	426911	1002
2014	578569	76577	13272	367012	24296	442453	1032
2015	615356	79509	14259	364642	16305	463662	1094
2016	621244	76309	18310	369100	14860	482860	1172
2017	616018	74053	32542	380336	8720	501527	1303
2018	622290	107444	44828	393556		531505	1427
2019	684754	113405	53520	418363		548744	1727
2020	759542	115919	63258	429627		572838	1832
2021	836618	122377	76817	440632		601925	1922

注：2018年起普通中等专业学校含成人中专和职业中学。

17—4 各类学校毕业生数

单位：人

年 份	普 通 高等院校	普通中等专业学校	技工学校	普通中学	职业中学	小 学	特殊教育
1980	1647	1821	700	68617		64867	16
1985	5231	3892	1000	43430	1442	69376	29
1990	7548	5436	1593	50682	4457	67609	30
1992	7003	7629	1391	50313	3928	73267	64
1993	6501	6866	2852	51736	5267	70782	80
1994	7093	9058	2845	50757	6175	69979	80
1995	9802	12275	4019	54644	6412	71696	78
1996	9772	16192	4558	62512	9640	69388	55
1997	8993	14662	5637	70985	8796	67370	65
1998	9868	15281	4500	74212	10749	69681	51
1999	9341	17798	5463	72091	13317	74730	153
2000	9368	18993	6657	70931	13858	80757	81
2001	10484	20906	3516	74048	11247	85443	321
2002	13563	21617	3177	81068	19736	82830	299
2003	21214	16735	3023	91135	9748	81323	168
2004	33506	12386	3714	97609	11734	65363	159
2005	47908	11936	4627	105290	18729	60424	113
2006	58349	15209	5501	102912	19333	61643	131
2007	76426	19893	8627	100580	21602	59482	126
2008	81131	25422	10660	96987	25914	73198	155
2009	83940	26964	10660	95474	29178	68263	128
2010	96853	25714	12348	98523	24677	65271	116
2011	118556	32133	12728	146453	27760	77932	98
2012	122347	24499	9815	143314	23184	74458	132
2013	150052	24242	7412	130599	14365	68542	106
2014	165024	21368	5280	130483	18342	66335	168
2015	165024	20910	4982	126529	11580	66257	144
2016	189293	26669	4300	123346	6323	71773	170
2017	185618	24970	4570	121295	4691	74277	173
2018	191515	30224	6889	122451		75977	200
2019	184688	38248	10846	127114		89689	223
2020	187675	36975	15410	133473		84749	236
2021	201480	35705	15748	133525		86785	311

注：2018年起普通中等专业学校含成人中专和职业中学。

17—5 各级各类学校教育情况（2021年）

指标		全市	市区	长丰县	肥东县	肥西县	庐江县	巢湖市
学校数	**（所）**	**2352**	**1140**	**233**	**226**	**249**	**310**	**194**
普通高等院校		54	40	2	1	8		3
成人高等院校		4	4					
普通中等专业学校		50	30	6	5	5	2	2
普通中学		339	135	37	37	38	52	40
初　中		149	65	18	5	17	22	22
高　中		43	20	4	3	4	7	5
完　中		41	10	5	10	5	8	3
一贯制学校		106	40	10	19	12	15	10
技工学校		25	25					
小　学		466	174	60	47	48	89	48
幼儿园		1407	730	127	135	149	166	100
特殊教育学校		7	2	1	1	1	1	1
教职工总数	**（人）**	**175646**	**110937**	**12325**	**14222**	**15927**	**10574**	**11661**
普通高等院校		43556	34080	1196	788	5138		2354
成人高等院校		1032	1032					
普通中等专业学校		6584	3299	1070	1386	468	208	153
普通中学		44993	21263	4598	6740	3555	4537	4300
技工学校		3600	3600					
小　学		30912	17172	2567	2870	2877	3041	2385
幼儿园		44618	30269	2876	2403	3868	2772	2430
特殊教育学校		351	222	18	35	21	16	39

注：根据省教育厅提供的数据，普通高等院校中不含部队院校；在肥4所独立学院转设为普通高校。

17—5 续表1

指　　标	全　市	市　区	长丰县	肥东县	肥西县	庐江县	巢湖市
专任教师数　（人）	**134040**	**82069**	**10150**	**11480**	**12095**	**8792**	**9454**
普通高等院校	32073	24464	1049	662	3926		1972
成人高等院校	535	535					
普通中等专业学校	5763	3112	846	1113	350	195	147
普通中学	34568	16367	3511	4699	2741	3864	3386
初　中	21925	10868	2284	2522	1709	2437	2105
高　中	12643	5499	1227	2177	1032	1427	1281
技工学校	2741	2741					
小　学	35244	19716	3054	3647	3057	3116	2654
幼儿园	22798	14939	1672	1325	2000	1602	1260
特殊教育学校	318	195	18	34	21	15	35
在校学生数　（人）	**2439854**	**1558446**	**166231**	**176598**	**244668**	**138319**	**155592**
研究生	70032	70032					
普通高等院校	766586	534291	28972	19751	130935		52637
成人高等院校	15776	15776					
普通中等专业学校	122377	75114	14560	20848	5061	4163	2631
普通中学	440632	215499	41125	62829	29527	51656	39996
初　中	274504	139384	26864	34851	17198	31807	24400
高　中	166128	76115	14261	27978	12329	19849	15596
技工学校	76817	76817					
小　学	601925	355317	55869	49908	44786	55822	40223
幼儿园	343787	214475	25596	23044	34153	26590	19929
特殊教育学校	1922	1125	109	218	206	88	176

17—5 续表2

指标	全市	市区	长丰县	肥东县	肥西县	庐江县	巢湖市
招生数 （人）	**746695**	**493181**	**48228**	**48991**	**78774**	**34596**	**42925**
研究生	25364	25364					
普通高等院校	260132	180434	9045	5884	48397		16372
成人高等院校	8464	8464					
普通中等专业学校	45969	30600	5861	6880	1046	764	818
普通中学	144664	72702	13319	19446	10026	16718	12453
初　中	89925	47470	8421	10518	5913	10118	7485
高　中	54739	25232	4898	8928	4113	6600	4968
技工学校	35275	35275					
小　学	111436	70810	9778	8360	8051	8201	6236
幼儿园	115083	69283	10212	8410	11244	8906	7028
特殊教育学校	308	249	13	11	10	7	18
毕业生数 （人）	**586533**	**357334**	**42065**	**49920**	**56945**	**38398**	**41871**
研究生	14071	14071					
普通高等院校	187409	130304	9172	4632	28187		15114
成人高等院校	7475	7475					
普通中等专业学校	35705	21528	2894	7056	2668	1058	501
普通中学	133525	60466	12284	21718	10067	16818	12172
初　中	80561	37185	8174	12303	5739	9988	7172
高　中	52964	23281	4110	9415	4328	6830	5000
技工学校	15748	15748					
小　学	86785	44949	8581	8784	6800	10292	7379
幼儿园	105504	62592	9114	7689	9211	10230	6668
特殊教育学校	311	201	20	41	12		37

17—6 研究生数

单位：人

年 份	在校学生数	硕 士	招 生 数	硕 士	毕 业 生 数	硕 士
2010	29377	25273	10569	9311	7095	6043
2013	34873	29784	12081	10569	9552	8369
2014	34691	29944	11933	10602	9979	8874
2015	37925	32397	13184	11485	11264	10028
2016	38598	32567	13527	11689	11709	10436
2017	43145	35712	16219	14101	12085	10772
2018	47269	38970	17196	14751	12677	11138
2019	51594	42296	18287	15507	13300	11765
2020	60242	49408	23562	20471	12999	11587
2021	70032	57448	25364	21879	14071	12150

17—7 技工学校基本情况

年 份	学 校 数（所）	在校学生数（人）	招 生 数（人）	毕业生数（人）	教职工数（人）
2005	25	18428	8958	4627	1297
2010	28	28581	9845	12348	1827
2014	28	13272	5233	5280	1501
2015	28	14259	6857	4982	1274
2016	31	18310	8700	4300	1685
2017	32	32542	19014	4570	1927
2018	23	44828	20832	6889	2340
2019	24	53520	23220	10846	2366
2020	26	63258	28401	15410	2801
2021	25	76817	35275	15748	3600

17—8　初中毕业生和小学毕业生升学率及小学学龄儿童入学率

单位：人

年份	初中毕业生升学率			小学毕业生升学率			小学学龄儿童入学率		
	初中毕业生数	高中招生数	升学率(%)	小学毕业生数	初中招生数	升学率(%)	学龄儿童数	已入学学龄儿童数	入学率(%)
2005	80980	89546	110.58	60424	63189	104.58	352922	351517	99.60
2010	61862	79132	127.92	65271	69810	106.95	317229	317218	100.00
2013	83294	94225	113.12	68542	71074	103.69	416544	426911	102.49
2014	77790	85276	109.62	66335	67846	102.28	431617	433316	100.39
2015	73840	83369	112.90	66257	69383	104.72	446130	453588	101.67
2016	72202	86654	120.02	71773	74920	104.38	458994	473355	103.13
2017	70420	88817	126.12	74277	79556	107.11	469461	490998	104.59
2018	71435	97314	136.23	75977	80338	105.74	499457	521019	104.32
2019	76843	103189	134.29	89689	94829	105.73	506618	538908	106.37
2020	80392	98507	122.53	84749	87671	103.45	522407	564724	108.10
2021	80561	100708	125.01	86785	89925	103.62	549978	592284	107.69

17—9　高等院校研究生基本情况（2021年）

单位：人

院校	在校生数	博士生	硕士生	招生数	博士生	硕士生	毕业生数	博士生	硕士生
总计	**70032**	**12584**	**57448**	**25364**	**3485**	**21879**	**14071**	**1921**	**12150**
安徽大学	11159	650	10509	4298	155	4143	2590	94	2496
中国科学技术大学	26603	9071	17532	9341	2608	6733	4594	1469	3125
合肥工业大学	14314	1814	12500	4398	372	4026	3137	165	2972
安徽农业大学	5656	416	5240	2360	102	2258	1202	71	1131
安徽医科大学	6319	534	5785	2483	215	2268	1481	94	1387
安徽中医药大学	2685	99	2586	1089	33	1056	493	28	465
安徽建筑大学	2166		2166	847		847	414		414
合肥学院	718		718	328		328	54		54
合肥师范学院	412		412	220		220	106		106

17—10 本科院校基本情况一览表（2021年）

单位：人

名　　称	本专科			教职工人数	
	在校生数	招生数	毕业生数	合计	专任教师
总　　计	**372880**	**110881**	**96605**	**27592**	**18979**
安徽大学	34404	11790	10437	3515	2342
中国科学技术大学	7782	1912	1662	4082	1989
合肥工业大学	46373	12709	12719	3813	2363
安徽农业大学	38095	11406	11090	1976	1243
安徽医科大学	28636	7086	8445	1557	1035
安徽中医药大学	37019	10446	9588	1523	1195
安徽建筑大学	19284	5789	4812	1525	1214
巢湖学院	17514	4636	4719	964	769
安徽三联学院	18197	5318	4692	982	684
合肥学院	16814	6373	4037	1182	1053
安徽新华学院	26253	7435	6910	1554	1175
安徽文达信息工程学院	14258	4522	3692	712	499
安徽外国语学院	12771	4111	3417	774	589
合肥师范学院	19386	4683	4249	1255	1086
安徽艺术学院	4228	1997	0	267	185
合肥城市学院	9974	3623	1819	513	432
合肥经济学院	12408	4259	2457	659	570
安徽大学江淮学院	5238	1253	1405	352	252
安徽医科大学临床医学院	4246	1533	455	387	304

17—11 高职院校基本情况一览表（2021年）

单位：人

名称	本专科			教职工人数	
	在校生数	招生数	毕业生数	合计	专任教师
总计	**393706**	**149251**	**90804**	**15964**	**13094**
安徽职业技术学院	22794	7021	5598	1153	1013
安徽水利水电职业技术学院	19751	5884	4632	788	662
万博科技职业学院	7885	1898	1329	225	162
安徽警官职业学院	8849	3288	2452	444	337
安徽工业经济职业技术学院	13809	5086	4265	531	458
合肥通用职业技术学院	8208	2413	945	393	322
合肥经济技术职业学院	13410	7850	3273	284	218
安徽交通职业技术学院	11525	3273	2778	463	327
安徽体育运动职业技术学院	4906	1663	754	302	286
安徽医学高等专科学校	14926	5621	3987	649	519
合肥职业技术学院	22715	7477	7938	731	633
安徽广播影视职业技术学院	6567	1883	2005	259	230
合肥滨湖职业技术学院	15160	9535	1722	458	378
安徽电气工程职业技术学院	2696	881	492	257	120
安徽城市管理职业学院	19827	7780	3660	927	765
安徽工商职业学院	15795	4747	4952	502	430
安徽中澳科技职业学院	7127	1965	841	228	208
安徽艺术职业学院	4357	1564	975	389	255
安徽财贸职业学院	21982	6082	4528	626	554
安徽国际商务职业学院	13177	4298	4220	694	619
安徽公安职业学院	3163	1023	1109	231	182
安徽林业职业技术学院	3506	1243	455	167	139
安徽审计职业学院	8377	3014	2907	323	290
安徽新闻出版职业技术学院	8420	2765	1726	322	274
安徽邮电职业技术学院	3993	1403	744	276	200
合肥财经职业学院	31772	12883	5997	741	560
安徽涉外经济职业学院	2360		2219	410	314
安徽绿海商务职业学院	9627	6326	1361	254	183
合肥共达职业技术学院	7452	4561	365	264	195
徽商职业学院	6209	2138	757	263	248
合肥信息技术职业学院	18793	9456	2748	577	506
安徽汽车职业技术学院	6740	2414	643	328	288
合肥幼儿师范高等专科学校	5994	2107	3413	463	393
安徽粮食工程职业学院	5715	2692	1271	256	217
合肥科技职业学院	16119	7017	3743	786	609

17—12 各县（市）区普通中学教育情况（2021年）

单位：人

地区	学校数（所）			在校学生数			招生数			毕业生数		
	合计	高中	初中	合计	高中	初中	合计	高中	初中	合计	高中	初中
总计	**339**	**104**	**235**	**440632**	**166128**	**274504**	**144664**	**54739**	**89925**	**133525**	**52964**	**80561**
市属	12	12		46720	44159	2561	15733	14909	824	14349	13547	802
瑶海区	16	4	12	31546	7732	23814	10723	2523	8200	8824	2351	6473
庐阳区	13	2	11	25554	4376	21178	8637	1465	7172	6846	1324	5522
蜀山区	27	8	19	31379	4683	26696	10459	1459	9000	8782	1689	7093
包河区	28	8	20	40880	7175	33705	13110	2095	11015	11905	2188	9717
高新区	12	2	10	5351	27	5324	1972	27	1945	1090	103	987
经开区	14	4	10	18773	2943	15830	6660	930	5730	4237	752	3485
新站区	13	4	9	15296	5020	10276	5408	1824	3584	4433	1327	3106
长丰县	37	10	27	41125	14261	26864	13319	4898	8421	12284	4110	8174
肥东县	37	14	23	62829	27978	34851	19446	8928	10518	21718	9415	12303
肥西县	38	9	29	29527	12329	17198	10026	4113	5913	10067	4328	5739
庐江县	52	15	37	51656	19849	31807	16718	6600	10118	16818	6830	9988
巢湖市	40	12	28	39996	15596	24400	12453	4968	7485	12172	5000	7172

17—13 各县（市）区职业学校基本情况（2021年）

单位：人

地区	学校数（所）	教职工数	专任教师	在校学生数	招生数	毕业生数
总计	**50**	**6584**	**5763**	**122377**	**45969**	**35705**
市属	3	953	864	15817	6173	5203
瑶海区	3	403	433	5173	1597	1193
庐阳区	3	181	131	3589	1318	1035
蜀山区	6	412	391	9294	3777	1923
包河区	7	326	380	16054	10289	8917
高新区	1	381	320	6316	2280	1939
经开区	4	534	393	12108	2581	564
新站区	3	217	200	6763	2585	754
长丰县	6	1070	846	14560	5861	2894
肥东县	5	1386	1113	20848	6880	7056
肥西县	5	360	350	5061	1046	2668
庐江县	2	208	195	4163	764	1058
巢湖市	2	153	147	2631	818	501

17—14　各县（市）区小学基本情况（2021年）

单位：人

地　区	学校数（所）	教职工数	专任教师	在校学生数	招生数	毕业生数
总　计	**466**	**30912**	**35244**	**601925**	**111436**	**86785**
瑶海区	32	3399	3521	62366	11307	9115
庐阳区	27	3184	3149	57837	11794	7095
蜀山区	37	3481	3848	67579	13791	8546
包河区	31	3959	4555	82746	15990	10358
高新区	13	772	867	15132	3391	1716
经开区	11	1150	2355	42426	8780	4968
新站区	23	1227	1421	27231	5757	3151
长丰县	60	2567	3054	55869	9778	8581
肥东县	47	2870	3647	49908	8360	8784
肥西县	48	2877	3057	44786	8051	6800
庐江县	89	3041	3116	55822	8201	10292
巢湖市	48	2385	2654	40223	6236	7379

注：教职工数未含一贯制学校教师和教辅人员。

17—15　各县（市）区幼儿园基本情况（2021年）

单位：人

地　区	园数（所）	教职工数	教师	幼儿数	招生数	毕业生数
总　计	**1407**	**44618**	**22798**	**343787**	**115083**	**105504**
瑶海区	127	5053	2436	34686	9694	10940
庐阳区	104	4640	2272	31593	10068	9429
蜀山区	153	5914	2894	42675	13711	13098
包河区	147	7077	3420	48083	15308	12521
高新区	42	1846	922	13432	4508	3439
经开区	89	3322	1751	25873	9364	7577
新站区	68	2417	1244	18133	6630	5588
长丰县	127	2876	1672	25596	10212	9114
肥东县	135	2403	1325	23044	8410	7689
肥西县	149	3868	2000	34153	11244	9211
庐江县	166	2772	1602	26590	8906	10230
巢湖市	100	2430	1260	19929	7028	6668

17—16 主要年份全市科技活动基本情况

指　　标		2015	2020	2021
科技活动				
研究与试验发展人员	（人）	72837	96712	117307
研究与试验发展经费支出	（亿元）	174.87	353.48	394.57
#基础研究		18.38	48.35	58.97
应用研究		21.74	45.89	42.69
试验发展		134.75	259.24	292.92
#政府资金		58.73	94.99	96.09
企业资金		110.82	239.91	282.10
#相当于GDP比例	（%）	3.24	3.52	3.46
输出技术合同成交额	**（亿元）**	**104.93**	**230.69**	**435.67**
专　　利				
专利申请授权量	（件）	17070	41054	53843
发　　明		3413	7593	9741
实用新型		11277	29535	39814
外观设计		2380	3926	4288

17—17 主要年份规上工业企业科技活动基本情况

指　标		2015	2020	2021
有研究与试验发展活动的企业	(个)	532	770	881
有研究与试验发展活动的企业占全部企业的比重	(%)	21.50	35.85	37.20
R&D人员	(万人)	42880	46455	58511
研究与试验发展折合全时人员	(人年)	30253	35781	42878
开发新产品经费支出	(亿元)	126.56	221.50	288.13
研究与试验发展经费支出	(亿元)	104.10	192.23	225.27
#政府资金		8.75	6.58	6.41
企业资金		94.74	182.83	217.51
研究与试验发展经费支出占主营业务收入的比重	(%)	1.08	2.06	
研究与试验发展经费支出占营业收入的比重	(%)		2.00	1.99
引进境外技术经费支出	(亿元)	0.69	1.19	1.53
引进境外技术的消化吸收经费支出	(亿元)	0.46	0.07	0.23
购买境内技术经费支出	(亿元)	3.04	7.89	12.12
专利申请数	(件)	15186	18982	25312
#发明专利数		6490	8834	11906
拥有发明专利数	(件)	7996	24647	26563

17—18 规模以上工业企业科技活动人员情况（2021年）

项目	企业数（个）	有R&D活动企业数（个）	R&D人员合计（人）	R&D人员折合全时当量（人年）
总计	**2368**	**881**	**58511**	**42877.59**
#国有控股企业	196	94	16008	10895.16
按企业规模分				
大型企业	74	61	31748	25196.87
中型企业	249	152	12341	8456.88
小型企业	1877	640	13652	8694.58
微型企业	168	28	770	529.25
按登记注册类型分				
内资企业				
国有企业	9	4	629	365.51
集体企业	1			
股份合作企业	1			
联营企业				
其他联营企业				
有限责任公司				
国有独资公司	38	14	1358	972.83
其他有限责任公司	509	233	16962	12143.40
股份有限公司	70	53	14555	10605.35
私营企业				
私营独资企业	9			
私营合伙企业	2			
私营有限责任公司	1444	439	14685	10814.58
私营股份有限公司	95	61	2992	2063.84
港、澳、台商投资企业				
合资经营企业(港或澳、台资)	26	10	933	636.83
合作经营企业(港或澳、台资)	1	1		
港、澳、台商独资经营企业	28	13	2609	2317.09
港、澳、台商投资股份有限公司	4	3	278	95.67
其他港澳台投资企业				
外商投资企业				
中外合资经营企业	43	22	1116	887.08
中外合作经营企业				
外资企业	79	22	1314	1049.17
外商投资股份有限公司	9	6	968	908.17
其他外商投资企业				
按行业分				
黑色金属矿采选业	3	2	79	22.25
有色金属矿采选业	2			
非金属矿采选业	5			
农副食品加工业	97	16	220	106.17
食品制造业	57	19	410	134.83
酒、饮料和精制茶制造业	8	3	103	46.17

17—18 续表

项　　目	企业数（个）	有R&D活动企业数（个）	R&D人员合计（人）	R&D人员折合全时当量（人年）
烟草制品业	2	1	305	94.08
纺织业	39	11	185	137.58
纺织服装、服饰业	32			
皮革、毛皮、羽毛及其制品和制鞋业	24			
木材加工和木、竹、藤、棕、草制品业	8			
家具制造业	39	8	140	78.58
造纸和纸制品业	36	6	84	66.42
印刷和记录媒介复制业	41	8	175	118.67
文教、工美、体育和娱乐用品制造业	16	2	62	29.83
石油、煤炭及其他燃料加工业	2	1	13	12.00
化学原料和化学制品制造业	102	43	1904	1345.26
医药制造业	42	25	1967	1365.34
化学纤维制造业	4	1	11	4.17
橡胶和塑料制品业	176	62	2844	2059.99
非金属矿物制品业	232	31	873	472.34
黑色金属冶炼和压延加工业	11	4	109	45.84
有色金属冶炼和压延加工业	14	6	223	130.42
金属制品业	160	51	1682	1246.84
通用设备制造业	205	104	4326	3015.58
专用设备制造业	173	86	2539	1681.08
汽车制造业	181	73	6365	4107.50
铁路、船舶、航空航天和其他运输设备制造业	14	7	246	145.67
电气机械和器材制造业	287	143	9298	6930.67
计算机、通信和其他电子设备制造业	217	124	21352	17247.39
仪器仪表制造业	54	32	1401	1066.25
其他制造业	11	3	136	113.58
废弃资源综合利用业	10	2	23	2.67
金属制品、机械和设备制造业	2	1	120	99.17
电力、热力生产和供应业	33	4	1253	921.86
燃气生产和供应业	15	1	53	21.41
水的生产和供应业	14	1	10	8.00
按地区分				
瑶 海 区	23	7	162	115.17
庐 阳 区	63	26	861	513.58
蜀 山 区	62	24	1144	839.25
包 河 区	98	37	2344	1723.43
高 新 区	297	172	15027	11020.56
经 开 区	310	138	16994	13173.60
新 站 区	134	84	10421	8033.00
长 丰 县	333	105	2861	1966.84
肥 东 县	265	56	1464	1056.74
肥 西 县	386	128	3956	2513.00
庐 江 县	182	41	1077	596.25
巢 湖 市	215	63	2200	1326.17

注：分县区数据按照一套表行政区划代码汇总，巢湖市含安巢经开区（后表同）。

17—19 规模以上工业企业研究与试验发展（R&D）情况（2021年）

单位：万元

项目	R&D经费内部支出	经常费支出	资产性支出	R&D经费外部支出
总　计	**2252719.7**	**2114553.5**	**138166.2**	**216440.7**
#国有控股企业	499200.3	476750.9	22449.4	75979.0
按企业规模分组				
#大型企业	1457624.9	1369737.5	87887.4	157218.6
中型企业	331816.1	300516.5	31299.6	16128.2
按登记注册类型分组				
内资企业				
国有企业	10480.3	8527.8	1952.5	1533.0
股份合作企业				
有限责任公司				
国有独资公司	39013.5	36953.0	2060.5	1247.5
其他有限责任公司	760585.9	724499.6	36086.3	43052.8
股份有限公司	466408.6	459749.1	6659.5	91994.4
私营企业				
私营合伙企业				
私营有限责任公司	598270.6	543739.6	54531.0	30395.9
私营股份有限公司	100774.2	95807.2	4967.0	3814.8
港、澳、台商投资企业				
合资经营企业(港或澳、台资)	46117.1	22695.9	23421.2	2377.7
合作经营企业(港或澳、台资)				
港、澳、台商独资经营企业	80046.5	74972.0	5074.5	23965.6
港、澳、台商投资股份有限公司	5685.9	5544.5	141.4	48.4
外商投资企业				
中外合资经营企业	53926.1	53621.3	304.8	6811.1
中外合作经营企业				
外资企业	47092.6	44144.0	2948.6	10918.4
外商投资股份有限公司	44190.8	44171.9	18.9	281.1
其他外商投资企业				
按行业分				
黑色金属矿采选业	107.7	107.7		760.1
有色金属矿采选业				
农副食品加工业	9214.3	9122.1	92.2	348.2
食品制造业	2036.4	1486.0	550.4	31.5
酒、饮料和精制茶制造业	576.0	141.0	435.0	10.9
烟草制品业	4015.8	2217.2	1798.6	1533.0
纺织业	1693.6	1339.3	354.3	6.6
纺织服装、服饰业				
木材加工和木、竹、藤、棕、草制品业				
家具制造业	1491.8	1491.8		

17—19 续表

单位：万元

项　　目	R&D经费内部支出	经常费支出	资产性支出	R&D经费外部支出
造纸和纸制品业	1362.4	1112.5	249.9	
印刷和记录媒介复制业	8590.3	8561.8	28.5	250.3
文教、工美、体育和娱乐用品制造业	586.1	566.9	19.2	
石油、煤炭及其他燃料加工业	110.0	110.0		
化学原料和化学制品制造业	39132.4	38473.8	658.6	2128.4
医药制造业	90618.1	86881.5	3736.6	12077.5
化学纤维制造业	150.9	150.9		0.7
橡胶和塑料制品业	70173.6	67875.4	2298.2	611.0
非金属矿物制品业	26945.4	16906.0	10039.4	6.5
黑色金属冶炼和压延加工业	2805.4	2680.0	125.4	
有色金属冶炼及压延加工业	4696.2	3145.1	1551.1	
金属制品业	61041.4	58749.7	2291.7	184.5
通用设备制造业	154449.5	150042.5	4407.0	6760.4
专用设备制造业	60305.0	56607.5	3697.5	1299.4
汽车制造业	226493.6	224398.6	2095.0	28914.4
铁路、船舶、航空航天和其他运输设备制造业	5746.5	5575.5	171.0	2428.1
电气机械及器材制造业	484865.5	471050.1	13815.4	15185.5
计算机、通信和其他电子设备制造业	939629.2	852221.9	87407.3	126166.8
仪器仪表制造业	29108.0	28131.2	976.8	1077.8
其他制造业	4099.0	3874.0	225.0	12.1
废弃资源综合利用业	531.8	531.8		
金属制品、机械和设备修理业	2921.7	2921.7		
电力、热力的生产和供应业	18379.4	17247.1	1132.3	16478.0
燃气生产和供应业	610.7	610.7		
水的生产和供应业	232.0	222.2	9.8	169.0
按地区分				
瑶 海 区	1552.7	1536.3	16.4	170.5
庐 阳 区	27912.1	27731.7	180.4	9.7
蜀 山 区	21524.9	19998.1	1526.8	207.0
包 河 区	43706.3	42008.8	1697.5	17373.2
高 新 区	677333.1	659860.8	17472.3	93139.2
经 开 区	728796.2	673256.2	55540.0	61863.8
新 站 区	455670.1	416948.7	38721.4	28972.6
长 丰 县	73640.2	71689.5	1950.7	2516.9
肥 东 县	37949.5	36002.8	1946.7	667.7
肥 西 县	109772.9	104565.0	5207.9	9143.9
庐 江 县	29525.1	26744.1	2781.0	1349.7
巢 湖 市	45336.6	34211.5	11125.1	1026.5

17—20 规模以上工业企业R&D经费内部支出来源构成（2021年）

单位：万元

项目	R&D经费内部支出合计	政府资金	企业资金	境外资金	其他资金
总　计	**2252719.7**	**64058.3**	**2175081.6**	**12940.4**	**639.4**
#国有控股企业	499200.3	25147.9	473345.5	196.0	510.9
按企业规模分					
大型企业	1457624.9	37995.4	1407675.2	11793.2	161.1
中型企业	331816.1	18072.8	312398.8	951.2	393.3
按登记注册类型分					
内资企业					
国有企业	10480.3		10319.2		161.1
股份合作企业					
有限责任公司					
国有独资公司	39013.5	3827.3	34990.2	196.0	
其他有限责任公司	760585.9	24648.5	735602.0		335.4
股份有限公司	466408.6	23025.1	443351.9		31.6
私营企业					
私营合伙企业					
私营有限责任公司	598270.6	3594.1	594581.1		95.4
私营股份有限公司	100774.2	4520.0	96238.3		15.9
港、澳、台商投资企业					
合资经营企业(港或澳、台资)	46117.1	295.4	45821.7		
合作经营企业(港或澳、台资)					
港、澳、台商独资经营企业	80046.5	1034.9	67165.4	11846.2	
港、澳、台商投资股份有限公司	5685.9	872.7	4813.2		
外商投资企业					
中外合资经营企业	53926.1	561.2	53364.9		
中外合作经营企业					
外资企业	47092.6	147.1	46047.3	898.2	
外商投资股份有限公司	44190.8	1532.0	42658.8		
其他外商投资企业					
按行业分					
黑色金属矿采选业	107.7	3.2	104.5		
有色金属矿采选业					
农副食品加工业	9214.3	320.7	8893.6		
食品制造业	2036.4		2036.4		
酒、饮料和精制茶制造业	576.0	50.0	526.0		
烟草制品业	4015.8		4015.8		
纺织业	1693.6	70.2	1623.4		
纺织服装、服饰业					
木材加工和木、竹、藤、棕、草制品业					
家具制造业	1491.8		1491.8		

17—20 续表

单位：万元

项　　　目	R&D经费内部支出合计	政府资金	企业资金	境外资金	其他资金
造纸和纸制品业	1362.4		1362.4		
印刷和记录媒介复制业	8590.3		8590.3		
文教、工美、体育和娱乐用品制造业	586.1		586.1		
石油、煤炭及其他燃料加工业	110.0		110.0		
化学原料和化学制品制造业	39132.4	541.3	38591.1		
医药制造业	90618.1	7028.8	82638.1	951.2	
化学纤维制造业	150.9		150.9		
橡胶和塑料制品业	70173.6	949.5	69208.2		15.9
非金属矿物制品业	26945.4	36.0	26909.4		
黑色金属冶炼和压延加工业	2805.4	22.7	2464.5		318.2
有色金属冶炼及压延加工业	4696.2		4696.2		
金属制品业	61041.4	4150.7	56873.5		17.2
通用设备制造业	154449.5	7580.8	146672.7	196.0	
专用设备制造业	60305.0	2524.3	56850.9	898.2	31.6
汽车制造业	226493.6	8742.0	217751.6		
铁路、船舶、航空航天和其他运输设备制造业	5746.5	160.6	5585.9		
电气机械及器材制造业	484865.5	6732.0	478133.5		
计算机、通信和其他电子设备制造业	939629.2	20481.4	908193.6	10895.0	59.2
仪器仪表制造业	29108.0	4664.1	24407.7		36.2
其他制造业	4099.0		4099.0		
废弃资源综合利用业	531.8		531.8		
金属制品、机械和设备修理业	2921.7		2760.6		161.1
电力、热力的生产和供应业	18379.4		18379.4		
燃气生产和供应业	610.7		610.7		
水的生产和供应业	232.0		232.0		
按地区分					
瑶 海 区	1552.7	15.0	1537.7		
庐 阳 区	27912.1	221.8	27690.3		
蜀 山 区	21524.9	4392.0	17132.9		
包 河 区	43706.3	1518.3	42151.8		36.2
高 新 区	677333.1	26482.0	649868.3	951.2	31.6
经 开 区	728796.2	17615.9	699371.2	11793.2	15.9
新 站 区	455670.1	8915.0	446755.1		
长 丰 县	73640.2	1555.3	72084.9		
肥 东 县	37949.5	261.3	37370.0		318.2
肥 西 县	109772.9	1513.7	108046.0	196.0	17.2
庐 江 县	29525.1	963.2	28502.7		59.2
巢 湖 市	45336.6	604.8	44570.7		161.1

17—21 规模以上工业企业政府相关政策落实情况（2021年）

单位：万元

项　　　目	来自政府部门的研发资金	研究开发费用加计扣除减免税	高新技术企业减免税
总　　计	**1837754.4**	**272897.9**	**293171.4**
#国有控股企业	433897.4	50677.3	41423.1
按企业规模分			
大型企业	935988.6	129864.0	179433.8
中型企业	350550.3	50238.8	55099.1
按登记注册类型分			
内资企业			
国有企业	6474.9	691.6	1285.5
股份合作企业			
有限责任公司			
国有独资公司	20483.5	4379.9	1774.6
其他有限责任公司	601092.0	98668.4	131798.5
股份有限公司	445270.4	50868.9	40166.3
私营企业			
私营独资企业	474.2	232.2	182.4
私营有限责任公司	407753.3	63289.9	46277.3
私营股份有限公司	103809.2	17468.4	24081.7
港、澳、台商投资企业			
合资经营企业(港或澳、台资)	51847.0	7800.9	4542.9
合作经营企业(港或澳、台资)			
港、澳、台商独资经营企业	47931.7	5886.0	1638.5
港、澳、台商投资股份有限公司	32556.2	4228.4	5746.4
其他港澳台投资企业			
外商投资企业			
中外合资经营企业	39042.2	4254.8	9071.7
中外合作经营企业			
外资企业	39357.6	9549.3	20695.4
外商投资股份有限公司	41662.2	5579.2	5910.2
其他外商投资企业			
按行业分			
黑色金属矿采选业	194.4	24.3	
农副食品加工业	10306.9	2148.9	272.2
食品制造业	2308.5	855.6	429.2
酒、饮料和精制茶制造业	386.5	66.7	65.0
烟草制品业			
纺织业	4635.0	622.5	2083.9
纺织服装、服饰业	1416.7	247.6	63.3
木材加工和木、竹、藤、棕、草制品业	2588.0	488.6	
家具制造业	32181.2	4832.3	8272.6

17—21 续表

单位：万元

项目	来自政府部门的研发资金	研究开发费用加计扣除减免税	高新技术企业减免税
造纸和纸制品业	3115.6	628.5	320.1
印刷和记录媒介复制业	8724.1	1730.2	4009.4
文教、工美、体育和娱乐用品制造业	1136.7	178.9	156.1
石油、煤炭及其他燃料加工业		73.0	
化学原料和化学制品制造业	55327.8	10806.6	5294.9
医药制造业	83150.4	10924.6	70977.6
化学纤维制造业	413.5	45.0	
橡胶和塑料制品业	80180.2	14812.7	10323.5
非金属矿物制品业	26109.9	5777.1	1616.1
黑色金属冶炼和压延加工业	8372.8	485.7	124.5
有色金属冶炼和压延加工业	5525.2	812.2	921.4
金属制品业	32072.8	5274.7	7736.0
通用设备制造业	131516.6	18537.1	35216.0
专用设备制造业	80257.7	11244.5	18109.3
汽车制造业	178574.5	10671.9	7293.5
铁路、船舶、航空航天和其他运输设备制造业	6321.6	790.8	1136.4
电气机械及器材制造业	354279.9	52688.1	53639.4
计算机、通信和其他电子设备制造业	645402.3	104015.1	58227.9
仪器仪表制造业	49549.8	7830.4	5642.8
其他制造业	3447.8	1681.8	162.3
废弃资源综合利用业	435.2	108.8	
金属制品、机械和设备修理业	3581.8	478.9	1012.2
电力、热力的生产和供应业	26241.0	4014.8	65.8
燃气生产和供应业			
按地区分			
瑶海区	3456.5	513.4	481.9
庐阳区	32262.0	4292.5	6683.7
蜀山区	18534.1	3212.3	1958.0
包河区	77978.5	11417.2	3738.3
高新区	519201.2	77679.1	137498.5
经开区	459586.7	53974.8	45816.9
新站区	385636.7	62929.4	28556.3
长丰县	89203.4	13633.5	16664.2
肥东县	58841.1	11891.5	5135.5
肥西县	107072.5	17199.3	39498.1
庐江县	42523.2	8631.0	3293.3
巢湖市	43458.5	7523.9	3846.7

17—22　规模以上工业企业新产品和专利情况（2021年）

项　　目	新产品销售收入（万元）	出　口	专利申请数（件）	发明专利	有效发明专利数（件）
总　　计	**44125160.5**	**13459754.7**	**25312**	**11906**	**26563**
#国有控股企业	11098887.9	3252839.0	5433	2923	9050
按企业规模分					
大型企业	30842552.4	12087478.6	13059	6949	12562
中型企业	6792408.5	847387.6	3633	1798	4547
按登记注册类型分					
内资企业					
国有企业	137248.7		288	63	214
股份合作企业					
有限责任公司					
国有独资公司	559052.9	7505.3	243	180	694
其他有限责任公司	13203021.1	3820564.8	6400	3123	6247
股份有限公司	7185427.8	1796144.5	5692	3121	8448
私营企业					
私营独资企业	21369.0		2	2	11
私营合伙企业					
私营有限责任公司	9493570.7	1577911.4	9485	4110	6419
私营股份有限公司	1875298.6	188158.2	1064	413	1438
港、澳、台商投资企业					
合资经营企业(港或澳、台资)	351127.2	74475.1	241	79	226
合作经营企业(港或澳、台资)					
港、澳、台商独资经营企业	7402859.3	5004544.7	125	54	144
港、澳、台商投资股份有限公司	984514.6	143245.1	422	206	192
其他港澳台投资企业					
外商投资企业					
中外合资经营企业	1419999.1	216964.7	295	124	514
中外合作经营企业					
外资企业	546376.6	101032.7	288	101	312
外商投资股份有限公司	939218.2	527568.1	759	330	1681
其他外商投资企业					
按行业分					
黑色金属矿采选业			20	2	5
有色金属矿采选业			7	7	2
农副食品加工业	166867.1	1278.3	216	84	371
食品制造业	65982.5	2527.8	165	34	153
酒、饮料和精制茶制造业	6303.8		2		2
烟草制品业	13803.7		241	29	140
纺织业	87792.1	38957.3	104	19	85
纺织服装、服饰业	28005.2		29	2	41

17—22 续表

项目	新产品销售收入（万元）	出口	专利申请数（件）	发明专利	有效发明专利数（件）
皮革、毛皮、羽毛及其制品和制鞋业	156.0		8		
木材加工和木、竹、藤、棕、草制品业	29464.3	902.3	74	16	26
家具制造业	601046.7	677.8	123	32	166
造纸和纸制品业	81507.5	1713.1	72	18	65
印刷和记录媒介复制业	223552.8	31014.3	133	15	160
文教、工美、体育和娱乐用品制造业	34784.8	23530.1	18	3	34
石油、煤炭及其他燃料加工业					3
化学原料和化学制品制造业	1251130.9	195251.4	395	188	809
医药制造业	1282344.4	166841.4	167	96	528
化学纤维制造业	16943.5		14	3	40
橡胶和塑料制品业	1347416.2	116570.4	923	280	1290
非金属矿物制品业	736541.6	21667.3	355	111	250
黑色金属冶炼和压延加工业	239354.0	3079.9	50	10	26
有色金属冶炼和压延加工业	157513.9		51	17	65
金属制品业	1429490.4	38714.7	732	269	1100
通用设备制造业	2805161.9	426742.5	2226	801	2309
专用设备制造业	1193707.4	158013.8	1246	504	2118
汽车制造业	6066083.6	923114.7	1728	931	4699
铁路、船舶、航空航天和其他运输设备制造业	176031.5		84	41	67
电气机械和器材制造业	10409507.0	2825131.4	5322	2140	5322
计算机、通信和其他电子设备制造业	14830305.2	8480401.2	8539	5290	4846
仪器仪表制造业	489173.0	3537.7	666	239	711
其他制造业	43237.7	87.3	142	63	101
废弃资源综合利用业			10	8	34
金属制品、机械和设备修理业	54565.8		8	2	1
电力、热力生产和供应业	148708.5		1416	641	984
燃气生产和供应业	108677.5		8		4
水的生产和供应业			18	11	6
按地区分					
瑶 海 区	71233.1	5657.3	92	38	83
庐 阳 区	779464.7	136469.2	281	73	381
蜀 山 区	370459.1	5071.4	341	154	811
包 河 区	1102307.5	34627.6	2218	993	2389
高 新 区	11114915.1	2408733.4	5647	2746	5777
经 开 区	16571266.2	7606885.5	7608	4351	7790
新 站 区	6637764.2	2552145.5	3229	1761	3597
长 丰 县	1818019.9	85117.2	1248	328	1304
肥 东 县	1071322.1	37025.6	786	278	1105
肥 西 县	2824802.5	303188.7	2499	763	2122
庐 江 县	590461.1	134938.2	595	187	517
巢 湖 市	1173145.0	149895.1	768	234	687

17—23 各县（市）区规模以上工业企业自主知识产权和技术情况（2021年）

地 区	专利申请数（件）	发明专利	有效发明专利数（件）	发表科技论文（篇）
总 计	**25312**	**11906**	**26563**	**1724**
瑶海区	92	38	83	51
庐阳区	281	73	381	5
蜀山区	341	154	811	154
包河区	2218	993	2389	796
高新区	5647	2746	5777	233
经开区	7608	4351	7790	186
新站区	3229	1761	3597	63
长丰县	1248	328	1304	28
肥东县	786	278	1105	62
肥西县	2499	763	2122	59
庐江县	595	187	517	28
巢湖市(含安巢经开区)	768	234	687	59

地 区	拥有注册商标数（件）	形成国家行业标准数（项）	技术改造经费支出（万元）	引进技术经费支出（万元）
总 计	**10713**	**629**	**560880.9**	**15316.9**
瑶海区	76	1	1041.9	
庐阳区	181	11	417.2	
蜀山区	64	60	256.4	
包河区	606	21	11168.8	
高新区	4679	203	130558.6	8350.1
经开区	2204	127	295694.3	3961.9
新站区	336	47	63808.9	3004.9
长丰县	428	63	9104.7	
肥东县	1020	13	13276.5	
肥西县	745	72	14663.5	
庐江县	262	6	9400.2	
巢湖市(含安巢经开区)	112	5	11489.9	

17—24 主要年份全市专利授权量

单位：件

指　　标	2005	2010	2015	2020	2021
专利授权量合计	**581**	**4007**	**17070**	**41054**	**53843**
发　　明	141	485	3413	7593	9741
实用新型	315	2091	11277	29535	39814
外观设计	125	1431	2380	3926	4288

主要统计指标解释

普通高等学校

指按国家规定的设置标准和审批程序批准举办的，通过国家普通高等教育招生考试，招收高中毕业生为主要培养对象，实施高等学历教育的全日制大学、独立设置的学院和高等专科学校、高等职业学校及其他普通高教机构。

成人高等学校

指按照国家规定的设置标准和审批程序批准举办的，指通过全国成人高等教育招生考试，招收具有高中毕业或同等学历的人员为主要培养对象，利用函授、业余、脱产等多种形式对其实施高等学历教育的学校。包括职工高等学校、农民高等学校、管理干部学院、教育学院、独立函授学院、广播电视大学、其他成人高教机构等。其他成人高教机构是承担国家成人招生计划任务不计校数的机构。

小学学龄儿童入学率即小学学龄儿童净入学率

指小学教育在校学龄人口数占小学教育国家规定年龄组人口总数的百分比。计算公式为：

小学净入学率＝小学在校学龄人口数/小学校内外学龄人口数×100%

财政性教育经费

包括财政预算内教育经费，各级政府征收用于教育的税费，企业办学校教育经费，校办产业、勤工俭学和社会服务收入用于教育的经费。

研究与试验发展（R&D）

指在科学技术领域，为增加知识总量，以及运用这些知识去创造新的应用进行的系统的创造性的活动，包括基础研究、应用研究、试验发展三类活动。国际上通常采用 R&D 活动的规模和强度指标反映一国的科技实力和核心竞争力。

基础研究

指为了获得关于现象和可观察事实的基本原理的新知识(揭示客观事物的本质、运动规律，获得新发现、新学说)而进行的实验性或理论性研究，它不以任何专门或特定的应用或使用为目的。其成果以科学论文和科学著作为主要形式。用来反映知识的原始创新能力。

应用研究

指为获得新知识而进行的创造性研究，主要针对某一特定的目的或目标。应用研究是为了确定基础研究成果可能的用途，或是为达到预定的目标探索应采取的新方法(原理性)或新途径。其成果形式以科学论文、专著、原理性模型或发明专利为主。用来反映对基础研究成果应用途径的探索。

试验发展

指利用从基础研究、应用研究和实际经验所获得的现有知识，为产生新的产品、材料和装置，建立新的工艺、系统和服务，以及对已产生和建立的上述各项作实质性的改进而进行的系统性工作。

R&D 人员

指参与研究与试验发展项目研究、管理和辅助工作的人员，包括项目（课题）组人员，企业科技行政管理人员和直接为项目（课题）活动提供服务的辅助人员。反映投入从事拥有自主知识产权的研究开发活动的人力规模。

R&D 人员全时当量

指全时人员数加非全时人员按工作量折算为全时人员数的总和。例如：有两个全时人员和三个非全时人员（工作时间分别为 20%、30%和 70%），则全时当量为 2+0.2+0.3+0.7=3.2 人年。为国际上比较科技人力投入而制定的可比指标。

R&D 经费内部支出合计

指调查单位用于内部开展 R&D 活动（基础研究、应用研究和试验发展）的实际支出。包括用于 R&D 项目（课题）活动的直接支出，以及间接用于 R&D 活动的管理费、服务费、与 R&D 有关的基本建设支出以及外协加工费等。不包括生产性活动支出、归还贷款支出以及与外单位合作或委托外单位进行 R&D 活动而转拨给对方的经费支出。

R&D 经费内部支出中政府资金

指 R&D 经费内部支出中来自各级政府部门的各类资金，包括财政科学技术拨款、科学基金、教育等部门事业费以及政府部门预算外资金的实际支出。

R&D 经费内部支出中企业资金

指 R&D 经费内部支出中来自本企业的自有资金和接受其他企业委托而获得的经费，以及科研院所、高校等事业单位从企业获得的资金的实际支出。

新产品销售收入

指报告期企业销售新产品实现的销售收入。

发明（专利）

指对产品、方法或者其改进所提出的新的技术方案。是国际通行的反映拥有自主知识产权技术的核心指标。

实用新型（专利）

指对产品的形状、构造或者其结合所提出的适于实用的新的技术方案。反映具有一定技术含量的技术成果情况。

外观设计（专利）

指对产品的形状、图案、色彩或者其结合所作出的富有美感并适于工业上应用的新设计。反映拥有自主知识产权的外观设计成果情况。

第十八篇

文化、体育、卫生

简要说明

一、本篇主要反映我市文化、体育、卫生事业发展情况。

文化：主要包括艺术、图书馆、群众文化、文物、广播、电视、新闻出版等文化事业的机构、人员及业务活动情况。资料主要来自省文旅厅和市文旅局。

体育：主要内容有体育系统职工、运动员、教练员和裁判员等人数等。资料由市体育局提供。

卫生：主要内容为卫生机构、人员、床位数，医院诊疗人次及入院人数。资料由市卫健委提供。

二、上述资料根据相关部门统计报表制度进行统计、汇总整理。

18—1 文化馆业务活动及经费情况（2021年）

指标		总计	市区	长丰县	肥东县	肥西县	庐江县	巢湖市
机构数	（个）	11	6	1	1	1	1	1
从业人员	（人）	165	105	16	12	9	6	17
#高级职称		21	16	3	1	1	0	0
中级职称		58	36	6	4	2	0	10
组织品牌节庆活动	（个）	27	19	0	2	3	3	0
组织文艺活动	（次）	377	175	9	50	54	77	12
举办训练班	（班次）	1358	1155	6	115	27	51	4
训练班培训人次	（人次）	70000	55400	1200	2800	1800	6500	2300
举办展览	（个）	133	85	1	12	14	17	4
组织公益性讲座	（次）	42	17	2	12	7	4	
本年收入合计	（千元）	59245	46931	2907	2700	700	773	5234
本年支出合计	（千元）	84923	72539	2907	2600	700	740	5437
固定资产净值	（千元）	46615	26405		780		360	19070
实际使用房屋建筑面积	（平方米）	50800	37700	1600	3300	2500	3500	2200

18—2 公共图书馆基本情况（2021年）

指标		总计	市区	长丰县	肥东县	肥西县	庐江县	巢湖市
图书馆个数	(个)	9	4	1	1	1	1	1
从业人员	(人)	315	264	8	11	3	4	25
＃高级职称		66	59	3		1		3
中级职称		117	98	3	4	1	3	8
总藏书量	(册、件)	8330200	6917600	275900	385900	163400	267000	320400
图书	(册)	7240400	6000300	244900	315800	118300	241400	319700
古籍	(册)	360300	359600			600	100	
报刊	(件)	646100	538600	31000	24100	36800	15200	400
视听文献、微缩制品	(件、套)	22700	17600		2100	2300	400	300
其他	(册)	60700	1500		44000	5400	9800	
本年收入合计	(千元)	133843	116781	3460	2130	800	3297	7375
本年支出合计	(千元)	129995	113271	3460	2130	800	2955	7379
固定资产净值	(千元)	309469	287326	5210	6580	640	2277	7436
实际使用公用房屋建筑面积	(平方米)	76500	57100	6000	2300	1500	4600	5000
＃书库		11900	10000		500	200	200	1000
阅览室		23700	18000	2000	1600	1000	700	400

注：总藏书量中其他项不含电子图书。

18—3 档案馆基本情况（2021年）

指标		国家综合档案馆		
		合计	市级	县区
馆藏档案				
全宗	(个)	1220	292	928
案卷	(卷)	2239600	365850	1873750
总排架长度（不含寄存）	(米)	31503	12639	18864
以件为保管单位的档案	(件)	3227294	553331	2673963
录音、录像、影片档案	(盘)	2133	1926	207
照片档案	(张)	21239	2827	18412
底图	(张)	1842	256	1586
接收寄存档案	(卷（件）)	713001	713001	0
当年移出寄存档案	(卷（件）)			
档案资料利用情况				
利用档案	(卷（件）次)	184551	96594	88002
利用档案	(人次)	28404	4220	24184
档案馆情况				
档案馆个数	(个)	10	1	9
总建筑面积	(平方米)	50446	14700	35746
#库房建筑面积		22543	7500	15043

18—4 主要年份广播、电视事业发展情况

指　　标		2015	2020	2021
广播电台	（座）	5	5	5
#县广播电台		4	4	4
广播人口覆盖率	（%）	100.0	99.9	99.9
电视台	（座）	5	5	5
#县电视台		4	4	4
电视人口覆盖率	（%）	99.0	99.8	99.9

18—5 艺术表演团体（2021年）

指　　标		合　　计		
			市　　级	县　　区
剧团个数	（个）	229	59	170
职工人数	（个）	4446	1561	2885
国内演出场次	（场）	17400	4800	12600
全年收入	（万元）	11933.7	5214	6719.7
国有剧团		3	3	0
全年支出	（万元）	11259.3	6856.8	4402.5
年末固定资产原值	（万元）	1380.4	1298.4	82
观众人次	（万人次）	812.13	210.45	601.68
平均每一演出场次的观众人数	（人）	467	438	478

注：剧团个数含民营。

18—6 博物馆（2021年）

指　　标		合　　计		
			市　　级	县　　区
博物馆	（个）	44	25	19
职工人数	（人）	1016	880	136
公用房屋面积	（平方米）	239200	190200	49000
藏　品	（件）	433015	393197	39818
陈列个数	（个）	118	69	49
展览个数	（个）	117	84	33
参观人次	（万人次）	501.18	391.97	109.21
全年收入	（万元）	21429.5	19852.5	1577
全年支出	（万元）	23002.1	21277.7	1724.4

18—7　体育活动基本情况

指　　标		2020年	2021年
举办全民健身活动次数	(次)	268	231
参加全民健身活动人数	(人)	121518	124190
等级运动员	(人)	388	267
在国内外比赛中获奖牌数	(枚)	1007	1109
金　牌		373	424
银　牌		309	334
铜　牌		325	351
体育俱乐部	(个)	216	234
青少年体育俱乐部		32	30
社区体育健身俱乐部		179	199
其他体育俱乐部		5	5

18—8　体育系统职工人数（2021年）

单位：人

类　　别	合　　计	体育运动学校	业余学校	公共体育场馆	机关人员	其他事业单位
总　　计	**6077**	**2603**	**3386**	**14**	**74**	
公 务 员	46				46	
运 动 员	5919	2567	3352			
专职教练员	40	17	23			
专职文化教师	12	12				
管理人员	18	4	3	6	5	
其　　他	42	3	8	8	23	

18—9　等级运动员发展人数（2021年）

单位：人

项　　目	等级运动员	项　　目	等级运动员
总　计	**267**	排　　球	
#田　　径	92	乒 乓 球	1
游　　泳	91	羽 毛 球	
举　　重		网　　球	15
拳　　击		手　　球	13
国际式摔跤	3	武　　术	24
柔　　道	4	围　　棋	3
跆 拳 道	8	橄 榄 球	
自 行 车		射　　箭	1
射　　击		蹦　　床	
赛　　艇		台　　球	
皮 划 艇		轮　　滑	
足　　球		竞　　走	1
篮　　球	10	散　　打	1

18—10 卫生事业基本情况（2021年）

指标		全市	瑶海区	庐阳区
医疗卫生机构数	（个）	**3543**	**391**	**284**
医院		212	37	25
综合医院		81	8	6
中医医院		21	5	3
中西医结合医院		12	2	2
专科医院		83	18	10
护理院		14	4	3
基层医疗卫生机构		3232	348	239
社区卫生服务中心		70	14	10
社区卫生服务站		115	10	15
街道卫生院		2		
乡镇卫生院		96	3	1
村卫生室		1150	53	6
门诊部		622	104	71
诊所、卫生所、医务室、护理站		1177	164	136
专业公共卫生机构		50	3	9
疾病预防控制中心		12	1	2
专科疾病防治院(所、站)		6		1
妇幼保健机构		12	1	4
急救中心(站)		5		
采供血机构		4		
卫生监督所		11	1	2
其他机构		50	3	12
康复医疗机构		4		1
医学科研机构		5		4
医学在职培训机构		4		
其他		37	3	7
卫生机构床位	（张）	**68514**	**11250**	**10960**
医院、社区卫生服务中心（站）、乡镇卫生院		67607	11233	10823
医　院		60026	10719	10447
社区卫生服务中心(站)		1611	363	358
卫生院（乡镇、街道）		5970	151	18
妇幼保健机构		1356		1231
妇幼保健院		1231		1231
专科疾病防治院(所、站)		16		
门诊部		295	17	10
康复医疗机构		340		
卫生工作人员（含村卫生室）	（人）	**94585**	**14206**	**16320**
村室人员		2841	152	9
合计（不含村卫生室）		91744	14054	16311
#卫生技术人员		80756	12190	14308
执业（助理）医师		30830	4600	5305
执业医师		27970	4271	5114
执业助理医师		2860	329	191
注册护士		38723	5961	6828
药师（士）		2792	433	414
技师（士）		5343	751	926
其他卫生技术人员		3068	445	835

注：安徽省妇幼保健院重复计入医院和妇幼保健院。

蜀山区	包河区	长丰县	肥东县	肥西县	庐江县	巢湖市
471	**386**	**446**	**420**	**375**	**402**	**368**
47	29	15	13	8	16	22
11	12	10	5	5	8	16
4	3	3	1	1	1	
3		1	3		1	
26	12	1	3	2	5	6
3	2		1		1	
395	346	427	400	360	381	336
21	11	2	1		4	7
25	19	21	1		14	10
		2				
2	1	17	23	12	25	12
17	13	241	243	205	212	160
167	155	29	25	51	14	6
163	147	115	107	92	112	141
9	5	3	6	4	4	7
2	1	1	2	1	1	1
2	1					2
1	1	1	1	1	1	1
2			1	1		1
1			1		1	1
1	2	1	1	1	1	1
20	6	1	1	3	1	3
	1					2
	1					
1		1	1	1		
19	4			2	1	1
18452	**6794**	**5251**	**4585**	**2544**	**4420**	**4258**
18247	6719	5221	4501	2518	4419	3926
17694	6461	3541	2841	1479	3480	3364
423	240	20			88	119
130	18	1660	1660	1039	851	443
		20	80	25		
16						
185	65	10	4	1	1	2
	10					330
26944	**12190**	**4372**	**4859**	**3826**	**5503**	**6365**
88	29	466	552	460	682	403
26856	12161	3906	4307	3366	4821	5962
23318	10351	3611	3953	3363	4408	5254
8321	3819	1635	1596	1532	1897	2125
7993	3602	1176	1315	1178	1515	1806
328	217	459	281	354	382	319
11755	5224	1519	1778	1346	1867	2445
769	369	130	142	129	188	218
1803	655	174	234	223	245	332
670	284	153	203	133	211	134

18—11 主要年份医院床位使用情况

指　　标		2010	2015	2019	2020	2021
实有床位	(张)	21009	43516	52285	60848	60026
出院人数	(人)	565132	1198495	1658817	1464320	1652087
病床周转次数	(次)	27.28	28.96	33.90	27.10	29.80
病床工作日	(日)	305.50	315.30	327.10	266.30	280.50
病床使用率	(%)	83.69	86.39	89.62	72.77	76.84
出院者平均住院日	(日)	10.87	10.86	9.50	9.50	9.00

18—12 主要年份重大传染病救治情况

指　　标		2010	2015	2019	2020	2021
重大传染病救治财政投入	**(万元)**	**77.57**	**277.30**	**315.98**	**286.10**	**272.00**
艾滋病		31.07	157.51	223.53	201.89	196.80
结核病		46.50	107.29	92.45	84.21	75.20
其　他			12.50			
重大传染病免费救治	**(人)**	**750**	**1881**	**1899**	**1750**	**1739**
艾滋病		27	455	841	796	894
结核病		723	1401	1058	954	845
其　他			25			

18—13 各县（市）区卫生机构数、床位数（2021年）

地区	机构合计（个）	医院	基层医疗卫生机构	专业公共卫生机构	其他卫生机构	床位合计（张）
全市	**3543**	**212**	**3232**	**50**	**50**	**68514**
瑶海区	391	37	348	3	3	11250
庐阳区	284	25	239	9	12	10960
蜀山区	471	47	395	9	20	18452
包河区	386	29	346	5	6	6794
长丰县	446	15	427	3	1	5251
肥东县	420	13	400	6	1	4585
肥西县	375	8	360	4	3	2544
庐江县	402	16	381	4	1	4420
巢湖市	368	22	336	7	3	4258

注：安徽省妇幼保健院重复计入医院和妇幼保健院。

18—14 各县（市）区医院床位使用情况（2021年）

地区	实有床位（张）	出院人数（人）	病床周转次数（次）	病床工作日（日）	病床使用率（%）
全市	**60026**	**1652087**	**29.8**	**280.5**	**76.84**
瑶海区	10719	222242	23.4	239.0	65.48
庐阳区	10447	330957	37.3	319.2	87.44
蜀山区	17694	593669	34.6	328.4	89.97
包河区	6461	153623	27.3	225.2	61.69
长丰县	3541	35441	10.3	93.1	25.50
肥东县	2841	65865	26.4	293.0	80.28
肥西县	1479	41724	28.5	298.3	81.73
庐江县	3480	112904	33.7	348.6	95.51
巢湖市	3364	95662	26.8	252.3	69.12

注：安徽省妇幼保健院纳入庐阳区实有床位数统计。

主要统计指标解释

文化及相关产业

指为社会公众提供文化、娱乐产业和服务的活动以及与这些活动有关联的活动集合。根据提供文化、娱乐产品和服务活动的属性特点，划分为公益性文化活动和经营性文化活动两大类。

文化及相关产业是第三产业的重要组成部分。是在我国《国民经济行业分类》基础上的派生分类，有文化服务和相关文化服务两大类。文化及相关产业是指为社会公众提供文化产品和文化相关产品的生产活动的集合。范围包括：

1.以文化为核心内容，为直接满足人们的精神需要而进行的创作、制造、传播、展示等文化产品（包括货物和服务）的生产活动。具体包括新闻信息服务、内容创作生产、创意设计服务、文化传播渠道、文化投资运营和文化娱乐休闲服务等活动。

2.为实现文化产品的生产活动所需的文化辅助生产和中介服务、文化装备生产和文化消费终端生产（包括制造和销售）等活动。

艺术表演团体

指由文化部门主办或实行行业管理（经文化市场行政部门审批或已申报登记并领取相关许可证），专门从事表演艺术等活动的各类专业艺术表演团体，含民间职业剧团。如话剧团、方言话剧团、滑稽剧团、儿童剧团、歌剧团、木偶团、皮影团等以及由若干剧种组成的综合性专业艺术表演团体。不包括群众业余文艺表演团体。

艺术表演场所

指由文化部门主办或实行行业管理（经文化市场行政部门审批或已申报登记并领取相关许可证），有观众席、舞台、灯光设备、公开售票、专供文艺团体演出的文化活动场所。附属于文化部门机构内非独立核算的剧场、排演场、公开营业的也应单独统计。

广播电视节目综合人口覆盖率

指根据国家广电总局制定的《广播电视人口覆盖率统计技术标准和方法》进行统计调查的，在对象区内采用无线、有线、微波、卫星等技术手段能够收听到包括中央、省、地市、县广播电视节目其中任意一套的人口数占全省总人口数的百分比。

等级运动员人数

指经考核正式批准授予等级运动员称号的人数。运动员等级分为国际级运动健将、运动健将、一级运动员、二级运动员、三级运动员、少年级运动员。

体育场

指有400米跑道（中心含足球场），有固定道牙，跑道6条以上，并有固定看台的室外田径场地。体育场按看台容纳观众人数分为：甲级25000人以上，乙级15000-25000人，丙级5000-15000人，丁级5000人以下。

体育馆

指有固定看台，可供篮球、排球、羽毛球、乒乓球、体操等项目训练比赛活动用的室内运动场地。体育馆按看台容纳观众人数分为：甲级6000人以上，乙级4000-6000人，丙级2000-4000人，丁级2000人以下。

卫生机构

指从卫生行政部门取得《医疗机构执业许可证》，或从民政、工商行政、机构编制管理部门取得法人单位登记证书，为社会提供医疗保健、疾病控制、卫生监督服务或从事医学科研和教育等工作的单位。卫生机构包括医院、疗养院、社区卫生服务中心（站）、卫生院、门诊部、诊所（卫生所、医务室）、急救中心（站）、采供血机构、妇幼保健院（所、站）、专科疾病防治院（所、站）、疾病预防控制中心（防疫站）、卫生监督所、卫生监督监测机构、医学科研机构、医学在职培训机构、健康教育所（站）等其他卫生机构。

医疗机构

指从卫生行政部门取得《医疗机构执业许可证》的机构，包括医院、疗养院、社区卫生服务中心（站）、卫生院、门诊部、诊所（卫生所、医务室）、妇幼保健院（所、站）、专科疾病防治院（所、站）、急救中心（站）和临床检验中心。

社区卫生服务中心（站）

指为本社区居民提供预防、医疗、保健、康复、健康教育、计划生育技术服务等的基层卫生机构。包括社区卫生服务中心和社区卫生服务站。

卫生人员

指在医疗、预防保健、医学科研和在职教育等卫生机构工作的职工，包括卫生技术人员、其他技术人员、管理人员和工勤人员。

卫生技术人员

包括执业（助理）医师、注册护士、药师（士）、检验和影像人员等卫生专业人员。不包括从事管理工作的卫生技术人员。

执业医师

指《医师执业证》“级别”为“执业医师”且实际从事医疗、预防保健工作的人员，不包括实际从事管理工作的执业医师。执业医师类别分为临床、中医、口腔和公共卫生四类。

执业助理医师

指《医师执业证》“级别”为“执业助理医师”且实际从事医疗、预防保健工作的人员，不包括实际从事管理工作的执业助理医师。执业助理医师类别同样分为临床、中医、口腔和公共卫生四类。

第十九篇

社会服务、公共管理和其他

简要说明

一、本篇主要反映我市社会福利和其他事业发展情况。

社会福利：主要包括社会福利事业的机构人员、社会福利救济、婚姻状况等情况。资料来自市民政局。

其他：主要包括司法、法院、监察、公安、消防、工会、团委、妇联、人社、卫生保健、残疾人事业等内容。资料来自各相关部门。

二、上述资料根据相关部门统计报表制度进行统计、汇总整理。

19—1　主要年份工会组织情况

指　　　　标		2010	2015	2019	2020	2021
工会基层组织数	（个）	4888	12021	11292	13673	15318
职工人数	（人）	692008	1347817	1477505	1691843	1783581
#女职工		232571	495196	598761	696431	736245
#农民工		199056	514708	579932	673968	684598
会员人数	（人）	637384	1304813	1362918	1559244	1707713
#女会员		219124	483926	548864	640998	700653
#农民工		173133	498262	517450	606609	663813
工会专职工作人员人数	（人）		3497	4163	5022	5250

19—2　共青团组织情况（2021年）

单位：个、人

指　　标	数　　量	指　　标	数　　量
团组织数	**21708**	**团员数**	**308358**
		高　校	41922
基层团委	631	中　学	93070
		中　职	959
		小　学	86
基层团工委	81	党政机关	6874
		国有企业	14493
		事业单位（不含公立学校）	6956
团总支	806	非公企业	12478
		社会组织	4335
		农　　村	79168
团支部	20190	城市社区	48017
		其　他	

19—3 妇联组织情况（2021年）

单位：个

指　　标	数　量	指　　标	数　量
妇联组织		**机关事业单位妇女组织**	
市妇联数	1	部门机关妇委会（妇工委）	95
县（区）妇联数	13		
乡（镇）妇联数	81	**民主党派妇女组织**	
街道妇联数	60	民主党派妇委会	8
社区妇联数	549		
村妇联	1171	**团体会员**	
非公有制经济组织中的妇女组织		工会女职工委员会	1
个体劳动者协会中的妇女组织	4	民政部门登记注册的妇女社团	10
私营企业中的妇女组织	1203		

19—4 妇联工作情况（2021年）

指　　标		数　量	指　　标		数　量
双学双比活动			妇联自（联）办农业基地数	（亩）	
科技培训			“妇字号”巾帼创新创业基地		
接受技术培训的妇女人数	（人）	25670	基地个数	（个）	25
农村妇女劳动力转移			基地亩数	（亩）	9650
接受劳动力转移培训的妇女人数	（人）	13500	**巾帼建功活动**		
培训后实现转移就业的妇女人数	（人）	2650	下岗失业妇女再就业	（人）	7562
建立各类农业科技指导合作性组织数			妇女就业服务机构数	（个）	18
农村妇女专业技术协会、科技指导中心或农村妇女专业合作社	（个）	67	从事家政服务人数	（人）	10231
			妇联牵头的专场招聘会	（个）	135

19—4 续表

指标		数量	指标		数量
妇女创业就业培训人数	(人)	28700	妇联维权专职干部人数	(人)	133
帮助妇女创业就业人数	(人)	2621	人民陪审员人数	(人)	546
小额贷款资助妇女就业			维权基金（专项经费）	(万元)	78
小额贷款资金总数	(万元)	59800	**普法工作**		
受益妇女人数	(人)	901	妇联干部普法培训人数	(人)	1016
政府拨、贷款	(万元)		妇女法制宣传教育普及妇女人数	(万人次)	1000
妇联组织评选表彰情况			**禁毒工作**		
三八红旗手	(人)	108	妇女禁毒宣传普及妇女人数	(人)	71093
三八红旗集体	(个)	29	禁毒帮教人数	(人)	87
最美家庭	(户)	100	**来信、来访情况**		
巾帼建功标兵	(人)	6	有关女职工劳动保护信访案件	(件)	32
巾帼文明岗	(个)	20	有关侵犯妇女财产权利信访案件	(件)	103
五好文明家庭户数	(户)	50	**家庭教育情况**		
维护妇女合法权益			家长学校	(个)	1585
为妇女提供维权服务情况			农村留守流动儿童家长学校	(个)	84
由妇联创办的维权服务机构数	(个)	116	家庭教育讲师团数	(个)	46
维权服务志愿者人数	(人)	2339	家庭教育专家和志愿者	(名)	2058
维权队伍建设情况			培训家庭教育工作骨干数	(人)	4132

19—5　主要年份妇女卫生保健状况

指　　标		2005	2010	2015	2019	2020	2021
农村无害化卫生厕所普及率	(%)			66.4	82.5	92.0	95.3
农村卫生厕所覆盖率	(%)			87.76	99.60	94.20	94.79
妇幼保健机构病床数	(张)		435	458	938	1702	1356
妇幼保健机构医生数	(人)		279	360	637	655	623
孕产妇系统管理率	(%)	79.05	83.98	93.05	92.70	92.84	94.33
住院分娩率	(%)	94.06	99.96	100.00	100.00	99.99	100.00
孕产妇死亡率	(1/10万)	28.61	6.96	13.87	7.62	8.02	3.68
婚前医学检查率	(%)	0.60	88.21	99.19	94.56	95.23	97.12

19—6　主要年份儿童卫生保健状况

指　　标		2005	2010	2015	2019	2020	2021
婴儿死亡率	(‰)	10.44	6.92	4.89	2.41	2.71	2.23
5岁以下儿童死亡率	(‰)	13.42	9.03	6.38	3.54	3.64	3.53
住院分娩出生缺陷发生率	(‰)	11.60	14.39	10.41	18.15	23.18	27.64
四苗全程免疫接种率	(%)	98.80	99.95	99.77	99.43	99.64	99.66
#卡介苗接种率		98.90	99.94	99.90	99.68	99.75	99.68
脊髓灰质炎疫苗接种率		99.00	100.00	99.77	99.35	99.62	99.66
百白破疫苗接种率		99.03	99.96	99.83	99.37	99.65	99.64
麻疹疫苗接种率		98.30	99.95	99.83	99.54	99.63	99.67
乙肝疫苗接种率	(%)	98.76	99.90	99.83	99.45	99.73	99.64
7岁以下儿童保健管理率	(%)	84.49	84.07	94.79	95.09	94.28	94.50
新生儿访视率	(%)	68.88	88.45	94.91	95.70	95.39	97.15

19—7 残疾人事业基本情况

指　　标		2020年	2021年
康　复			
视力康复			
白内障复明手术			
贫困白内障复明手术	（万例）	0.07	0.08
人工晶体植入率	（%）	100	100
低视力配用助视器	（人）		
聋儿康复			
年收训聋儿	（人）	344	308
聋儿入普幼普小率	（%）	80	85
培训家长	（人）	344	308
精神病防治康复			
开展工作市县数	（个）	12	12
综合防治康复精神病人数	（万人）	1.3	1.5
康复训练与服务	（人）	4521	8031
肢体残疾康复训练数		1860	5689
智残儿童康复训练数		1486	1511
脑瘫儿童康复训练数		1175	831
就　业			
城镇残疾人就业状况			
当年安排就业人员	（人）	2995	2847
#按比例就业		1812	1228
残疾人就业服务机构	（个）	10	10
市		1	1
县		5	5
市辖区		4	4
扶　贫（建档立卡）			
已脱贫人数	（人）	38262	38044
尚未脱贫人数	（人）		

19—8 主要年份婚姻登记和离婚情况

指标		2010	2015	2019	2020	2021
内地居民登记结婚	**（对）**	**66437**	**88522**	**67331**	**61231**	**57166**
初婚	（人）	78345	139596	92480	83337	76937
再婚	（人）	54529	37448	42182	39125	37395
#女性		27066	19013	21820	20301	19557
#恢复结婚	（对）	1573	6336	10335	9690	8459
登记离婚	**（对）**	**9580**	**22605**	**31450**	**34592**	**16851**
离婚率	**（‰）**	**3.87**	**6.32**	**8.23**	**8.92**	**4.28**

19—9 各县（市）区婚姻登记和离婚情况（2021年）

地区	内地居民登记结婚（对）	初婚（人）	再婚（人）	登记离婚（对）	离婚率（按户籍人口）（‰）
全市	**57166**	**76937**	**37395**	**16851**	**4.28**
瑶海区	4188	5544	2832	1457	5.92
庐阳区	4299	5065	3533	1649	6.23
蜀山区	5868	7419	4317	1999	5.84
包河区	7140	8907	5373	2505	6.81
高新区	1348	1900	796	345	5.12
经开区	1993	2631	1355	654	4.67
新站区	1607	2154	1060	558	5.37
长丰县	5944	8890	2998	1630	4.04
肥东县	8114	12692	3536	1777	3.28
肥西县	6078	6139	6017	1499	3.51
庐江县	5632	8161	3103	1511	2.51
巢湖市	4955	7435	2475	1267	2.96

19—10 法律服务情况

指标		2020年	2021年
律师工作			
律师事务所	（个）	243	267
律师人数	（人）	5735	6641
#专 职		5068	5817
聘请担任常年法律顾问的单位	（处）	6138	6350
民事、经济诉讼代理	（件）	70969	103159
刑事诉讼辩护及代理	（件）	7085	8855
行政诉讼代理	（件）	2664	3712
非诉讼法律事务	（件）	9391	12067
公证工作			
公证机构	（个）	8	8
公证人员	（人）	150	146
#公证员		44	43
公证员助理		59	58
办理公证文书	（件）	26724	28222
涉外及港澳台公证文书	（件）	5333	6677
司法鉴定			
司法鉴定机构	（个）	20	21
司法鉴定人员	（人）	497	547
办理司法鉴定事项	（件）	67250	74341
基层法律服务			
基层法律服务所	（个）	31	29
基层法律服务工作者	（人）	149	137
代理民事、行政诉讼事务	（件）	2952	3526
代理非诉讼事务	（件）	983	443
法律援助工作			
法律援助机构数（不含律师行）	（个）	10	10
得到法律援助机构援助的妇女数	（人）	2880	3096
得到法律援助机构援助的未成年人数	（人）	1257	841
办理法律援助案件	（件）	12288	12790

19—11　劳动争议仲裁委员会受理及处理案件情况（2021年）

单位：件

案件类别	合计	国有企业	城镇集体企业	外商投资及港澳台投资企业	私营企业	其他
上期未结案件数	**460**				**460**	
案件受理情况						
案件数	15581	115		214	14830	422
#集体争议案件数	12				12	
劳动者当事人数（人）	15636	115		214	14885	422
#集体争议劳动者当事人数	201				201	
案件处理情况						
结案件数	15778	115		214	15027	422
处理方式						
仲裁调解	10607	73		149	10105	280
仲裁裁决	5047	42		65	4801	139
其他方式	124				121	3
处理结果						
用人单位胜诉	1270	24		48	1120	78
劳动者胜诉	8285	55		116	7927	187
双方部分胜诉	6183	36		50	5940	157
本期未结案数	**263**				**263**	

19—12　人民法院行政一审案件收结案情况（2021年）

单位：件

项目	收案	结案	判决	不予立案	驳回起诉	撤诉	其他
总计	**2650**	**2342**	**1219**	**49**	**629**	**361**	**84**
公安	213	185	91	12	35	38	9
资源	221	201	91	5	67	34	4
城建	817	747	386	7	228	87	39
工商	80	79	15	3	28	25	8
卫生	14	10	5	1	1	2	1
环保	34	32	22		1	5	4
交通	13	11	5		2	4	
税务	11	8	8				
其他	1247	1069	596	21	267	166	19

19—13 人民法院民事一审案件收结案情况（2021年）

单位：件

项目	收案	结案					
			判决	准予撤诉	按撤诉处理	调解	其他
总计	**139563**	**133399**	**66043**	**27968**	**7733**	**26693**	**4962**
人格权纠纷	1425	1358	699	233	25	368	33
婚姻家庭继承纠纷	10302	9954	3773	1747	358	3719	357
物权纠纷	2289	2132	860	579	106	401	186
合同、无因管理、不当得利纠纷	105151	100747	50503	21889	6661	18181	3513
知识产权与竞争纠纷	3345	3120	1202	1335	161	265	157
海事海商纠纷	3	3	1		1		1
劳动争议、人事争议	3757	3620	2272	290	61	799	198
与公司、证券、保险、票据等有关的民事纠纷	4606	4356	2461	676	155	726	338
侵权责任纠纷	8299	7789	4042	1182	189	2224	152
适用特殊程序案件案由	386	320	230	37	16	10	27

19—14 纪检监察立案审查调查及处分人员情况（2021年）

单位：人次

指标	职务违法犯罪行为						
	小计	贪污贿赂	滥用职权	玩忽职守	徇私舞弊	重大责任事故	其他
处分人员小计	**121**	**81**	**8**	**17**	**2**	**1**	**15**
党纪处分	98	70	6	12	2	1	9
警告	9	2	1				6
严重警告	16	12	2	1	1		
撤销党内职务	2	1					1
留党察看	28	19	1	5	1		2
开除党籍	43	36	2	6		1	
政务处分	63	39	4	11	2		9
警告	10	3	1	2			4
记过							
记大过	7	3		3			2
降级	7	5	2				
撤职	22	12	1	4	2		3
开除	17	16		2			
其中受双重处分人数	40	28	2	6	2		3
免予处分	2	1		1			
党纪							
政务	2	1		1			
组织措施	**19**	**13**	**1**	**3**	**1**		**2**
移送检察	**32**	**29**	**1**	**3**			**2**
刑事处理	**41**	**34**	**1**	**5**		**1**	**1**

19—15　主要年份刑事案件批捕及起诉

指　　标		2010	2015	2019	2020	2021
受理刑事案件批捕总数	（件）	2711	3978	5558	2638	4095
#批捕数		2298	2813	4308	2137	2945
受理刑事案件批捕总数	（人）	4416	5804	9269	4167	6502
#批捕数		3738	3915	6963	3146	4305
受理刑事案件起诉免诉总数	（件）	3609	6324	8980	8897	10551
起　诉		2921	5016	7786	7475	7733
不　诉		85	143	322	1080	1284
受理刑事案件起诉免诉总数	（人）	6504	9279	14403	14494	17134
起　诉		5154	7077	11710	12011	12187
不　诉		141	207	519	1669	1696

19—16　检察机关处理申诉案件情况（2021年）

单位：件

案件类别	受　　理	立案复查	立案复查结果
总　　计	**181**	**34**	**22**
不服检察机关处理决定小计	**31**	**11**	**10**
不服不批捕	2		
不服不起诉	29	11	10
不服撤案			
不服免于起诉			
其　他			
不服法院刑事判决裁定小计	**150**	**23**	**12**
刑罚执行中被害人申诉	27	1	2
刑罚执行中被告人申诉	61	12	3
刑罚执行完毕后被害人申诉	14	1	
刑罚执行完毕后被告人申诉	48	6	5
其　他		3	2

19—17　主要年份交通事故发生情况

指　　标	2010	2015	2019	2020	2021
交通事故发生数　　　（起）	**961**	**2385**	**1826**	**1695**	**1839**
一次性死亡三人以上事故	6	3	4	4	
一般亡人事故	366	345	442	415	422
一般伤人、财损事故	589	2037	1380	1276	1417
交通事故损失　　　（万元）	**376.2**	**1209.9**	**1260.9**	**1639.7**	**1460.7**
一次性死亡三人以上事故	21.0	10.6	123.3	16.0	
一般亡人事故	228.4	331.1	465.2	944.7	519.2
一般伤人、财损事故	126.8	868.2	672.4	679.0	941.5

19—18　交通事故情况（2021年）

项　　目	发生数（起）	死亡人数（人）	受伤人数（人）	损失折款（万元）
总　　计	**1839**	**439**	**1744**	**1460.7**
#一次性死亡三人以上事故				
一般亡人事故	422	439	126	519.2
机动车	**1244**	**377**	**1092**	**1213.2**
汽　车	991	314	824	1152.8
摩托车	178	32	194	40.6
拖拉机	21	11	23	3.9
农业运输车	31	11	34	9.8
其他机动车	23	9	17	6.1
非机动车	**550**	**47**	**615**	**232.2**
自行车（仅人力）	25		27	3.7
其他非机动车	525	47	588	228.5
行人、乘车人	**45**	**15**	**37**	**15.3**

19—19 各县区交通事故情况（2021年）

地 区	发生数（起）	死亡人数（人）	受伤人数（人）	损失折款（万元）
全 市	**1839**	**439**	**1744**	**1460.7**
瑶海区	142	15	140	11.9
庐阳区	85	11	81	29.8
蜀山区	77	15	66	22.9
政务区	47	10	39	70.9
包河区	207	26	154	291.7
滨湖区	114	12	105	64.2
高新区	119	17	102	75.9
经开区	40	13	31	29.6
新站区	119	20	120	42.7
长丰县	164	38	185	130.8
肥东县	151	92	87	18.7
肥西县	81	23	67	103.5
庐江县	310	42	403	72.1
巢湖市	97	57	83	53.7
高 架	21	4	11	10.9
高速公路	65	44	70	431.4

19—20 主要年份火灾事故情况

指 标		2010	2015	2019	2020	2021
发生数	(起)	1251	2904	2231	2275	4980
死亡人数	(人)	4	9	6	11	13
受伤人数	(人)		14	5	1	15
直接经济损失	(万元)	553.0	795.2	3841.2	10972.7	4915.5

19—21 火灾事故发生情况（2021年）

指标		合计	特别重大	重大	较大	一般
发生	（起）	4980				4980
死亡	（人）	13				13
受伤	（人）	15				15
损失折款	（万元）	4915.5				4915.5
平均每起事故损失	（元）	9870				9870

19—22 各县（市）区火灾事故情况（2021年）

地区	发生数（起）	死亡人数（人）	受伤人数（人）	直接经济损失（万元）
全市	**4980**	**13**	**15**	**4915.2**
瑶海区	457	1	1	745.8
庐阳区	432			160.0
蜀山区	461			220.3
包河区	600	1	7	904.5
高新区	98			62.2
经开区	264		3	150.8
新站区	520	1		52.4
长丰县	478	3		1687.4
肥东县	605			125.1
肥西县	372	3	3	349.4
庐江县	477	2		277.4
巢湖市	204	2		107.2
安巢经开区	12		1	72.7

19—23 民政行业单位基本情况

项　　目	单 位 数 （个）		职工人数 （人）	
	2020年	2021年	2020年	2021年
民政行政机关	**10**	**10**	**279**	**287**
社会工作服务机构	**2691**	**2691**	**16812**	**17668**
提供住宿的社会服务机构	183	180	3201	3317
养老机构	177	174	3016	3133
社会福利院	4	4	71	62
特困人员供养机构	109	108	1019	1182
养老公寓等其他养老机构	64	62	1926	1889
儿童福利和救助机构	2	2	124	124
儿童福利机构	2	2	124	124
其他提供住宿机构	4	4	61	60
救助管理站	4	4	61	60
不提供住宿的社会工作机构和设施	2508	2511	13611	14351
其他社会服务机构	**14**	**15**	**444**	**458**
殡葬服务机构	14	15	444	458
社会组织	**5005**	**5007**	**56432**	**55673**
社会团体	2008	1980	15310	14597
基金会	5	4	17	12
民办非企业单位	2992	3023	41105	41064
慈善组织				
自治组织	**1783**	**1711**	**10292**	**10140**
社区居委会	519	563	3611	3774
村民委员会	1264	1148	6681	6366

19—24 主要年份享受补助、救济人员情况

指标		2005	2010	2015	2019	2020	2021
城乡居民最低生活保障人数	（人）	**123721**	**155552**	**199568**	**180842**	**177563**	**154563**
城镇居民最低生活保障人数		96805	46031	38365	26456	23609	21472
农村居民最低生活保障人数		26916	109521	161203	154386	153954	133091
农村特困人员救助供养人数	（人）	**86848**	**29899**	**39228**	**33155**	**31579**	**30089**
农村分散供养人数		56414	19516	20159	28128	26904	25596
农村集中供养人数		30434	10383	19069	5027	4675	4493

19—25 退役军人事务行业单位基本情况

项目	单位数（个）		职工人数（人）	
	2020年	2021年	2020年	2021年
军队离退休干部休养所	9	9	98	85
军供站	2	2	14	14
烈士陵园管理处	2	4	42	43
退役军人服务管理中心	14	14	93	98
军休保健办	1	1	4	4
光荣院	1	1	11	11
军队离退休干部服务站	1	1	4	4

19—26 优抚对象、社会救济、最低生活保障情况（2021年）

指　　标		全　市	市　区	长丰县	肥东县	肥西县	庐江县	巢湖市
优抚对象优待抚恤情况								
抚恤、补助优扶对象总人数	（人）	43011	7777	6306	7522	5877	9401	6128
享受定期抚恤人数		431	111	53	60	70	72	65
烈　属		114	28	12	13	30	20	11
因公牺牲军人家属		111	28	11	14	8	21	29
病故军人家属		206	55	30	33	32	31	25
享受定期补助人数		38196	5530	5884	7023	5452	8689	5618
在乡复员军人		562	61	66	194	43	127	71
带病回乡退伍军人		9151	687	673	1343	1277	3072	2099
60岁以上农村籍退伍军人		24829	4100	4668	4942	3371	4778	2970
参战退役人员		2712	536	396	263	646	485	386
参试退役人员		493	103	33	191	85	60	21
烈士老年子女		444	40	48	89	29	167	71
其　他		5	3		1	1		
伤残人员合计		4384	2136	369	439	355	640	445
优待总金额	（万元）	32915	8233	3910	4769	4061	6976	4966
社会救济情况								
城市居民最低生活保障人数	（人）	21472	13110	1696	962	1665	1701	2338
#女　性		9419	5718	770	401	727	793	1010
#残疾人		6684	3927	297	337	472	613	1038
城市居民最低生活保障户数	（户）	14451	8246	1220	710	1276	1297	1702
农村居民最低生活保障人数	（人）	133091	8842	23549	26005	22486	35005	17204
#女　性		62580	3686	11549	12349	10643	16342	8011
#残疾人		35336	2328	5028	6184	6343	8935	6518
农村居民最低生活保障户数	（户）	85869	4841	16726	16417	14722	22747	10416
城市特困人员救助供养	（人）	2116	235	27	610	193	758	293
集中供养人数		1681	104	10	558	79	649	281
分散供养人数		435	131	17	52	114	109	12
农村特困人员救助供养	（人）	30089	1406	5479	6468	5155	7198	4383
集中供养人数		4493	272	976	806	1459	456	524
分散供养人数		25596	1134	4503	5662	3696	6742	3859
传统救济	（人次）	626					626	
临时救助	（人次）	9009	3890	1201	1452	769	935	762

19—27 各县（市）区城乡居民最低生活保障和社会保障网络基本情况（2021年）

地区	社区综合服务机构和设施总数（个）	城乡居民最低生活保障			
		城镇低保人数（人）	保障金额（万元）	农村低保人数（人）	保障金额（万元）
全市	**1835**	**21472**	**16348**	**133091**	**92038**
瑶海区	84	3829	2879	205	132
庐阳区	68	1845	1488	918	688
蜀山区	83	1761	1429	1708	1311
包河区	91	2578	1890	1417	940
高新区	13	609	346	1350	668
经开区	64	2025	1384	1723	1157
新站区	90	463	294	1521	1000
长丰县	279	1696	1348	23549	17630
肥东县	250	962	809	26005	17909
肥西县	391	1665	1486	22486	17262
庐江县	230	1701	1203	35005	21655
巢湖市	192	2338	1791	17204	11685

19—28 社会福利救济主要费用情况（2021年）

单位：万元

指标	全市	市区	长丰县	肥东县	肥西县	庐江县	巢湖市
抚恤补助金额	41416	14569	4396	5518	4555	7366	5013
退役安置补助金额	41245	40078	130	415	180	288	155
社会福利支出金额	94281	50725	6144	10660	10623	8866	7263
社会救助支出金额	146626	20202	24861	26359	25119	31591	18495
最低生活保障金额	108386	15607	18978	18718	18748	22858	13477
临时救助合计金额	4087	2421	432	405	275	281	274
特困人员供养金额	33304	1814	5335	7236	6096	8078	4745
其他社会救助金额	849	360	115			374	
其他民政事业费支出金额	35762	12153	4492	2045	3505	2854	10714

19—29　提供住宿的社会服务机构情况（2021年）

指　　标		全　市	市　区	长丰县	肥东县	肥西县	庐江县	巢湖市
养老公寓等各类养老机构	（个）	174	54	21	23	21	29	26
年末职工人数	（人）	3133	1703	216	303	300	202	409
年末床位数	（张）	32099	10848	4318	4517	4154	4017	4245
年末在院人数	（人）	15038	5849	1351	2812	2067	1570	1389
特困人员救助供养机构	（个）	108	10	19	18	18	27	16
年末职工人数	（人）	1182	241	186	219	218	153	165
年末床位数	（张）	19450	2089	4048	3380	3634	3465	2834
年末在院人数	（人）	8162	985	1218	2175	1631	1218	935
儿童(社会)福利院数	（个）	6	1	1	1	1	1	1
年末职工人数	（人）	186	115	9	12	20	12	18
年末床位数	（张）	1591	982	90	105	110	130	174
年末在院人数	（人）	814	678	9	23	73	10	21
救助管理站数	（个）	4	1	1	1			1
年末职工人数	（人）	60	41	7	4			8
年末床位数	（张）	698	600	30	60			8
本年在站救助人次数	（人次）	1596	1040	31	60	122	88	255

19—30　城乡居民基本养老保险情况

指　　标		2020年	2021年
参（续）保人数	（万人）	296.3	293.0
本年领取养老金人数	（万人）	89.7	87.9
本年保险资金收入	（万元）	281828.3	314952.9
本年保费收入		264066.8	288132.8
个人缴费		88321.2	102614.4
政府补贴		175745.6	185518.4
本年基金运营收益		7253.0	9642.1
转移收入		10238.8	16273.5
其他收入		269.7	904.5
本年保险金支出	（万元）	168906.8	181133.0
养老金支出		165610.1	176623.3
年末基金滚存结余	（万元）	642801.8	776621.7

19—31　主要年份城乡居民参加基本医疗保险情况

年　份	参保人数（万人）			基金收支情况（万元）基金收入		
	城乡居民	原城镇居民	原新农合	城乡居民	原城镇居民	原新农合
2010		121.9	226.7		24227	33986
2015		158.7	409.9		70509	202782
2019	564.7			405107		
2020	564			524339		
2021	555			496923		

年　份	基金收支情况（万元）基金支出			累计结余		
	城乡居民	原城镇居民	原新农合	城乡居民	原城镇居民	原新农合
2010		13035	31378		39897	5792
2015		55431	177987		91419	62640
2019	477423			177873		
2020	494121			208091		
2021	515398			189616		

注：2019年原城镇居民和原新农合医保整合为城乡居民基本医疗保险，不再单独区分。

19—32 职工基本养老、基本医疗和失业、生育、工伤保险情况（2021年）

指　标		全 市	市 区	长丰县	肥东县	肥西县	庐江县	巢湖市
基本养老保险（企业）								
参保职工年末数	(人)	2661103	2308258	78496	79451	81472	37955	75471
离休、退休、退职人员年末人数	(人)	420298	290302	10946	26032	20053	27302	45663
基金收入	(万元)	4652775	3818151	127074	165858	153160	143508	245024
基金支出	(万元)	6211920	5318424	137087	166094	172216	166964	251135
累计结余	(万元)	2131469	2111321	103	8001	23	12000	21
基本医疗保险								
参保职工年末数	(人)	2624609	2113318	79433	114328	108019	77406	132105
基金收入	(万元)	1164593	958315	45516	40870	42966	31955	44971
基金支出	(万元)	877994	658577	43180	39293	46006	37225	53713
累计结余	(万元)	2136377	1892520	71891	35705	82943	26657	26661
失业保险								
年末参保人数	(人)	2158752	1860654	62588	65612	70109	37088	62701
领取失业保险金人数	(人)	68166	57350	2378	2586	2760	1425	1667
基金收入	(万元)	139298	121566	3554	3201	3385	3303	4289
基金支出	(万元)	111741	92546	4307	4548	4784	2518	3038
累计结余	(万元)	248470	236970	863	272	1459	3513	5393
生育保险								
年末参保人数	(人)	2196751	1821215	66197	87933	88386	47827	85193
基金支出	(万元)	89421	79386	2278	2341	2741	1156	1519
工伤保险								
年末参保人数	(人)	2174274	1831145	67755	84204	81962	36963	72245
农民工人数	(人)	538760	428937	910	22924	28250	21730	36009
享受伤残待遇人数	(人)	14162	10130	887	799	848	378	1120
因工死亡人数	(人)	137	95	8	16	7	4	7
供养亲属人数	(人)	1280	1060	55	48	3	54	60
基金收入	(万元)	72662	54562	5910	4525	3247	2491	1927
基金支出	(万元)	78302	58207	5732	6008	3318	2071	2966
累计结余	(万元)	100278	87767	639	542	4078	3544	3708

注：生育险基金收入2018年并入基本医疗保险基金收入中。

19—33　人力资源服务机构综合情况（2021年）

项　　目	服务机构数（个）	从业人员人数（人）
全市合计	896	27756
综合性公共就业和人才服务机构	11	
公共就业服务机构	1	
人才公共服务机构	2	
行政所属服务机构（事业单位）	1	
国有性质的服务企业	14	
民营性质的服务企业	834	
外资性质的服务企业	33	
民办非企业等其他性质的服务机构		

主要统计指标解释

社会福利企业单位

指以安置城镇有一定劳动能力的盲、聋、哑和肢体残疾人员就业为目的，享受国家减免税待遇的国有或集体企业。包括福利工厂、福利商业和服务业、假肢厂和安置农场等单位。

律师

指依法取得律师执业证书，接受委托或者指定，为当事人提供法律服务的执业人员。

公证机构

是依法设立，不以营利为目的，依法独立行使公证职能、承担民事责任的证明机构。

公证人员

指在国家公证机关依法办理公证事务的司法人员，包括公证员、助理公证员和在公证处工作的其他人员。

办理公证文书

指公证处在一定时期内办结的公证文书件数。公证文书按司法部规定或批准的格式制作，包括国内公证和涉外公证两部分。国内公证分为经济合同公证和民事法律关系公证两大类。

特大火灾

指造成 30 人以上死亡，或者 100 人以上重伤，或者 1 亿元以上直接财产损失的火灾。

重大火灾

指造成 10 人以上 30 人以下死亡，或者 50 人以上 100 人以下重伤，或者 5000 万元以上 1 亿元以下直接财产损失的火灾。

一般火灾

指造成 3 人以下死亡，或者 10 人以下重伤，或者 1000 万元以下直接财产损失的火灾。

立案（纪检监察）

指监察机关对犯罪线索进行初步调查后，认为存在职务犯罪事实并需要追究刑事责任时，依法决定作为刑事案件进行侦查的诉讼活动，是追究犯罪的开始。

离休、退休、退职人员

指正式办理了离休、退休、退职手续，并享受相应的离休、退休、退职待遇的人员。

城乡居民医疗保险

是整合城镇居民基本医疗保险（简称城镇居民医保）和新型农村合作医疗（简称新农合）两项制度，建立统一的城乡居民基本医疗保险（简称城乡居民医保）。

第二十篇

城市比较

简要说明

一、本篇包括长三角、“万亿俱乐部”、省会、省内、合肥都市圈、皖江城市带承接产业转移示范区城市主要经济指标。

二、本篇地区生产总值数据为初步核算数。

三、资料来源：安徽省统计局有关统计资料、各城市交流资料及统计公报。

四、本篇由市统计局国民经济综合统计处收集、整理。

20—1 长三角城市主要经济指标（2021年）

单位：亿元

城市	生产总值	一般公共预算收入	规模以上工业增加值增长(%)	固定资产投资增长(%)	社会消费品零售总额	进出口总额	城镇居民人均可支配收入(元)	农村居民人均可支配收入(元)
合肥	**11412.80**	**844.22**	**19.6**	**3.5**	**5111.68**	**3324.80**	**53208**	**26856**
上海	43214.85	7771.80	11.0	8.1	18079.25	40610.35	82429	38521
南京	16355.33	1729.52	10.0	6.2	7899.41	6366.83	73593	32701
杭州	18109.42	2386.59	10.6	9.0	6743.52	7368.97	74700	42692
宁波	14594.92	1723.13	11.9	11.0	4649.10	11926.12	73869	42946
无锡	14003.24	1200.50	12.9	4.5	3306.09	6829.37	70483	39623
常州	8807.58	688.11	13.6	4.1	2911.36	3017.84	65822	35822
苏州	22718.34	2510.00	12.8	8.3	9031.32	25332.00	76888	41487
南通	11026.94	710.18	13.4	5.0	3935.48	3405.80	57289	29134
盐城	6617.39	451.01	11.9	3.7	2684.34	1124.97	43787	26049
扬州	6696.43	344.07	13.0	1.2	1480.92	969.10	50947	27354
镇江	4763.42	327.59	15.1	8.7	1346.83	834.36	59204	31354
泰州	6025.26	420.29	13.4	8.3	1576.94	1222.81	53818	27401
嘉兴	6355.28	674.80	14.0	6.2	2275.03	3783.83	69839	43598
湖州	3644.87	413.52	13.3	14.2	1556.18	1490.93	67983	41303
绍兴	6795.26	603.80	15.8	12.3	2477.06	2993.03	73101	42636
金华	5355.44	492.32	21.3	16.0	2881.92	5880.06	67374	33709
舟山	1703.62	180.70	18.8	5.1	552.41	2354.87	69103	42945
台州	5786.19	455.43	12.4	7.1	2605.62	2399.36	68053	35419
温州	7585.02	657.55	10.1	11.4	3807.67	2411.19	69678	35844
芜湖	4302.63	361.20	14.1	15.7	1972.95	745.26	48668	27202
马鞍山	2439.33	196.53	12.5	19.2	937.85	476.49	56440	28331
铜陵	1165.60	93.50	9.1	12.4	410.52	697.30	44454	18992
安庆	2656.88	156.09	1.8	13.7	1284.15	161.90	39416	16975
滁州	3362.10	250.86	10.7	16.4	1495.52	388.78	39025	17400
池州	1004.20	74.28	15.7	16.1	477.39	92.35	38756	19168
宣城	1833.90	182.80	15.0	16.4	757.14	182.77	46115	20565

20—2 “万亿俱乐部”城市主要经济指标（2021年）

单位：亿元

城市	生产总值	一般公共预算收入	规模以上工业增加值增长(%)	固定资产投资增长(%)	社会消费品零售总额	进出口总额
合肥	**11412.80**	**844.22**	**19.6**	**3.5**	**5111.68**	**3324.80**
上海	43214.85	7771.80	11.0	8.1	18079.25	40610.35
北京	40269.60	5932.30	31.0	4.9	14867.70	30438.37
深圳	30664.85	4257.76	4.7	3.7	9498.12	35435.57
广州	28231.97	1883.18	7.8	11.7	10122.56	10825.88
重庆	27894.02	2285.40	10.7	6.1	13967.67	8000.59
苏州	22718.34	2510.00	12.8	8.3	9031.32	25332.00
成都	19916.98	1697.90	11.4	10.0	9251.80	8222.00
杭州	18109.42	2386.59	10.6	9.0	6743.52	7368.97
武汉	17716.76	1578.65	14.2	12.9	6795.04	3359.40
南京	16355.33	1729.52	10.0	6.2	7899.41	6366.83
天津	15695.05	2141.06	8.2	4.8	3769.78	8567.42
宁波	14594.92	1723.13	11.9	11.0	4649.10	11926.12
青岛	14136.46	1368.30	8.1	4.1	5975.40	8498.43
无锡	14003.24	1200.50	12.9	4.5	3306.09	6829.37
长沙	13270.70	1188.31	7.2	8.2	5111.57	2780.28
郑州	12691.02	1223.63	10.4	-6.2	5389.21	5892.11
佛山	12156.54	808.12	9.3	7.6	3556.66	6160.70
济南	11432.20	1007.60	5.9	11.5	5126.10	1944.20
福州	11324.48	749.85	9.5	5.9	4549.41	3321.51
泉州	11304.17	504.54	9.1	3.6	5819.72	2616.50
南通	11026.94	710.18	13.4	5.0	3935.48	3405.80
东莞	10855.35	769.46	10.2	8.2	4239.24	15247.00
西安	10688.28	855.96	5.7	-11.6	4963.42	4399.96

注：表中为2021年GDP过万亿的24个城市。

20—3 全国省会城市主要经济指标（2021年）

城市	生产总值（亿元）实绩	位次	第一产业 实绩	位次	第二产业 实绩	位次	第三产业 实绩	位次	生产总值增幅（%）实绩	位次
合肥	**11412.80**	**9**	**351.05**	**10**	**4171.21**	**9**	**6890.54**	**9**	**9.2**	**3**
武汉	17716.76	4	444.21	7	6208.34	2	11064.21	4	12.2	1
长沙	13270.70	6	425.56	8	5251.30	6	7593.85	6	7.5	11
郑州	12691.02	7	181.69	19	5039.29	7	7470.04	7	4.7	24
南昌	6650.53	15	238.31	17	3218.10	12	3194.11	18	8.7	5
太原	5121.61	18	44.80	25	2113.09	16	2963.72	19	9.2	3
西安	10688.28	11	308.82	14	3585.20	11	6794.26	10	4.1	25
福州	11324.48	10	637.03	1	4289.80	8	6397.66	11	8.4	8
石家庄	6490.30	16	504.80	6	2107.10	17	3878.40	14	6.6	15
沈阳	7249.68	12	326.30	13	2570.30	14	4353.00	13	7.0	14
哈尔滨	5351.70	17	628.18	2	1239.19	19	3484.29	16	5.5	23
长春	7103.12	14	523.74	5	2960.47	13	3618.90	15	6.2	19
南京	16355.33	5	303.94	16	5902.65	4	10148.73	5	7.5	11
杭州	18109.42	3	333.49	11	5488.62	5	12287.31	3	8.5	7
济南	11432.20	8	408.77	9	3964.06	10	7059.39	8	7.2	13
南宁	5120.94	19	606.76	3	1198.76	20	3315.42	17	6.1	20
成都	19916.98	2	582.79	4	6114.34	3	13219.85	2	8.6	6
贵阳	4711.04	20	193.44	18	1681.34	18	2836.25	20	6.6	15
昆明	7222.50	13	333.12	12	2287.71	15	4601.67	12	3.7	26
兰州	3231.29	22	62.52	23	1113.91	21	2054.86	22	6.1	20
西宁	1548.79	26	58.93	24	518.22	25	971.64	26	8.1	9
银川	2262.95	24	83.83	22	1028.32	24	1150.81	25	6.3	18
海口	2057.06	25	85.43	21	346.75	26	1624.88	24	11.3	2
广州	28231.97	1	306.41	15	7722.67	1	20202.89	1	8.1	9
乌鲁木齐	3691.57	21	28.10	26	1039.76	23	2623.71	21	6.1	20
呼和浩特	3121.43	23	137.10	20	1052.60	22	1931.70	23	6.5	17

注：生产总值数据为初步核算数。

20—3 续表

城市	一般公共预算收入（亿元）		进出口总额（亿元）		社会消费品零售总额（亿元）		城镇居民人均可支配收入（元）		农村居民人均可支配收入（元）	
	实绩	位次	实绩	位次	实绩	位次	实绩	位次	实绩	位次
合　肥	**844.22**	**10**	**3324.80**	**8**	**5111.68**	**8**	**53208**	**8**	**26856**	**7**
武　汉	1578.65	5	3359.40	7	6795.04	4	55297	6	27209	6
长　沙	1188.31	7	2780.28	10	5111.57	9	62145	4	38195	2
郑　州	1223.63	6	5892.11	5	5389.21	6	45246	16	26790	8
南　昌	484.84	16	1293.56	16	2878.74	14	50447	13	22913	11
太　原	423.44	18	1852.35	12	1873.90	20	41377	25	21551	15
西　安	855.96	9	4399.96	6	4963.42	10	46931	14	17389	23
福　州	749.85	12	3321.51	9	4549.41	11	53421	7	25201	9
石家庄	681.40	14	1481.20	14	2501.20	16	43024	21	18676	20
沈　阳	773.02	11	1416.02	15	3985.10	12	50566	12	21662	14
哈尔滨	365.80	21	344.58	22	2380.30	17	42745	22	21512	16
长　春	617.09	15	1179.77	18	1874.00	19	43281	19		
南　京	1729.52	3	6366.83	4	7899.41	3	73593	3	32701	4
杭　州	2386.59	1	7368.97	3	6743.52	5	74700	1	42692	1
济　南	1007.60	8	1944.20	11	5126.10	7	57449	5	22580	12
南　宁	391.77	19	1231.92	17	2364.17	18	41394	24	17808	22
成　都	1697.90	4	8222.00	2	9251.80	2	52633	10	29126	5
贵　阳	426.68	17	478.72	19	2546.69	15	43876	17	20565	17
昆　明	689.12	13	1716.26	13	3386.40	13	52523	11	19507	18
兰　州	276.71	22	141.76	24	1757.74	21	43244	20	16191	24
西　宁	153.90	26	22.50	26	621.09	26	39251	26	14948	25
银　川	171.19	25	132.07	25	788.69	25	42412	23	18170	21
海　口	208.32	24	476.40	20	1056.98	24	43605	18	19267	19
广　州	1883.18	2	10825.88	1	10122.56	1	74416	2	34533	3
乌鲁木齐	377.93	20	385.45	21	1171.86	22	46142	15	24878	10
呼和浩特	228.92	23	159.80	23	1104.74	23	53026	9	22435	13

20—4 全省各市主要经济指标（2021年）

城 市	生产总值（亿元）	第一产业	第二产业	第三产业	规模以上工业增加值增长（%）
合 肥	**11412.80**	**351.05**	**4171.21**	**6890.54**	**19.6**
淮 北	1223.02	86.31	514.30	622.41	-4.4
亳 州	1972.68	271.34	681.42	1019.92	7.5
宿 州	2167.67	332.13	768.56	1066.98	9.5
蚌 埠	1988.97	272.41	673.56	1043.00	-25.1
阜 阳	3071.53	417.26	1151.23	1503.04	8.1
淮 南	1457.05	150.65	594.88	711.52	3.1
滁 州	3362.11	287.87	1644.81	1429.42	10.7
六 安	1923.47	255.85	745.53	922.09	15.5
马鞍山	2439.33	104.23	1206.25	1128.84	12.5
芜 湖	4302.63	169.58	2048.95	2084.09	14.1
宣 城	1833.92	172.03	890.69	771.20	15.0
铜 陵	1165.58	59.16	577.09	529.33	9.1
池 州	1004.18	94.24	462.15	447.78	15.7
安 庆	2656.88	253.16	1162.36	1241.36	1.8
黄 山	957.37	72.29	343.31	541.76	12.1

城 市	社会消费品零售总额（亿元）	固定资产投资增长（%）	一般公共预算收入（亿元）	城镇居民人均可支配收入（元）	农村居民人均可支配收入（元）
合 肥	**5111.68**	**3.5**	**844.22**	**53208**	**26856**
淮 北	521.28	9.7	88.75	39688	16504
亳 州	1190.08	1.0	140.30	37319	16769
宿 州	1239.54	15.8	147.87	37278	15913
蚌 埠	1287.47	-20.4	167.33	42656	19538
阜 阳	2229.62	13.6	189.61	37379	15874
淮 南	866.23	12.6	109.61	41375	16706
滁 州	1495.52	16.4	250.86	39025	17400
六 安	1155.67	19.7	147.50	36793	16003
马鞍山	937.85	19.2	196.53	56440	28331
芜 湖	1972.95	15.7	361.20	48668	27202
宣 城	757.14	16.4	182.80	46115	20565
铜 陵	410.52	12.4	93.50	44454	18992
池 州	477.39	16.1	74.28	38756	19168
安 庆	1284.15	13.7	156.09	39416	16975
黄 山	534.07	9.1	88.29	41882	20298

20—5 合肥都市圈城市主要指标（2021年）

地区	土地面积（平方公里）	年末户籍人口（万人）	地区生产总值（亿元）	第一产业	第二产业	工业	建筑业
合肥市	11445.1	792.7	11412.8	351.0	4171.2	2472.3	1702.8
蚌埠市	5950.8	386.9	1989.0	272.4	673.6	537.8	136.2
马鞍山市	4049.1	227.7	2439.3	104.2	1206.3	978.4	229.6
芜湖市	6026.0	387.8	4302.6	169.6	2049.0	1618.6	446.1
淮南市	5533.0	389.8	1457.1	150.7	594.9	519.3	77.2
六安市	15451.2	583.6	1923.5	255.8	745.5	525.5	220.3
滁州市	13516.0	454.0	3362.1	287.9	1644.8	1316.6	328.9
桐城市	1571.0	74.5	419.1	36.7	213.2	175.0	38.9

地区	第三产业	一般公共预算收入（亿元）	固定资产投资增长（%）	工业投资增长（%）	规模以上工业增加值增长（%）	战略性新兴产业产值增长（%）	社会消费品零售总额（亿元）
合肥市	6890.5	844.2	3.5	9.6	19.6	28.3	5111.7
蚌埠市	1043.0	167.3	-20.4	-0.1	-25.1	-23.9	1287.5
马鞍山市	1128.8	196.5	19.2	12.8	12.5	35.1	937.9
芜湖市	2084.1	361.2	15.7	19.6	14.1	36.4	1973.0
淮南市	711.5	109.6	12.6	17.4	3.1	21.8	866.2
六安市	922.1	147.5	19.7	10.4	15.5	33.4	1155.7
滁州市	1429.4	250.9	16.4	16.4	10.7	36.4	1495.5
桐城市	169.2	32.7	12.9	12.2	1.4	32.2	153.7

地区	进出口总额（亿美元）	出口	外商直接投资（亿美元）	金融机构人民币各项存款（亿元）	金融机构人民币各项贷款（亿元）	城镇居民人均可支配收入（元）	农村居民人均可支配收入（元）
合肥市	514.60	314.13	37.48	21894.4	20249.4	53208	26856
蚌埠市	27.24	13.07	12.40	2680.7	2578.7	42656	19538
马鞍山市	73.68	30.90	29.37	3070.7	2536.7	56440	28331
芜湖市	115.27	75.78	31.97	5205.9	4704.1	48668	27202
淮南市	10.09	9.41	4.02	2610.7	1923.2	41375	16706
六安市	15.22	13.92	6.79	3440.8	2970.0	36793	16003
滁州市	60.18	49.78	17.09	3569.9	3416.5	39025	17400
桐城市	2.28	1.76		601.6	375.7	38684	20011

20—6　皖江城市带承接产业转移示范区各地区主要经济指标（2021年）

地　　区	生产总值（亿元）	一般公共预算收入（亿元）	规模以上工业增加值增长（%）	固定资产投资增长（%）	社会消费品零售总额（亿元）	出口总额（亿美元）
合 肥 市	**11412.80**	**844.22**	**19.6**	**3.5**	**5111.68**	**314.13**
滁 州 市	3362.11	250.86	10.7	16.4	1495.52	49.78
马鞍山市	2439.33	196.53	12.5	19.2	937.85	30.90
芜 湖 市	4302.63	361.20	14.1	15.7	1972.95	75.78
宣 城 市	1833.92	182.80	15.0	16.4	757.14	26.06
铜 陵 市	1165.58	93.50	9.1	12.4	410.52	10.77
池 州 市	1004.18	74.28	15.7	16.1	477.39	3.42
安 庆 市	2656.88	156.09	1.8	13.7	1284.15	18.48
金 安 区	335.10	15.79	14.2	16.1	255.56	
舒 城 县	357.37	20.37	15.7	23.1	168.85	1.51